史学会125周年リレーシンポジウム2014

2

東北史を開く

東北史学会・福島大学史学会・公益財団法人史学会 編

山川出版社

刊行の言葉

史学会は、二〇一二年にそれまでの財団法人から公益財団法人へと移行した。これは、たんに公益法人制度の改革に対応した結果ではない。史学会はここで名実ともに全国学会として発展する道を選んだことを意味している。それは、ちょうど史学会創立一二五周年の直前にあたっていた。そこで、時の理事会は周年事業実行委員会を組織し、委員会は企画の立案にあたった。委員会は、史学会の新しい姿を全国に示すと同時に歴史学の今を眺望しようという趣旨から、各地の学会や研究会と共同してシンポジウムを開催する企画を立て、個別に呼びかけをおこなった。それは幸いにも賛同を得られ、二〇一四年九月から毎月、歴史学界でも前例のない四つのリレーシンポジウムを開催することができた。

第一回は大阪大学歴史教育研究会との共催「高大連携による大学歴史系専門教育・教員養成教育の刷新」(九月十四日、大阪大学)、第二回は東北史学会・福島大学史学会との共催「東北史を開く——比較の視座から」(十月五日、福島大学)、第三回は史学会の主催「近代における戦争と災害・環境」(十一月八日、東京大学)、第四回は九州史学会との共催「過去を伝える、今を遺す——歴史資料、文化遺産、情報資源は誰のものか」(十二月十三日、九州大学)であり、本シリーズはこれらの成果に基づいている。

歴史学は今、教育と研究の両面で様々な課題に直面しているが、歴史学の成果は大切な公共財であることに疑いはない。本シリーズが今とこれからの歴史学を考える機会を提供できれば幸いである。

史学会一二五周年事業実行委員会

「史学会一二五周年リレーシンポジウム二〇一四」編集委員会
岡崎　敦
小松　久男
杉森　哲也
鶴間　和幸
中野　隆生
姫岡とし子
桃木　至朗
柳原　敏昭

目次

第Ⅱ部　中心と周縁

第Ⅲ部　地域の枠組みを問う

史学会一二五周年リレーシンポジウムⅡ

東北史を開く

はじめに

柳原　敏昭

本書は、二〇一四年十月五日に、福島大学で開催された東北史学会・福島大学史学会・公益財団法人史学会（以下、史学会）の合同シンポジウム「東北史を開く――比較の視座から」を基に編まれたものである。当日のプログラムは巻末をご覧いただきたい。

東北史学会大会は、事務局のおかれている仙台と東北地方各県の歴史学会所在地とで毎年交互に開催している。仙台以外で開催される場合には、地元史学会との共同開催となる。二〇一四年度は、東北史学会・福島大学史学会に創立一二五周年を迎えた史学会も加わって、シンポジウムの三学会合同開催となった。会場が福島であったのは、ローテーションによるものであり、史学会から合同開催の打診があった時点では、すでに決定済みであった。三学会合同シンポジウムの福島開催は、偶然の産物ということになる。しかし、主催者としては、合同シンポジウムを福島で開くということを重く受け止めたいと考えた。いうまでもなく東日本大震災という出来事があったからである。

東日本大震災は、自然災害と人災（主として原子力発電所事故）とが合わさった複合災害である。不幸なことにその最も典型的な被災地となったのが福島であった。そして、東日本大震災の被害と復興の過程において発生している様々な問題には、自然条件だけでなく、社会的条件そして歴史的条件も色濃く影を落としている〔大門ほか編 二〇一三など〕。合同シンポジウムでは、東日本大震災を真正面から扱ったわけではない。しかし、震災の経験を歴史学界はどう受け止めるべきかという問いを前提としながら、東北史についてあらためて考えることを基調とした。具体的にはつぎの三つが主要な視点となった。

⑴東日本大震災が直接的に提起するのは、災害と社会との関係という問題である。また、災害の記録をいかに保存し、後世に残していくかということも重要な課題となる。東北地方が被った様々な自然災害と防災・減災の問題を歴史的に考察するとともに、震災の記録の保存・公開についても考える。

⑵今回の震災における最大の問題の一つが、原子力発電所の事故にあることは論をまたない。そして、その事故を起こした発電所が、福島県にありながらもっぱら首都圏に電力を供給していたということが、「首都圏と東北」「中央と周縁」という問題を浮彫りにした。この問題をあらためて歴史的に考察する。

⑶東日本大震災では、一般に「被災地＝東北」という捉え方がされている。しかし、東北地方がおしなべて同じような被害に遭っているわけではない。また、近接する北海道や関東地方の都県でも被害がでているという現実がある。この「被災地＝東北」という言説と現実とのギャップに鑑みて、東北という地域の枠組みを、その内側・外側双方から歴史的に考察し、相対化する。

さらに、合同シンポジウムにはもう一つの眼目があった。東北史学会、福島大学史学会という東北に基盤をもつ学会に加え、東北外に拠点をもつ史学会が主催者となるという利点を活かすために、東北以外の視点から、ひいては世界史的な視野から東北史を考える機会がもてればと考えたのである。そうした目論見から、シンポジウムでは、外国史を専門とする三人の研究者にコメントをお願いした。アメリカからアンドルー・ゴードン氏をお招きしたのもその一環であるし、テーマの副題を「比較の視座から」としたのも同様の意図からである。

以上のような基本方針のもとで開かれたシンポジウムの講演・報告・コメントを基にした七編の論者に、問題をさらに深く掘り下げるために五編を加えて、本書はつぎの三部で構成される。第Ⅰ部〜第Ⅲ部がそれぞれ前記(1)〜(3)の視点に対応していることはいうまでもない。

第Ⅰ部「災害と地域」では、まず、三・一一直後に立ち上がったハーヴァード大学の「東日本大震災デジタルアーカイブ」が紹介され、そこからみえてくる東北史の捉え方が総括的に述べられる(アンドルー・ゴードン論文)。つぎに、東北地方にみられる黒松を主体とする海岸林が、江戸時代に造成された人工林で、防災機能を果たすとともに、地域の公益に深くかかわってきたことが明らかにされる(柳谷慶子論文)。

第Ⅱ部「中心と周縁」では、最初に、東北地方でこのテーマを考える場合に、象徴的な意味合いをもつ古代の蝦夷《えみし》問題が、「蝦夷とは何か」と問う側に焦点を合わせて論じられる(藤沢敦論文)。つづいて、東北地方の特産物の贈答からみた、江戸時代の将軍–大名関係に収斂《しゅうれん》されない多様な「中心–周縁」関係の一端が掘り起こされ(籠橋俊光論文)、また、近代の東北「開発」の問題が、原発事故との関連で総括される(岩本由輝論文)。さらに外国史から、古代ローマ帝国における北アフリカ(大清水裕論文)、中国唐帝国における羈縻《きび》州(石見清裕論文)、古代・中世初期ヨーロッパにおける文化移転(原聖論文)を素材として、中心–周縁」にまつわる問題群が追究される。

第Ⅲ部「地域の枠組みを問う」では、まず、戦国時代の領主間紛争の解決手段の検討を通じて、東北地方南部の地域性が北関東との一体性のもとでとらえられることが提起され(阿部浩一論文)、つぎに近代東北の枠組みのゆらぎが、隣接する新潟県との関係で、地域住民の意識から(徳竹剛論文)、あるいは災害対策や地域振興から(伊藤大介論文)考察される。さらにイングランドの「東北」地方に関する近年の議論が紹介され、地域認識にかかわる、彼我に共通の問題点があぶりだされる(有光秀行論文)。

総じて本書では、東日本大震災を受け止めて、災害に対する人間の営みを見つめるとともに、「東北」という地域的枠組みや「中心‐周縁」という問題の捉え方の再検討を試みている。その際、海外あるいは外国史研究者からの論及は、東北史に内在する問題が普遍的な広がりをもっていることを我々に気づかせてくれるであろう。

本書のタイトルには、⑴東北史を東北という閉じた枠組みから「開く」、⑵東北史研究を世界史に「開く」という意味が込められている。そして最終的には、⑶東北史研究に新生面を「開く」という願いを込めた。本書の刊行がきっかけとなり、東北史が一層開かれていくことになれば幸いである。

［大門ほか編 二〇一三］ 大門正克・岡田知弘・河西英通・川内淳史・高岡裕之編『「生存」の東北史――歴史から問う3・11』大月書店

第Ⅰ部　災害と地域

災害が映す歴史

——二〇一一年東日本大震災デジタルアーカイブにみる東北史

アンドルー・ゴードン

はじめに

本章の目的は、つぎの三つである。第一は、私たちが作成した「東日本大震災デジタルアーカイブ」を紹介することである。第二は、このアーカイブの可能性と、このアーカイブを利用することで震災後の東北の歴史の語り方についてどのようなことがみえてくるかを示すことである。そして第三に、右のことを通じて、皆さんがより深く研究を進めるために、このアーカイブに関心をもっていただけるようにすることである。

私の専門は日本史であるが、とくに東北を対象として研究してきたわけではない。主要な研究分野は、日本近代における労働史、労働運動史、労使関係史である。この分野における古典的な研究としては、東京大学教授で経済学者であった大河内一男の、出稼ぎ労働論がある［大河内 一九五二・一九五五］。東北、あるいはその他の地域からの労働力供給を検討することで、日本の労働史と労働市場の歴史全体の特徴がみえるのではないかという議論である。要するに、出稼ぎ型の労働力は、同じ職場に長期に留まることがなく、農繁期には農村に帰る。したがって、同じ場所で働き続ける人間とは労働に対する姿勢が異なり、労働組合運動への参加も少なくなるというものである。

そのような研究がなされたのは、戦後間もなくから一九六〇年代にかけてであった。私は少なからず疑問を抱きながらも、そこから完全には脱却できなかった。それはどこかに、東北地方が「周縁」であり、中央の産業革命の拠点であった京浜地帯や、大阪をはじめとする関西地域の「被害者」的な存在だったという認識があったからだと思う。この認識以外の捉え方があるのかという課題は残っており、他の研究者がどのように考えているのか、とくに震災後それがどう変化しているのかについても検討してみたい。

なお、本章を記すにあたって私の問題意識に影響を与えたのは、『「生存」の東北史――歴史から問う3・11』〔大門ほか編 二〇一三〕という書物である。河西英通・岡田知弘らが執筆したきわめて優れた論文集だと思う。ここで展開されている議論を背景として、まずは私たちがつくった「東日本大震災デジタルアーカイブ」について紹介したい。

一 「東日本大震災デジタルアーカイブ」の概要

大震災発生直後、アメリカからできることは限られているが、何かしなければいけないという思いからハーヴァード大学の日本研究者が集まった。私たちが一番重視したのは、この震災が将来にわたって被災者の記憶の対象となるだけでなく、研究対象になるであろうということであった。そして、二〇一一年という時代に起きた現象についての記録の多くは、デジタルな形で存在することになるであろうということである。それを保存するためには、従来の図書館、資料室、資料館だけでは足りない。新しい形のデジタルアーカイブが必要である。その構築は遠くからでもできるのだから、それをやろうということになった。こうしてつくられたのが、「東日本大震災デジタルアーカイブ(Japan Disaster Digital Archive)」略称ＪＤＡである。

　もちろん、独力ではできないので、パートナーが必要であった。私たちの試みとほぼ同時に、日本でも優れたデジタルアーカイブの取組が始まっていた。例えば、国立国会図書館、ＮＨＫによる東日本大震災アーカイブス、それから、東北大学の「みちのく震録伝」である。これらは、この三年間、私たちと最も緊密な協力関係にあるデジタルアーカイブである。Yahoo! Japan の写真保存プロジェクトも重要であるし、国立情報学研究所も素晴らしい新聞の見出しデータベースを構築している。ほかにも五、六カ所のデジタルアーカイブ・パートナーがある。その数はこれからも増えると思う。

　これらにはもちろん誰でも直接アクセスできるが、私たちが提供しようとしたのは、すべてのアーカイブに対し、網羅的に同時にアクセスできる仕組である。つまり、ＡＰＩというソフトを経由して、すべてのアーカイブを一度に検索できるという、連携型、連絡型、ネットワーク型アーカイブをつくろうとしたのである。私たちのアーカイブには、カリ

▲図１　ウェブサイト「東日本大震災デジタルアーカイブ」のトップページ

フォルニア大学ロサンゼルス校から提供された八〇万件にのぼるツイートのコレクションや、ハーヴァード大学独自で集めたいくつかの震災の体験談や写真も含まれているが、その内容のほとんどが他の機関とのネットワークに由来するものである。したがって、私たちのアーカイブづくりにキーワードがあるとしたら、第一は「連携」である。

二つ目のキーワードは、「発見」である。要するに、何らかの記録を発見するための装置だということである。JDAのホームページの検索バーからも検索できるし、より細かい検索は「詳細検索」をクリックして、次の検索ページからおこなう。日本語のウェブサイトが約八割を占めているが、その他、英語、中国語、ハングルのものも入っている。例えば、英語で「tohoku history」と入力すると、五一ほどのウェブサイトがでてくる。日本語で「東北　歴史」と入力すると、一一九ほどでる。本章も、おもにこの一つの検索から得た資料を題材としている。ただし、もちろん歴史という言葉を使わなくてもある種の歴史認識を示すものもあるので、これらがすべてではないことには注意が必要だろう。

また、「発見」のもう一つの装置として、地図がある。「地図表示」をクリックすると、日本語のサーチ結果一一九のうち七〇ほどには地理情報が入っていて、地図上に赤いドットで示される。そのドットを開けると、その場所の内容が表示される。このように、地図からも検索・発見ができる。

三つ目のキーワードは「参加」である。これが私たちのアーカイブの最も重要な特徴ではないかと思う。一つは、利用者がウェブサイトや動画などを見つけた場合に、それをこのアーカイブに入れるように依頼して、アーカイブのコンテンツをより豊富にするという参加の仕方である。また、タグ、メタデータを付けてくれる装置があるので、もっとキーワードがあったほうがよいと思えば、利用者が自分で追加することができる。そのような参加も可能である。

私たちが最も期待する利用者による参加の仕方は、アーカイブのなかの材料と外から探してきた材料でコレクションをつくり、それをプライベートで使うだけでなく、アーカイブのなかに公開してもらうことである。アーカイブには、ツイートや写真、新聞の見出しや新聞記事、ウェブサイトなどが約一三〇万点あるが、それを整理するスタッフがいないので、利用者に整理してもらい、このアーカイブをより使いやすいものにできないかという狙いで、この機能を採用している。現在、二五〇ほどのコレクションがあり、そのなかには、内部スタッフがつくったものもあれば、学生が授業でつくったもの、外部の人たちがつくったものもある。

ただ、コレクションというのは、それだけでは箱に資料が入っているだけの状態であるため、これを意味あるものにするには、脚注や説明文を付けて整理する必要がある。そこで、利用者がコレクションを編集し、表示できる装置もあわせてつくっている。さらに現在、このコレクションを順番に並べて、説明を付け加えて、ある種のプレゼンテーション資料をつくるための編集装置を開発中である。近いうちに、誰でもプレゼンテーション資料の編集ができるようになるはずである。

もう一つ特徴的なのは、自分でつくったコレクションをプレゼンテーション用に編集できるだけでなく、他人がつくったコレクションを基にプレゼンテーションをつくれることである。もちろん他人のコレクションの内容までは変えられないが、表示されているコレクションをみて、面白いと思えばそれを開けて、自分なりに解釈して、発表資料をつくることができる。

▲図2　ウェブサイト「東日本大震災デジタルアーカイブ」のコレクション一覧

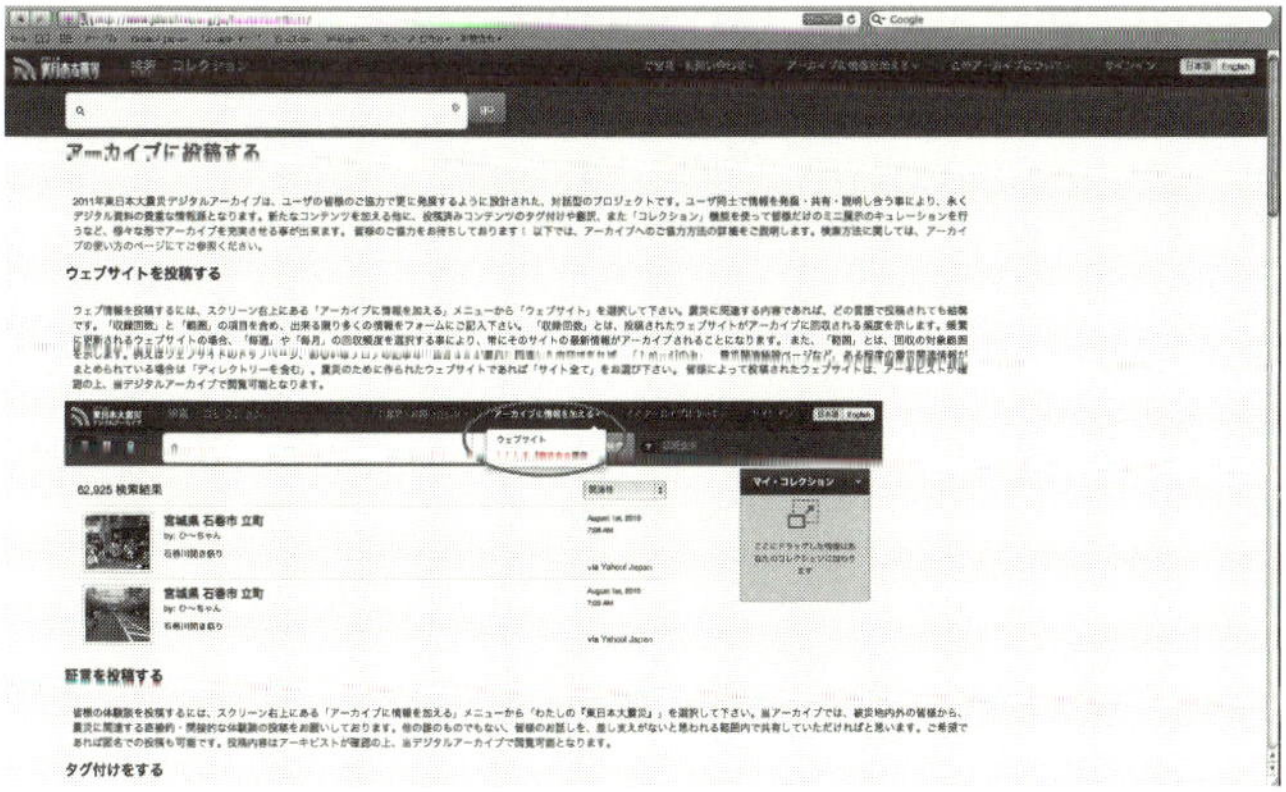

▲図3　ウェブサイト「東日本大震災デジタルアーカイブ」投稿方法の説明

二　ＪＤＡにみる東北史の捉え方

東北の歴史やその記録を保存する活動の継続あるいは強まり

ＪＤＡを利用すると、そこに含まれる東北の歴史についての言説、記述、写真などから、歴史の把握の仕方、あるいは歴史へのアプローチが三つほどみえてくると思う。

一つは震災発生直後から、資料保全の重要性への関心が一層強まったことである。これは、資料館や博物館での展示、祭りその他のイベントなど、東北の歴史や記録を保存する活動にみることができる。例えばツイッター上では、三月十五日、地震発生から四日間しかたたないうちに、「白河市歴史民俗資料館が当面休館する」というツイートがなされている。また、三月二十日には「歴史資料保存ネットワークの個人ブログをこれから始める」というツイートがおこなわれている。大震災直後における、歴史資料保存活動に取り組まなくてはならないという情熱的な思いがみえてくる。二〇一二年になってからは、東北歴史博物館の柳澤和明の公開講座開催に関するツイートもある。

また、あるウェブサイトでは、三月十三日、震災からわずか二日後に「文化財被害対応まとめ」と題して、ネットワーク立上げの報告をしている。これは元のサイトに行くこともできる。おそらくYahoo! Japan からだとこのページはもうみられないが、サンフランシスコにあるインターネットアーカイブ(Internet Archive)という組織とハーヴァード大学・ヴァージニア工科大学とが協力して作成した日本地震コレクション(Japan Earthquake Collection)でアーカイブ化しているので、閲覧可能である。このコレクションからは、震災直後の営みがみえてくる。

宮城県多賀城《たがじょう》市の東北歴史博物館再開に向けての努力と、そこでの展示会の新聞記事の見出しもアーカイブにでてくる。そして、もう少し異なった形で歴史記憶を復興につないでいく事例としては、松島町にあるみちのく伊達政宗《だてまさむね》歴史館の「がんばろう！東北」というグッズの販売がある。伊達政宗と復興、歴史と現在をリンクしようとする、歴史を活用する営みである。

地域の祭りの歴史・伝統をどう活用するかということでは、NHKによる二〇一一年八月七日の陸前高田市の七夕祭りに対する取材がある。家族全員を亡くした白山さんという方と、その近所の人たちが、七夕祭りをやるべきかどうかを議論し、結局、祭りをおこなったというものである。歴史資源を重要視し、それを保存・活用して将来につなげていこうとする営みの見事な事例をここにみることができる。

もう一つ、ある公開されたばかりの聞書きサイトを紹介したい。まだ十分には分析できていないが、このウェブサイトの狙いは、いろいろな人々の体験談や、自分史、東日本大震災の記録・記憶を集めて、残すことである。「聞書き」のサイトからは、東日本大震災の結果や歴史を、いろいろな角度から保存・活用しようとする営みがみえてくる。

歴史上の周縁としての東北イメージの強化

ここで当然、東北の歴史をどのように理解するべきかという問題がでてくる。歴史を保存することと歴史を解釈することは違うからである。JDAのコンテンツを検討したところ、大まかに二つの歴史認識がみえてきたように思う。

一つは、今回のシンポジウムの趣旨説明にもあったが、東北の歴史は中央と周縁の関係の歴史だということである。開発が遅れた東北、あるいは国家の発展計画の犠牲者としての東北という歴史像である。場合によっては、その犠牲に対する抵抗もでてくるし、日本史全体、とりわけ近代史への東北の貢献に対する認識が低すぎるという把握の仕方もある。それらはすべて、中央と周縁という認識の枠組み中の見方である。

例えば、私のコレクションに入っている赤坂憲雄と後藤正文の対談「東北から〝50年後の日本〟を描く」が非常に面白い。赤坂は、東北はすでに周縁ではなくなり、歴史の敗者から抜け出したと思ったが、東日本大震災をみて、それは間違いで、東北は依然として内地植民地的な存在だったと語っている。赤坂の東北に対する歴史認識は、明らかに東日本大震災によって変わったということである。

赤坂の別の研究発表「現在の復旧・復興には三〇年後・五〇年後の日本の姿が欠落している」がアーカイブのなかにあるが、ここでは少し違うことをいっている。東北の歴史は被害の歴史であり、それに抵抗する歴史だから、負けず嫌いの精神が育ってきたと論じている。それもある意味では、従来の従属的な、周辺であった東北認識であり、ただ、そのなかに抵抗があったと論じているわけで、私がみるに、従来の東北の歴史認識とそれほど変わらない。

もう一つの例としては、広く知られている小熊英二のコラムの英訳(The hidden face of disaster)が二〇一一年六月に朝日新聞の英字オンライン新聞にでた(元のコラムは二〇一一年六月八日の朝日新聞に掲載)。これは典型的な内地植民地的東北認識を示している。このなかでは、日本という国を統一した国家として把握するのはおかしいといっている。つまり、「がんばれ日本」という言い方に対する異議申し立てをしているのである。しかし、なぜか東北を一つのものとして認識することに対しての異議申し立てではない。小熊本人はおそらく、東北を一つのものにまとめてしまうのはおかしいと思っているのだろうが、この論文をみる限りはそういう認識を示していない。国民・国家に対する批判はあるが、地域の捉え方に対する批判はあまりないのである。従来通りのある種の東北の歴史認識がここでもみえる。

それから、阿部禎介という人が、東京財団がおこなった聞取りプロジェクトで自分史を公開している。彼は自分史として出稼ぎにでた話などを書いているが、面白いのは、彼がそれに対してとくに批判的でもないということだ。自分は今までよく頑張ってやってきたという、よい意味での自信にあふれた記述で、きわめて面白いと思った。

地域としての東北について

東北の歴史を周縁のそれとしてとらえるのではなく、他の語り方、他の歴史の考え方の可能性を模索する営みも、このアーカイブのなかにみえてくる。研究者のなかにもそうした動きがあることは間違いない。そのなかには、三つほどの傾向が認められる。一つは、自給自足、あるいは持続可能な東北の未来に向かっていくために、過去にあった持続可能な東北の歴史、地域のあり方を探ることだ。もう一つは、東北自体が中心であった歴史像を探すこと。三つ目は、東北と世界とのつながり方は、将来に向けても、過去の歴史においても、必ずしも東京を媒介とするものだけではなく、他の関係があったのではないかと問いかけることである。このような歴史へのアプローチが、震災後のいくつかの資料においてみられると思う。

一つは、二〇一二年一月三日付『北海道新聞』の「「脱東京」連携の芽」という見出しの記事である。震災以前から、北海道・東北未来戦略会議(ほくとう戦略会議)では、北海道と東北のつながりを強化し、さらに香港の観光にまで結びつけていくというプロジェクトが進められていた。これを震災後も続けているという記事である。このなかで非常に面白いと思うのは、東北と北海道とが協力関係にあるのは、明治時代以来の人々の交流の歴史があったからだといっていることである。「きずな再び」という副題からわかるように、この協力関係はかつてあったものの復活だということだ。このように東北と北海道との関係を考える視点は、従来の東北と中央という考え方とは異なるものである。

最後に、青年海外協力隊(ＪＩＣＡ)の報告書「東日本大震災から三年、東北の復興に学び世界に発信する」を取り上げたい。これはきわめて興味深い報告書だと思う。ＪＩＣＡは、東北の歴史を自然と調和した持続可能な歴史であったととらえている。ＪＩＣＡのミッションは周知のとおり海外での様々な援助活動である。インドネシアなど他の国々でもいろいろな環境問題があるので、持続可能な未来をつくるためには、日本において持続可能であった歴史をみようという趣旨のウェブサイト上の報告である。そのなかの、「被災地東北と途上国を結ぶ」という見出しの一節で述べていることが非常に面白い。地震の多いチリやトルコをはじめとする九カ国から二二人の研修員を招き、東北地方ではかつて自然と調和した暮し方をしていたと説明しながら被災地を案内したところ、海外の研修員から「私たち人間は自然が許してくれる範囲でしか生きていけないことを学んだ」といった感想が得られたというのである。この歴史認識の当否を今問うことはしない。ただ、ＪＩＣＡという組織がそのような東北に対する歴史認識をもって、海外から専門家を呼んで被災地を案内したということに興味を惹かれるのである。

この報告書のなかでは、漁村の復興に向けては、大震災前の過当競争をやめ、協力型漁村になることが必要だと書かれている。だから、実際の東北の漁村の歴史は、それほど協和的ではなく、漁村と漁村の競争の歴史だったということになる。それを乗り越えなくてはならない。表でいっていることと裏でみえてくることのずれもあるので、それに注意する必要がある。しかし、このような報告書をみると、東日本大震災後、どのような形の歴史認識があらわれてきたかということを研究できると思う。

私がいいたいのは、東北を周縁としてみなす歴史認識と、それとは違う歴史認識と、どちらが正しいかということではない。どちらにもあたっているところがあるし、そうでないところもある。私も、従来の認識を否定するわけではない。ただ、それがすべてであるとは思わない。東北に対する複数の歴史認識を構築することはきわめて重要であり、東日本大震災のあとで、そうした複数の歴史認識がみえてきているといえるのではないだろうか。

◆参考文献

［大門ほか編 二〇一三］ 大門正克・岡田知弘・河西英通・川内淳史・高岡裕之編『「生存」の東北史――歴史から問う3・11』大月書店
［大河内 一九五二］ 大河内一男『黎明期の日本労働運動』岩波新書
［大河内 一九五五］ 大河内一男『戦後日本の労働運動』岩波新書
［ハーヴァード 二〇一一］ ハーヴァード大学「東日本大震災デジタルアーカイブ」Japan Disaster Digital Archive：JDA（URL http://jdarchive.org/ja/home）

近世の東北に成立した海岸防災林

柳谷　慶子

はじめに

二〇一一年三月十一日に発生した東日本大震災は、東北の太平洋沿岸部に暮らす人々の生命と財産を無残にも奪い、居住地の再建に苦難を強いただけでなく、福島第一原発の放射能漏れ事故により、立ち入ることもできない地域を生み出した。この未曾有の大災害に遭遇して、東北の近世史研究は、地域社会（領主・藩役人・村・農民各層）が向き合ってきた幾多の暮しの危機にあらためて目を向け、災害から復旧・復興していく過程や、災害対応のあり方について、関心を高めることとなった「東北芸術工科大学東北文化研究センター 二〇一一・二〇一二・菊池勇夫 二〇一二・菊池慶子 二〇一一・二〇一三・蛯名 二〇一二・二〇一三・菅野 二〇一四・高橋 二〇一四・佐藤 二〇一四など」。

東日本大震災は太平洋沿岸部の保安林（防潮林・防砂林・防風林などの防災林）にも壊滅的な被害を与えたが、日本海側を含めて、東北地方の沿岸部に広がる保安林の大半は、近世に植林が開始された人工林である。**図1**に示したように、近世の東北には、太平洋側では、仙台藩領で気仙《けせん》郡高田村に「立神御林《たちがみおはやし》」が植

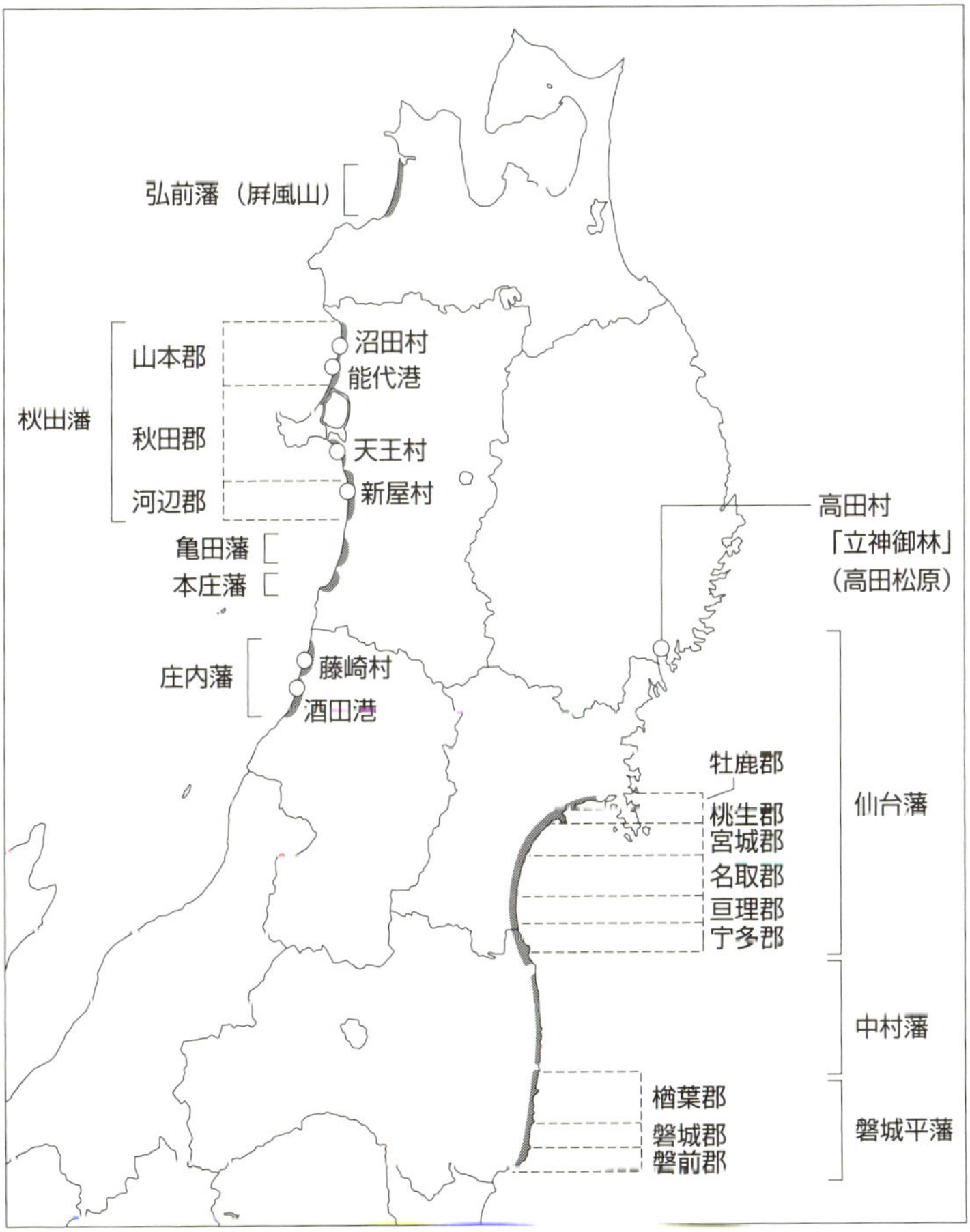

▲図1　近世に成立した海岸防災林

え立てられたのをはじめ、仙台湾岸には北は牡鹿《おしか》郡から南は宇多《うだ》郡まで、ほぼ連続した黒松林が育成され、南接する中村藩、磐城平《いわきたいら》藩の海岸にも黒松の植林が進んだ。日本海側では、弘前《ひろさき》藩の津軽半島西部、秋田藩の山本・秋田・河辺《かわべ》三郡、これに続く亀田藩・本庄藩・庄内藩の海岸に黒松を中心とする防災林が造成されている。常緑針葉樹の黒松は飛砂(砂の移動)や潮風、高潮など海岸特有の災害に強いことで知られるが、赤松とは異なり、もともと東北には存在しない樹種であった。そのため東北の諸藩は太平洋側も日本海側も、領外から黒松の苗木や種子を導入し、海岸の過酷な自然環境のなかに根づかせるための模索の年月を重ねている。近世は日本列島の全域で防災や水源涵養のための森林が守り育てられていたが〔徳川林政史研究所編 二〇一二〕、東北の諸藩に気候条件の違いを超えて、一様に黒松が植林され、保護・育成されていたことは、東北史の展開のなかに位置づけなくてはならない事項の一つであろう。本章ではこうした関心のもとに、海岸防災林としての黒松の植林に焦点をしぼり、その経緯をたどることにより、東北近世史の一側面を開くことをめざしたい。

列島に成立した海岸防災林の沿革については、一九三〇年代に農学者遠藤安太郎の着目するところとなり、『日本山林史』保護林篇に関係史料が収められ、考察が加えられている〔遠藤編 一九三四・一九三六〕。遠藤は保護林を九つの林系に分けたうえで、「保安的林系」十種類のなかに「飛砂防止林」「潮害防備林」「風害防備林」を位置づけ、それぞれ日本海沿岸・太平洋沿岸の藩ごとに所在と名称、および成立の経緯をまとめている。さらに遠藤は一九三八年、『山林史上より観たる東北文化之研究(一名東北山林史)』〔遠藤 一九三八〕を著し、森林の保護・育成の歴史を通して東北文化の特質に迫ろうとした。同書の「防災林の造成」と題した項目の冒頭で、「従来東北が中央に較べて如何に文化の進歩が遅々であったとはいへ、度々の天災に対して何時までも無関心ではあり得ず、領分福利時代中期には、陸奥《むつ》国宮城・名取・本吉《もとよし》等諸郡の海岸に砂防林が創設され、その末期には各地にそれぞれの災害に備へる為の施設、就中《なかんずく》ここに云ふ防災林即ち超経済的の山林《(ママ)》を発生するに至った」と述べている(二四七頁)。東北は一九三〇年代に入り、繰り返し冷害による凶作にみまわれ、さらに昭和三陸沖地震とこれにともなう津波により多くの犠牲者が生まれ、社会の疲弊が深刻化していた。遠藤は、当該期の中央文化人の立場にあって後進地を白明とする東北観から自由ではなかったが、東北では近世の早い時期から防災林の育成が進んできたことに着目し、その主体的な営為に関心を呼び起こすことで、東北救済の施策を提起しようとしたのであった。その意義は今日においても受け止めなければならない[1]。

戦後の林政史研究、および藩政史研究では、森林の利用と育成をめぐり多くの問題が取り上げられ、成果が蓄積されてきたが、用材や薪炭材などを生産する産業史の観点に比べると、防災施設としての森林の役割や特徴を究める観点は十分に深められてきたとはいいがたい。一方で、郷土史やこれに続く地域史研究では、救荒や砂防に取り組み、植林に精励した地元の先人たちの功績が顧みられている［日吉神社 一九七〇・須藤 一九八〇など］。とくに日本海側の市町村史には伝存する砂防植林の関係史料を収載し、植林の経緯を叙述したものが少なからずあるのは［能代市史編纂委員会 一九五九・酒田市史編纂委員会 一九六〇・秋田県 一九六五・一九七三・天王町役場 一九七四・秋田市 二〇〇三など］、戦後まで続いた飛砂被害を背景に、砂防対策としての植林の営みを地域の歴史として重視する姿勢が受け継がれてきたためと思われる。東日本大震災の津波で海岸の松原が壊滅的な被害を受けたことは、黒松林の防災施設としての成り立ちを再考する契機となり、これまで十分に検討されてこなかった太平洋沿岸部の植林史を明らかにする研究が開始されることにもなった

〔菊池慶子 二〇一一・二〇一三〕。

本章では以上の研究動向を踏まえ、東北全体で黒松を中心とする海岸防災林の成立をとらえなおし、幕末にいたるまでの育成と管理、および植林技術をめぐる問題について、おもに仙台藩と秋田藩を取り上げて考察することとしたい。

一　太平洋側諸藩の植林の展開

植林の開始とその背景

海岸防災林は日本列島の太平洋側ではおもに高潮や潮風などの潮害の防備、日本海側では飛砂や季節風の防備が重視されて成立している。太平洋側の諸藩で「潮除《しおよけ》須《す》賀《か》黒松林《くろまつりん》」「汐霧除《しおきりよけ》須《す》賀《か》松御林《まつおはやし》」(仙台藩)、「汐除御林《しおよけおはやし》」(磐城平藩)、「潮除並木《しおよけなみき》」(中村藩)などと呼ばれ、日本海側では「砂留《すなどめ》並《ならびに》田方《たかた》風除林《かぜよけはやし》」(弘前藩)、「砂留山《すなどめやま》」「風除松《かぜよけまつ》」(秋田藩)などの呼び名があるのは、植林の目的から生まれた名称の違いということになる。

東北の太平洋側で防災林の本格的な植林が始まるのは、十七世紀半ばのことである。その背景には、内陸の沖積平野から沿岸部への新田開発の進展をみておく必要がある。仙台藩領の仙台湾沿岸部は、十七世紀初頭から前期にかけて、「須賀《すか》」と呼ばれ砂州の広がる海岸線の後背に、「谷地《やち》」と呼ばれる湿原が分布していたが、この地の植生は葦《あし》や葭《よし》などの草木と浜性植物のほか、広葉樹がいくらか繁る程度であったようである。慶長十六(一六一一)年に発生した慶長奥州地震津波により、沿岸部は土壌の塩分が抜けない悪条件がしばらく続いたが、これを克服して開発が進むと、海岸に飛砂や潮風、高潮などを遮断する高木の樹林が存在しないために、切り開かれた田畑の潮害が大きな問題として立ちはだかった。名取郡早股《はやまた》村に知行地をもっていた川村孫兵衛元吉の家譜の一文に、「海浜の田圃が長年にわたり海岸特有の災害で被害を受けていたので、元吉は数千株の松苗を植え、その害を取り除いた」〔『伊達世臣家譜』第二輯、巻之十〕とあるように、日常的な潮害の防備をめざして松苗の植林が開始されたのである。

その後の植林の広がりについては、元禄八(一六九五)年に藩が発した「山林方定書」に、宮城国分《こくぶん》・名取・亘理《わたり》、その他の地域に存在する「須賀松」は、すべて「浪塩風除けのため、藩主の命令で地元の者に植えさせた」〔『伊達家仙台藩の林政』一二頁〕とあることから推し測られる。その他とあるのは、牡鹿郡・桃生郡・宇多郡を指すものとみられ、すなわち十七世紀末までに、藩の主導により、仙台湾岸の全域で防潮林としての黒松林が造成されていたことがわかる。この状況は元禄十四(一七〇一)年に幕府に提出された「仙台領国絵図」の描写からも裏づけられる。「仙台領国絵図」では名取川と阿武隈《あぶくま》川に挟まれた名取郡沿岸部に、着色の濃い松並木が描かれ、ついで阿武隈川右岸の亘理郡と宇多郡の沿岸部に明瞭な松並木がある。七北《ななき》田《た》川河口部の宮城郡およびその北の桃生郡・牡鹿郡沿岸部がこれに続いている。描写の濃淡は植林の広がりの順序を推測させるものでもある。なお、仙台藩領で松苗の植栽が具体的にどのような方法でおこなわれたものかを知る史料は見出せないが、元禄十(一六九七)年に藩が作成した「宮城郡中山林御改牒」(小野家文書)によると、寛文十(一六七〇)年から延宝八(一六八〇)年にかけて、宮城郡七北田川の東西両岸で進められた黒松の植林は、苗木の多くが一度の植栽で根づかず、地元の村々が枯損分を植替えしていたことがわかる〔菊池慶子 二〇一二〕。この地の苗木は元禄十年の時点で幹回りが二〇～三〇センチほどに成長しており、枯損による植替えが何度か繰り返されたものにしても、植林後二〇年から三〇年を経て順調に生育していたことがうかがわれる。

こうして仙台藩領に植え立てられた黒松林は、内陸の田畑や町場、集落を日常的な潮害から守り、仙台平野の石高の増加に貢献するものとなったのであり、黒松林が沿岸部地域の暮しと前期藩財政の安定化に果たした役割は重視されてよいだろう。

磐城平藩・中村藩でも、松苗の植栽が十七世紀半ば過ぎから開始された。磐城平藩では、寛文年間（一六六一〜七二）から正徳三（一七一三）年にかけて、磐城郡・楢葉《ならは》郡の海岸に合計一〇万本を超える「汐除の松」が植栽された。枯損した部分は藩が植替えをおこないながら植林事業が継続された（『いわき市史』第九巻近世資料、一〇六頁「正徳三年一月川除・汐除松並に付布令」）。

藩政と植林

太平洋沿岸部の黒松の植林は、前述したように十七世紀半ば頃から藩による政策的な事業として推進されていたが、植林の主体は一様ではない。仙台藩の宝永三（一七〇六）年「山林方定書」（『伊達家仙台藩の林政』一四頁）によると、藩が費用をだした直営の植林のほか、藩役人の指導のもとで地元の者が費用を負担した部分があり、地元民のみで植林した部分もあった。このほか、沿岸部に知行地をもつ家臣（給人）による植林があったことは、前述した川村元吉の例のほか、十八世紀半ばに領内の村々から提出された「風土記御用書出」の記載により、牡鹿郡・亘理郡についても知られる（菊池慶子 二〇一一）。

一方、前記「山林方定書」によれば、十八世紀初頭には、拡大した砂州に実生から育った黒松が増殖し、知行地に黒松林をもつ家臣がこれを「自分林」として囲い込み、地元の農民も「地続山」として所有権を主張する事態が生まれていた。藩は両者の争論を避けることを名目に、拝領地の外に拡大した松林には境塚を立て、藩の山林方で「御林帳」に記入し藩有林とすることを示達《じたつ》したが、これは藩が管理を強めなければ松林が内陸の山林と同様に、伐採されて村の暮しに消費されたり、商品化されたりして、消滅してしまう危険性があったことを示している。藩は黒松林の防潮役割を維持する方策として、すべてを藩有林である御林に取り込もうとしたのである。ただし、地元の農民に対して当初から、暮しに必要な分についての利用は認め、枝木等の伐採を許可する代わりに植継ぎをおこなわせるものとした〔菊池慶子 二〇一三〕。こうした藩の方策は、結果的に人工林としての黒松林の健全な生育を促す除伐(周囲の低木の除去)、枝打ち(幹の低い部分の枝の除去)、さらに間伐を進める効果を上げていたものと考えられる。

十八世紀半ばには領内の森林の区分として、「嶽山《だけやま》」「在々御林」「里山」と並んで「浜方次賀松《じがまつ》御林」があげられていることも注目される(「名取郡下野郷村　野火御改御証文之事」一七七四年二月一日「書上物控」『日本林制史資料』仙台藩篇)。「次賀松」とは「須賀松」の訛りであるが、海岸に生育した松林はこの時期、森林としての存在を広く領内に認識されるようになっていたのである。

その後も仙台藩では十九世紀前半まで、海岸の黒松林に枯損や伐採などによる縮小や消滅などの問題が生じていた様子はみられない。地元に入会《いりあい》地や里山のように用益権を認める代わりに、植継ぎを課すことで、防潮林としての存続を図ろうとした藩の施策は、近世後期まで機能していたものと考えられる。

磐城平藩・中村藩においても、植林は当初から藩の主導のもとで推進された。ただし磐城平藩で、磐前郡下大越村(現いわき市)の山守が、父の代に仁井田の海岸に黒松を植林した功績を述べ、相続を願い出ていたように(「寛保元年万覚書」、明治大学所蔵「内藤家文書」一－六－六八)、実際は地元の農民が植え立てていたものもある。楢葉郡に植栽された「汐除御林」については、延享四(一七四七)年に同郡の村々から提出された「銘細書上帳」(明治大学所蔵「内藤家文書」一－二二－七二二)のなかに、植林の規模と個々の樹木の太さが詳細に書き上げられており、村の管理のもとに順調に生育し成林にいたっていた様子をうかがうことができる。

ところで、黒松の防潮林としての有効性を認識し東北に自生しない黒松をこの地に最初に導入した人物を明らかにする必要があるが、現在までこれを確定できる史料を見出せていない。仙台藩では川村孫兵衛元吉のほか、宮城郡で御舟入堀《おふないりぼり》の工事を監督した奉行和田織部も植林への関与が考えられるほか、同じ時期に気仙郡の郡奉行であった山崎平太左衛門と、その指示のもとに高田村の植林に私財を投じた豪商菅野《かんの》杢之助《もくのすけ》の存在も重要である。川村、和田、山崎、菅野ともに西国に出自をもつ者であることは、領外に広がる情報ネットワークの存在を想定して検討する余地があるが、今後の課題となる。

ともあれ、太平洋沿岸部に十八世紀半ばには藩領を越える連続した黒松林が造成されていたことは、黒松がこの地の環境に適応して繁殖しえたことに加えて、藩と地元民がともに黒松林の防潮林としての有効性を認識し、適切に利用しながら更新を図るという育成と保護に取り組んだ成果であったことは間違いない。

二　日本海側諸藩の植林の展開

植林の開始とその背景

日本海側では、十七世紀末頃から、河口の港町や沿岸部の村々で、家屋や田畑が飛砂により埋没する被害が拡大するにおよんで、砂防植林が着手された。

弘前藩領では、津軽半島西部に位置する七里長浜に、天和二(一六八二)年から元禄十六(一七〇三)年までの約二〇年間に、合計約七〇万本の黒松や杉、雑木が植えられ、さらに十八世紀前半にも約一七万本の雑木が植え立てられた。この背景には、十七世紀初頭から津軽平野の岩木川中・下流域、五所川原・木造《きづくり》以北で開始された新田開発があった〔立石 一九七三〕。のちに強風や潮風、飛砂から新田や村々を守る姿から「屏風山《びょうぶ》」と呼ばれるようになる七里長浜の砂留林は、沿岸の村々に入会地として薪炭や材木の生産も認められていたが、十八世紀後半以降、飢饉のたびに濫伐が広がり、そのため幕末まで数度にわたり植林が継続された。

秋田藩領では、十八世紀初頭に米代川《よねしろ》河口の能代《のしろ》町で砂防の植林が開始されたのを皮切りに、山本・秋田・河辺三郡の海岸で、幕末まで植林が継続された。能代町の植林は、正徳二(一七一二)年、船問屋越後屋太郎右衛門が自費による砂留普請を藩に上申し、能代町庄屋越前屋久右衛門とともに着手して以来、二人の子孫により長く引き継がれた〔秋田県林務課 一九三三・能代市史編纂委員会 一九五九〕。その後、十八世紀末から藩の郡方《こおりかた》による植林が開始され、十九世紀初頭に木山方《きやまかた》のもとで「一郷備」として植林がおこなわれた〔『能代市史』資料編近世二、一八六〜一八八頁「木山方以来覚追加 巻六」〕。さらに十九世紀前半、飛砂害が米代川河口左岸で再度拡大すると、能代町の保安にかかわる問題として危機意識が高まり、文政五(一八二二)年木山方吟味役の賀藤景林《かげしげ》により大規模な植林が再開され、嗣子の木山方吟味役加藤景琴《かげこと》がこれを受け継いで幕末までに合計約一〇六万本が植栽されている。

十八世紀に始まる秋田藩の砂防植林は、その背景に当該期の急激な砂丘の発達をみておく必要がある。砂丘の拡大は沿岸流と北西の季節風の影響だけでなく、製塩の開始により海浜の樹木が伐りつくされるという人為的な事情によるものでもあった。十七世紀末に作成された「出羽国七郡絵図」(秋田県公文書館所蔵)には、米代川河口部の一部に砂山の描写はあるが、周辺の山本郡の海岸には樹木があり、この当時は無毛の砂地と化していた様子はみられない。能代砂丘の形成年代の考察によっても、十世紀から十六世紀半ばまでは飛砂の休止期であったことが推側されており〔能代市史編さん委員会 二〇〇〇〕、この間に海浜に樹木が生育していたことを推測できる。十七世紀初頭には塩焼をおこなう村が存在したことから、能代砂丘の発達は山本郡の海浜で製塩が盛んとなり、燃料とする樹木の伐採が進んだことが大きく影響したものと考えられる。

雄物《おもの》川河口部の河辺郡沿岸も、「出羽国七郡絵図」には砂丘とみられる描写はあるが、のちに砂山と呼ばれる勝平《かつひら》山にはまばらながら樹林が描かれている。文政三(一八二〇)年に河辺郡百三段《ももさだ》新屋《あらや》村(現秋田市)の村役人が藩の郡方吟味役であった栗田定之丞に提出した文書によれば〔『能代市史資料』第三十号・栗田定之丞文書(一)五四〜五七頁。以下「栗田」と略し、頁を示す〕、当村は十七世紀初頭に先進的な塩づくりが開始され、「いろは釜」と称される四八もの塩釜があったが、塩木を濫伐した結果、砂丘化が進行して十八世紀初頭には田畑や家屋が半分砂に埋没するほどの被害が生じていた。享保九(一七二四)年から村の取組として、砂地でも生育しやすい茱萸《ぐみ》の苗木を亀田藩領から購入し、浜辺に植栽したが、砂防に役立つほどには生育せず、十八世紀後半にさらに飛砂害が拡大したため、栗田に植林の陣頭指揮を願い、以来一四年をかけて松約二二万本、合歓木《ねむのき》約三万本を新たに植栽してきたことを述べている。同村ではその後も幕末まで植林が継続され、十八世紀に砂山と化していた勝平山は、豊かな黒松の森林となったのである。

庄内藩では、最上《もがみ》川河口の酒田町と河口両側の庄内砂丘で、十八世紀初頭から本格的な植林が開始された。後背湿地の新田開発が背景にあるが、飛砂の被害は秋田藩と同様に、十七世紀初頭に始まる砂丘の拡大に起因している。当地にあった樹林は戦乱による焼失と製塩による伐採の結果、消滅して飛砂害が拡大し、十七世紀前期には多くの集落が内陸に移転したことが伝えられている〔須藤 一九八〇〕。十八世紀初頭、藩の林政改革のなかで着手された砂丘地の植林は、最上川を挟み川北と川南にそれぞれに植付役をおき、森林の保護と植栽の実地指導がおこなわれた。川北砂丘の植林は思うように進まず、そのため十八世紀半ばには地元の有力者を募り植林事業が展開される。最上川川北の西浜では、酒田町で醸造業を営んでいた佐藤藤左衛門・藤蔵父子が藩の認可を受けて植林事業を興し、藩の直営部分と合わせて、植林のための村として藤崎村を創立した。十八世紀後半以降、酒田町周辺では、豪商本間光丘・光道父子による植林が始まり、平田郷大町組大庄屋尾形庄蔵・酒田中町富商曾根原六蔵らの尽力もあり、十九世紀半ばに防砂林として成林している〔梅津 二〇〇三〕。

藩政と植林

日本海沿岸部の植林は藩政にはどのように位置づけられていたのだろうか。津軽半島西部の屛風山の造成は、津軽平野の新田開発を政策の主眼とした弘前藩前期藩政との関わりが指摘されている。岩木川中流域から下流域に開拓が進むなか、開発された木造新田を七里長浜から飛散する砂の埋没から守るうえで、屛風山の造成は必須の条件であったとみられる。仕立頭に任命され植林に着手した野呂理左衛門は、祖父太左衛門の代に広須新田の開発に従事し、父武左衛門は知行高五〇石を与えられて家臣格となっている〔立石 一九七三〕。近隣六六カ村の農民を徴発して事業が成し遂げられたのは、理左衛門を含む地元の富農たちを藩が活用できたことに意味がある。

庄内藩も、十八世紀初頭から地元の豪農と豪商を植林の担当者に取り込むことで、砂防事業を推進した。宝永四(一七〇七)年に始まる林政改革では、領内の造林の拡大、藩有林の制度化を定めるとともに、奉行の下に植付役を新設し、植林計画の立案、実施の指導監督、大山守との協力による山林取締りを任務とさせた。最上川右岸の川北地域の植林は、こうして植付役により本格的に着手されることになったが、海岸の厳しい環境のなかで実績はあがらず、十八世紀半ばから藩は方針を転換し、藩の直営部分のほか、酒田商人佐藤らが私財を投じるだけでなく、移住して植林をおこなう藤崎村を創立させた。十八世紀末には郡代服部外右衛門が砂防植林を藩主酒井忠徳に稟申《りんしん》し、鶴岡城下の僧侶を動員して植林に民間特志の奮起を促し、さらに酒田の豪商本間光丘《みつおか》の財力を頼みとした。本間は藩の財政再建と密接にかかわることで、植林事業を推し進めていくこととなる〔酒田市史編纂委員会 一九六〇〕。

一方、秋田藩では、十八世紀初頭から能代町や沿岸の村々で飛砂被害が問題化するが、藩は植林を主導する方針を示さず、地元の有力者に対応を委ね、見返りに彼らに「生涯扶持」(生涯にわたり給与する俸禄)を与えることで乗り切ろうとした。能代町の越後屋太郎右衛門・越前屋久右衛門らによる植林は、彼らがその財力で公共的な砂防事業を担ったことに歴史的な意義を見出せる。越後屋太郎右衛門は米代川中流域左岸の鶴形村(現能代市)の出身で、米代川を通じた商品流通で財産を築き、海運の時流にいち早く乗ることで能代の開拓にかかわった商人である。越前屋久右衛門もまた、廻船業で財産を築いた商人であった。能代の開拓者としての自負こそが私財を投じて率先して砂防林の造成に取り組む背景にあったとする古内龍夫の見解は、首肯されてよいだろう〔『能代市史』資料編近世二、一五九頁〕。

十八世紀半ばから、藩は沿岸部の村に対して、植林の出願があれば、検使を派遣して状況を確認し、砂留普請の見積りを立て、検地役のもとで苗木や人足扶持の一部を下付する助成をおこなうようになる(2)。苗木の購入や人足代に私財を投じて植林に協力した村役人に対しては、生涯扶持の支給のほか、名字帯刀の特権を与え、子孫による植林の継続を促す方策をとった(3)。だが、こうして藩の投資が開始されても、砂防植林はいっこうに進まず、飛砂による村の荒廃は防ぎようがなかった。これを変えたのは十八世紀末の寛政改革後期の政治である。

寛政七(一七九五)年、佐竹義和《よしまさ》による改革政治の後半期、農政改革の推進をめざして六郡に郡奉行が配置されると、山林支配も郡方に移管され、郡ごとに山林と産物の取立を推進する林取立役が新任された[「芳賀 二〇一三」]。山本郡では林取立役四人が砂留方の兼任を命じられ、さらに同郡大口村(現三種町)肝煎兵左衛門、浅内村(現能代市)肝煎五右衛門、水沢村(現八峰町)肝煎庄蔵の三人が経験を買われて砂留役に任命され、郡方御備から合力銀の下付が定められた[「栗田」二三～二四頁]。郡奉行として山本郡の農政を一任された大森六郎左衛門は、飛砂により荒廃した郡内沿岸部の耕地の復興を図る方策として、砂留の植林を重視し、林取立役に砂留方を兼任させる職務体制をととのえたのであり、そうした点で寛政改革後期の政治は、砂防植林の政策的な推進をめざしたものと評価できる。だが、植林の方法も村の体制も従来と変わらず、したがって成果が上がらないまま藩の経費ばかりが嵩《かさ》む問題を抱えたことから、寛政十(一七九八)年、郡奉行大森は、郡方物書であった栗田定之丞一人に林取立役と砂留方の兼任を命じ、藩財政の悪化を理由に村の自己負担での植林を方針とすることを中し渡した[「栗田」一二頁]。この時期、植林をおこなう村に対する助成として「郡方御備銭」から松の種子を購入し、配布していたが[「栗田」一二頁]、植林に従事した農民たちへの手当ての支給は中止とし砂留担当も単独の職務としておこなわせたのである。大森は、事業の担当責任を明確にすることで成功に導く奮気を促したものと思われるが、栗田の実務官僚としての能力と技量を見越してのことでもあろう。結果的に栗田は、文化二(一八〇五)年までの七年間で、山本郡五カ村に黒松を根づかせる実績を上げ、その後も砂防植林の職務を継続して担い、文政十(一八二七)年の退役まで、山本郡と秋田・河辺三郡一五カ村の植林も成功させている。

一方、藩は街道周辺の植林については商人や給人(知行地をもつ家臣)の財力に頼った。能代の出戸海道の東側には、能代町人の越前屋久右衛門と越後屋孫左衛門が、長さ約四八〇メートル、幅約三六〇メートルほどの規模で植林をおこなったが[「栗田」二四頁]、これは「御注進」と呼ばれ、寛政五(一七九三)年に藩士に対して、荒地や休耕地を起工・開墾する資金を出せば開発高のうち三分の一ほどを与えることを申し渡したことに対応したものであった。二人の商人は文化十三(一八一六)年当時、五〜六石ほどの開発高を手に入れている。商人の植林事業への参加は財力拡大の契機となったことも注視する必要がある。

三　植林技術の進歩

秋田藩での植林法の開発

海岸への人工林の造成は、この地の過酷な自然環境にあって、山野での造林以上に苦労の多い事業であった。とりわけ松苗の植付けは、日本海側では秋から春にかけて北西の寒風が吹きつけるなかでおこなわれる作業である。苗木を枯損させずに根づかせるのに、土壌や日照の環境をととのえるための多くの手間と技術を要したが、成木後も下刈りなどの作業を続けなければ生育が妨げられ、高潮や暴風、飛砂の被害で消滅することもあり、捕植が幾度も繰り返された。容易に成林にいたらない要因には、海岸の自然条件の厳しさだけでなく、苗木が生育途上で盗伐されるという人為的な問題も起こっていた。一例として、秋田藩の山本郡沼田村(現能代市)は、十七世紀末に飛砂の被害を避けて集落を内陸へ移転させていたが、その後も田畑が砂に埋没し「捨高」が莫大となったため、十八世紀半ばに藩に願い出て「郷普請」、すなわち村全体での砂防植林に着手した。樹種は不明である。だが、苗木が焚き木に切り取られる事態が生じ、村はこれを防ぐ方策として、全戸で米五斗ずつを供出し組頭のなかから山守をつけるという管理態勢を取り決めた。その後宝暦三(一七五三)年、下層農民たちは、毎年の米の供出は負担が重いとして、新たに五人組を立てて相互に監視をおこない、伐採する者がでれば組の責任でその者から米五斗をださせて村に差し出すことなどを肝煎をはじめ、村役人に願い出ている(「砂留之為植立木苗ニ付郷定証文」秋田県公文書館所蔵「沼田村文書」A二一四・三―六三―一二)。砂防対策として村中で苦労して植えた苗木を成木前に焚き木に流用する者がいたのは、宝暦飢饉後の農民の窮乏が背景にあるが、根本的な問題として、この地域における森林資源の不足の深刻さを浮かび上がらせる。すなわち、樹木が育たず入会の森林をもたない沿岸部の村々は、日々の燃料にさえ事欠く状況にあり、海岸への植林は村の暮しを成り立たせるうえでも必要とされたのである。ともあれ、この事例では、村が砂防林を育成する目的意識を共有して盗伐の監視を強めていたことを注視しておきたい。

一方、十八世紀半ばには、村民を督励し困難を覚悟のうえで植林に取り組む村役人層が、どこの藩にも登場しており、秋田藩の栗田定之丞をはじめとして、植林の指導に精励する役人も出現した。そうした関係者の模索のなかから、有効な植林方法が生み出されることになった。

日本海側の砂防植林は十九世紀半ばまで、多種類の樹木が試されていたが、栗田定之丞は各郡を指導して回り、黒松を主体とする植林法を広く定着させたことに大きな功績がある。砂留役に就任して以来、山本郡内で砂防の経験者に学びながら、現場で日夜、風向きの具合などを見極め、根付きの工夫を考えたすえにたどりついたのが、段階的に松苗の植栽に導くという方法であった〔「栗田」六一～六五頁〕。すなわち、黒松苗は防風柵を設けるだけでは根づかないことを見定め、松苗の前植に数年をかけることで植林の成功に導いたのである。一年目は藁《わら》や山萱《かや》を束にして海岸の砂地に埋め、防風の備えをつくり、その陰に柳を植える。翌年春に柳が活着すると、秋に根本を土でくるんだ茱萸の木を柳の陰に植える。三年目に茱萸を活着させ、四年目は合歓を根づかせ、その風下に松苗を一株ごとに、藁苞《わらづと》でくるんで挿し植えるというものである。事前に藁や山萱を砂地に埋設するのは、苗木を強風や飛砂から守るためだけでなく、藁や山萱を垣として使い、砂の移動を防ぐ人工砂丘をつくろうとしたものと考えられる。飛砂は人工砂丘に阻まれ内陸の植林場所への堆積が減少する。ついで段階的におこなわれる植林は、砂地の安定化を図り、最終的に植える黒松苗の防風対策とされたものとみられる。

栗田による山本郡の植林では、松苗は一反歩に三〇〇〇本の割合で植えつけられ、その前植とされた柳・茱萸・合歓・ハマナスなどの植栽は反当り三五〇〇本におよんだ。また砂地の悪条件を克服する工夫として、植え穴に粘土を入れて苗の根をくるむ方法も用いられている。

植林前の防風施設の設置や、合歓木や茱萸のあとでの黒松苗の植栽は、村上藩や金沢藩で類似した方法が用られており〔山口 二〇〇三〕、日本海沿岸部の諸藩で十九世紀半ばにほぼ共通する植林法となっていたようである。また粘土の利用は磐城平藩で十八世紀初頭におこなわれており、日本海側の諸藩でも確認されている。栗田は砂防林の先覚者たちの経験と知識を受け入れながら、現場で自ら実験を重ねたすえに上記の植林方法を生み出したのであるが、日本海側の諸藩がほぼ同時期に類似した方法を実施していたことは、黒松の植林をめぐる地域間の情報流通という側面から検討してみる余地もある。

苗木の生産

松苗の植付けには下準備に大量の藁と萱がいり、苗木自体も枯損を見込んで相当数を用意しなければならない。秋田藩・庄内藩では茱萸や合歓木を含めて、苗木は長らく領内で生産されず、他領から購入されていたが、十八世紀半ばには領内の村から買い上げられるようになり、十九世紀前半にいたって植林する地元で播種から育苗、そして植栽にいたる工程すべてをおこなえるようになった。前述したように秋田藩の郡方で十九世紀初頭から村に対して松の種子を下げ渡す助成がおこなわれていたのは、まさに植林技術の進歩が背景にあったのである。

育苗から植栽までの一連の工程とその特徴が知られる史料として、庄内藩の豪商本間光弥が酒田西浜谷地で植林に着手した際に作成された「西浜植付調」は興味深い。文化十(一八一三)年から明治四(一八七一)年まで、およそ六〇年にわたり酒田今町の久村家に対して支払われた代金の帳簿に、植林にかかわる個々の作業労働が記されており〔『酒田市史』史料篇第五集・経済篇上、七七〇〜七七七頁〕、その内容から以下の三点が判明する。

第一に植栽の順序であるが、文化十年に合歓苗の植付けが開始されると、砂留簀《さく》を設置しながら、しばらく合歓苗が集中的に植えられている。この間、合歓の種子がとられ、苗木の生産が始まるが、大半は購入した苗が植栽されている。五年後の文政元(一八一八)年から松苗の植付けが始まる。苗木は当初は購入されていたが、天保十一(一八四〇)年に種子を購入して苗畑をつくり、苗木の生産が開始された。弘化元

（一八四四）年に「松苗四年子一万三八五〇本植付」とあるので、播種から四年をかけて育てた松の苗木一万三八五〇本が、この年はじめて植林されたものとみられる。その後、嘉永二（一八四九）年から三年間、茱萸も植えられているが、松苗は継続して植えられており、幕末から明治初期にかけて、この地で黒松林が成林したことが推測される。

第二に、植林事業にかかわる労働についてみると、合歓・松・茱萸の苗木の植付け作業のほか、合歓の種子取り、苗木の掘取り、松苗の植替え、苗畑の除草、砂留簀の設置などの作業がある。松苗の植付けは毎年一度、二月から三月におこなわれ、盆前に除草がおこなわれる。地元で苗木の生産が開始されたことは、植林にかかわる新たな雇用を創出させたという意義をみておく必要もある。

第三に、植林される松苗は、前述のように種子から四年生育させたもののほか、「二年子」「三年子」という記述もあるので、播種から二年目の苗木や三年目の苗木も用いられたことが知られる。ちなみに、現在の海岸林の植林現場では、苗畑で二年から三年ほど植え替えながら育てた苗木のほか、ポットに種子を直播きして三年間育てたコンテナ苗と呼ばれる苗木も採用されている（公益財団法人オイスカ「海岸林再生プロジェクト」ホームページ）。幕末の庄内藩では、苗木をどの状態で植栽するのが適切か、成長の様子をみながら模索が続けられたのであり、現在の苗木生産の基盤は幕末に確立していたものとみてよいだろう。

秋田藩での松苗の生産についても一例あげておこう。郡方御用掛であった大貫小助は文政元年、秋田郡天王村（現秋田県潟上市）寄郷上出戸村に移住して開拓に着手していたが、防風林の造成のため秋田郡岩瀬村（現秋田市）で松と杉の種子を購入し、村内に苗畑を開発した。二年後の文政三年に約四〇万本の苗が生育し、約三〇万本を海浜に植林したことが伝えられており、二年生の苗木を育てて植栽していたことにな

る〔『天王町誌資料』七九頁「明治四年郷土誌」〕。

松苗が地元で種子から生産されるようになったことは、苗木が安値で安定的に確保できるようになったことに加えて、地元の環境に適応する遺伝子が獲得され、成木率が上昇する結果となったことが推測される。それでは、こうした植林技術の進歩により、日本海側では松苗は実際どの程度根づくようになったのだろうか。たびたび取り上げてきた秋田藩河辺郡新屋村では、安政五(一八五八)年から慶応二(一八六六)年までの九年間に毎年春と秋の二回植林がおこなわれ、勝平山の南西通りをはじめ、一四の道筋に合計一一三万五二〇〇本の松苗が植え立てられていた。翌年三月に村から藩に提出された「御植立書上」(国文学研究資料館所蔵「小貫家文書」二五―C―四八三)によると、このうち三分の二ほどの道筋で根づいたと見受けられるが、「大丈夫」といえるのは半分の道筋であると報告されている。苗木の生木率は五〇%というのが、幕末段階での植林の実績であり到達点であったのである。

四　飢饉下の松林の利用と荒廃

海岸の松林は防潮林・防砂林としての役割に留まらない、多様な公益を地元の村々にもたらすものであったことは、これまでの行論で触れてきたとおりである。一方、凶作になれば地元に留まらず、近隣の村々にも開放され、飢渇を凌いで生き延びるための砦となったことについても触れておきたい。秋田藩山本郡では文化十一〜十二(一八一四〜一五)年の凶作に際して砂留山が果たした役割から、「凶年御備山」の名で呼ばれるようになった〔「栗田」四二頁〕。もぐらと呼ばれる下草の根が食用に掘り出されていたのであるが、内陸の「御救山」と同様の森林利用の実態が生まれていたのである。仙台藩領では十八世紀半ばの宝暦飢饉時に松皮餅(剝いた松皮を粉状に細かく砕き米や大豆の粉と混ぜて食用としたもの)の製法が領内の村に周知されるようになり、十九世紀前半の天保飢饉時には藩が製造を奨励し、勘定奉行佐藤助右衛門が桃生郡・牡鹿郡の海浜などから原料とする松皮を大量に買い集めていた実態がある[菊池勇夫 二〇一二b]。

だが、こうした飢饉下の利用により、仙台藩では十七世紀末の成林以来、防潮林として順調に保護・育成されてきた海岸の黒松林は、一挙に荒廃に向かった。危機感を強めた藩士山口顕喜《あきよし》は嘉永元〜安政元(一八四八〜五四)年頃、藩に対策の必要性を提言し、これに基づき藩は領内に禁伐と新たな植林を命じる示達を発している(「山林方緊要抜粋 下の冊」[遠藤 一九三六])。天保飢饉後、防潮林としての役目を果たせないほどに「薄立之場所」が目立つことになり、その後、一〇年以上も復旧の対策が講じられなかったことで、再生を急務とする方針が示されたのである。なお藩の示達には、海岸の松林は防潮林としての平時の役割に加えて、海防の「兵法深策」にかかわる施設であることも述べられている。これは当時、対外関係の緊迫により全国で海岸防備が強いられたことが背景にある。幕府は全国の海岸防備の状況を確認するため、諸藩に海岸絵図の作成・提出を命じ、仙台藩は嘉永六(一八五三)年に宮城郡以南を三枚一組として「御分領中海岸筋村々里数等調並海岸図」(仙台市博物館所蔵)を完成させた。沿岸部の街道、町場、河川とともに、異国船の接近を監視する唐船番所《からふねばんしょ》などの海防施設が描かれたほか、海浜の松林が明瞭に描写されたのは、松林が海防施設の一つとしても重要とされたからである。

図2の「御分領中海岸筋村々里数等調並海岸図」には、仙台湾の沿岸から南の中村藩境にかけて、ほぼ連続した松並木が描かれ、海岸線に沿って二列、ないし三列の松林が描かれたところもある。**図2**はその一部で、宮城郡の七北田川東西両岸、および名取郡の名取川東西両岸に植えられた黒松林を示している。

ただし前述したように、海岸の黒松林は天保飢饉で荒廃が進み、この時期は回復していなかった。したがって、絵図の描写は当時の実態を示したものではなく、天保飢饉以前の植林の達成状況を描いたものとみておく必要がある。仙台藩ではこうして幕末に向かい、海岸の黒松林は再興の途上にあったのである。

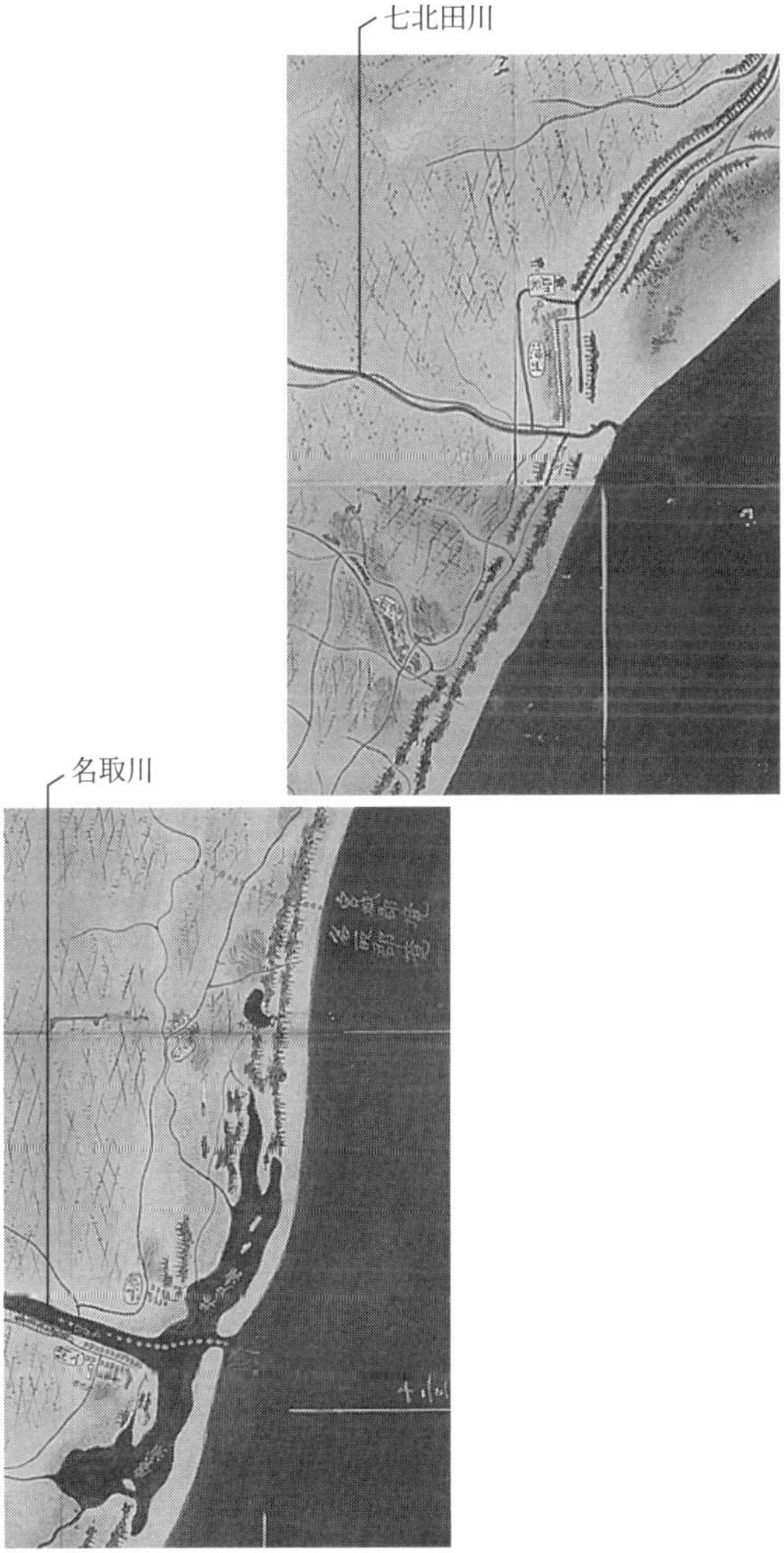

▲**図2**　嘉永六年「御分領中海岸筋村々里数等調並海岸図」(部分，仙台市博物館蔵)　上：宮城郡の黒松林，下：名取郡の黒松林

おわりに

本章では、近世の東北全体で展開された黒松を主体とする海岸防災林の植林史を通観し、植林事業の特徴と意義を考察してきた。幕末の東北沿岸部の植林状況は、太平洋側は天保飢饉による荒廃から回復をめざして復興される途上にあり、日本海側では分散的ながら黒松林の砂防林としての成林が成し遂げられつつあったことを確認したが、近代以降、国家政策として保安林制度のもとに海岸への黒松の植林が継続されるなかで、明治二十九(一八九六)年の明治三陸地震津波に際して、岩手県気仙郡高田町(現陸前高田市)の高田松原が津波の減災効果をもったことが「発見」されると、以来、植林事業は新たに津波対策としても重要視され、その機能が現代に受け継がれることになる[小田 二〇〇三]。近世に東北をあげて模索を繰り返しながら成林を達成させた植林の歴史は、近代以降の東北の暮しを支えてきたことを見落とすことはできない。

防災林の植林は藩役人および地元村民(肝煎以下植付役・砂留役、農民)、富商らの協働による地域のセーフティーネットの構築であるという観点に立てば、それぞれの利害・権利関係を含みつつも主体的営為として取り組まれたことの意義は大きく評価されてよいだろう。その具体像について、各藩領の個々の地域の植林の経緯、および海岸防災の機能(潮害・飛砂・強風防備)に留まらない多様な公益機能の実態とあわせて詳らかにする必要があるが、紙幅の制約により別稿であらためて取り上げることにしたい。なおこれに関連して一点述べておきたいことは、植林を指揮・指導した藩役人や、植林に私財を投じた豪農・豪商が、同時代の人々により顕彰されていたことである。秋田藩では栗田定之丞・賀藤景林・大貫小助の三人の役人が、それぞれ幕末から近代にかけて神格化されている。領内の水利・開拓・河川普請など困難な土木事業に陣頭指揮をとり成功に導いた藩士が、のちに村民によりその事績を追慕され、神社に祀られた例は少なからず見出せることであるが、秋田藩では砂防林造成の取組がとりわけ地域の事績として重視されていたことを示唆するものである。

なお、日本海側で砂防林の造成が取り組まれた背景には、砂丘の拡大をもたらした要因として、内陸部の森林利用との関連を追究する観点も必要である。米代川河口部から能代海岸一帯の砂丘の拡大は、十七世紀初頭から上中流域で杉の伐採が進み、支流の阿仁《あに》川流域でも阿仁銅山の出銅量の増加にともない、坑木や薪炭を生産するために森林の伐採が進んだことで、米代川に土砂流出が増加したことに原因があることが推測されている〔芳賀 二〇一五〕。日本列島の全域で内陸の山林の荒廃が多量の土砂の流出を生み、河口の砂丘の拡大を引き起こしたことについては、小田隆則により指摘され〔小田 二〇〇三〕、近年は太田猛彦が河川上流から山地の表面浸食や崩壊などによって運搬・堆積される土砂の流出量が飛躍的に増加したことに注意を促している〔太田 二〇一二〕。個々の河川流域の山林利用の実情が、沿岸部の暮しの環境にどのような影響を与えたものかを探る試みも、重要な課題の一つとしてあげておきたい。

◆註

1 『日本山林史』保護林篇は、一九二六年山形県西荒瀬村役場による『飽海郡西荒瀬村砂防植林事業について』、一九三二年農林省による『日本林制史資料』庄内藩篇、一九三三年秋田県林務課による『秋田藩海岸砂防林造成史』などの成果の後に上梓されたものであり、砂防植林の歴史に対する地元の関心の高さをみておく必要がある。

2　寛保三(一七四三)年に秋田郡船越浜が藩に「松植立願」を上申し、空地に一郷の焚き木とするため一軒に付き松雑木の苗二〇〇本ずつの下付願を出したことは(『天王町誌史料』「児玉英一家文書」四〇四頁)、その一例である。

3　一例として、浅内村(現能代市)肝煎原田五右衛門は、明和七(一七七〇)年七月、村中の合意をとり、砂留のため多種類の苗木の植林に着手し、一定の成果をあげた。安永五(一七七六)年四月には、困窮百姓を砂留普請に動員し、自ら飯米を助成したことで二回目の褒賞を受けている[能代市史編纂委員会　一九五九]。

◆参考文献

[秋田県　一九六五]『秋田県史』第三巻・近世編下、秋田県
[秋田県　一九七三]『秋田県林業史』上、秋田県
[秋田県林務課　一九三三]『秋田県海岸砂防造林史』秋田県林務課
[秋田市　二〇〇三]『秋田市史』第三巻・近世通史編、秋田市
[梅津　二〇〇三]　梅津勘一「庄内砂丘の海岸林」(『東北公益文化大学総合研究論集』第五号)
[蛯名　二〇一二]　蛯名裕一「慶長奥州地震津波の歴史学的研究」(『宮城考古学』第一五号)
[蛯名　二〇一三]　蛯名裕一『よみがえるふるさとの歴史2　慶長奥州地震津波と復興』蕃山房
[遠藤編　一九三四]　遠藤安太郎編『日本山林史』保護林篇上・下、日本山林史刊行会
[遠藤編　一九三六]　遠藤安太郎編『日本山林史』保護林篇・資料、日本山林史研究会
[遠藤　一九三八]　遠藤安太郎『山林史上より観たる東北文化之研究』日本山林史研究会
[太田　二〇一二]　太田猛彦『森林飽和』ＮＨＫ出版
[小田　二〇〇三]　小田隆則『海岸林をつくった人々』北斗出版
[菅野　二〇一四]　菅野正道『よみがえるふるさとの歴史3　イグネのある村へ』蕃山房

［菊池勇夫 二〇一二a］ 菊池勇夫「非命・非常の歴史学」（『歴史』一一八輯）
［菊池勇夫 二〇一二b］ 菊池勇夫「救荒食と山野利用」（菊池勇夫・斎藤善之編『講座東北の歴史 第四巻 交流と環境』清文堂出版）
［菊池慶子 二〇一一］ 菊池慶子「仙台藩領における黒松海岸林の成立」（『東北学院大学経済論集』第一七七号）
［菊池慶子 二〇一三］ 菊池慶子「失われた黒松林の歴史復元」（岩本由輝編『歴史としての東日本大震災』刀水書房）
［酒田市史編纂委員会 一九六〇］『酒田市史』上、酒田市
［佐藤 二〇一四］ 佐藤大介「災害対応をめぐる「協働」と「公共」」（『人民の歴史学』第二〇一号）
［須藤 一九八〇］ 須藤儀門『砂防林物語』個人刊
［高橋 二〇一四］ 高橋陽一『よみがえるふるさとの歴史4 湯けむり復興計画』蕃山房
［立石 一九七三］ 立石友男「津軽屏風山国有林の成立とその開放」（日本大学文理学部自然科学研究所『研究紀要（地理）』第八号）
［天王町役場 一九七四］『天王町誌』天王町役場
［東北芸術工科大学東北文化研究センター 二〇一一a］『季刊東北学 第二八号 東日本大震災』柏書房
［東北芸術工科大学東北文化研究センター 二〇一一b］『季刊東北学 第二九号 東日本大震災②』柏書房
［東北芸術工科大学東北文化研究センター 二〇一二］『季刊東北学 第三〇号 東日本大震災③』柏書房
［徳川林政史研究所編 二〇一二］『徳川の歴史再発見 森林の江戸学』東京堂出版
［能代市史編纂委員会 一九五九］『能代市史稿』第四・近世下、能代市
［能代市史編さん委員会 二〇〇〇］『能代市史』特別編自然、能代市
［芳賀 二〇一四］ 芳賀和樹「寛政期の秋田藩林政と藩政改革」（『徳川林政史研究所研究紀要』第四八号、徳川黎明会）
［芳賀 二〇一五］ 芳賀和樹「総説〝暮らしを守る森林〟――江戸時代からのメッセージ」（徳川林政史研究所編『徳川の歴史

再発見　森林の江戸学』Ⅱ、東京堂出版）
［日吉神社　一九七〇］『改訂新屋郷土誌』日吉神社
［山口　二〇〇三］　山口隆治『加賀藩林野制度の研究』法政大学出版局

史料

『いわき市史』第九巻近世資料、いわき市、一九七二年
『酒田市史』史料篇第五集・経済篇上、酒田市、一九七一年
『伊達家仙台藩の林政』小原伸編著、宮城県林務部・宮城県水源林保護組合連合会、一九五四年
『伊達世臣家譜』第二輯、仙台叢書刊行会、一九三七年
『天王町誌資料』天王町役場、一九六八年
『能代市史』資料編近世二、能代市、二〇一一年
『能代市史資料』第三十号・栗田定之丞文書(一)、能代市史編さん室、二〇〇二年
『宮城県史』第24巻・資料篇2、宮城県史刊行会、一九八七年

第Ⅱ部　中心と周縁

蝦夷を問う者は誰か

――蝦夷論の構造をめぐる問題

藤沢　敦

はじめに

古墳時代から奈良・平安時代にかけての東北地方は、異なる文化の境界領域であり、国家の外縁地帯でもあった。筆者は、このような境界領域である地域を対象として、古墳時代から律令国家形成にいたる時期の、異なる文化の分布や相互の関係を考古資料から検討してきた。そのうえで、律令国家の支配領域や、律令国家が「蝦夷《えみし》」として異族視した人々の範囲を、文献史料に基づく議論を参照しつつ検討し、考古資料による様相と比較してきた。そこから、考古学的文化の変移と国家や民族の境界について考察し、民族の概念の再検討が必要なことなどを主張してきた［藤沢　二〇〇七など］。

これらの検討は、東北地方で展開した歴史過程を究明していくこと自体において意味があることはいうまでもない。しかし、蝦夷という集団に対する認識をめぐる問題は、たんに東北地方での議論に留まらず、日本考古学あるいは、日本歴史学全体の構造を逆照射する、重要な意味を有していると考える。今回の報告では、蝦夷論の構造を検討することから、日本考古学・歴史学の有している構造的問題点について考えてみたい。

一　考古学的文化の変移および蝦夷と「倭人」の境界

古墳時代から奈良・平安時代にかけての考古資料の検討

本州島の北端部を占める東北地方は、古墳時代には、南と北で異なる文化が対峙していた（**図1**）。宮城・山形・福島の南東北三県には古墳文化が広がる一方、青森・岩手・秋田の北東北三県では続縄文文化が広がっていた。二つの文化の分布域はこのように大別できるが、両者は截然《さいぜん》と分けられるわけではない。古墳文化が広がる宮城県や山形県、さらには新潟県においても、続縄文文化にともなう考古資料が出土する場合もあり、その逆の場合もある。とくに宮城県の中部から北部、岩手県の南部にかけては、古墳文化と続縄文文化の考古資料は入り組んだ分布を示し、相互に密接な関係を有していたことがうかがえる。また古墳文化の分布域は、おおむね南東北の範囲であったが、前方後円墳をはじめとする古墳の分布域は、時期によって大きく変化している（**図2**）。古墳の分布域が拡大するという様相は、五世紀後半の一時期を除くとみられない。六世紀には、古墳分布域は大きく縮小している。

七世紀以降は北東北にも古墳文化に始原をもつ方形竪穴住居と土師器《はじき》が広がり、南東北と基本的には共通する農耕に基盤をおく社会へと大きく変化していく。しかし、「末期古墳」と呼ばれる、七世紀から九世紀まで北東北に分布する円墳群の内容や展開過程に無視しえない相違がみられるように、相対的に独自の様相を北東北は保持していく。北東北にも土師器が広がるが、南東北の土師器とは異なる独自の様相を有している。このようななかで、のちの律令国家へいたる中央政権は、おもに北東北の人々を「蝦夷」と

	南東北	北東北
	古墳文化	続縄文文化
住　居	方形竪穴住居 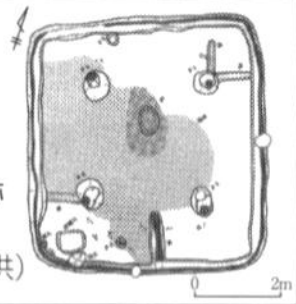 宮城県岩沼市北原遺跡 17号住居跡平面図 （宮城県教育委員会提供）	平地式住居？ 古墳時代併行期の続縄文文化では竪穴住居がほとんど発見されていない。ごく浅い竪穴住居か平地式住居と考えられる。
土　師	土師器 文様のない表面の土器・様々な形  宮城県仙台市伊古田遺跡第14住居跡出土土器 （仙台市教育委員会蔵・仙台市博物館提供）	続縄文土器 北海道の土器と同じ文様 深鉢がほとんど  秋田県能代市寒川Ⅱ遺跡 3号土壙墓出土土器 弥生時代終末に併行する時期のもの （秋田県埋蔵文化財センター蔵）
道具類	鉄器 木製農耕具	石器　＋　鉄器 黒曜石製石器を多用 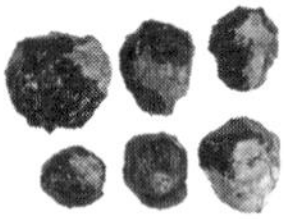 岩手県奥州市中半入遺跡 で出土した黒曜石製石器 宮城県北部が産地の黒曜石 （〈公財〉岩手県文化振興事業団埋蔵文化財センター蔵）
水産遺跡	水田遺構（窯跡）	－
墓	前方後円墳をはじめとする古墳  復元整備された宮城県仙台市遠見塚古墳 南東北には大型の前方後円墳も築造される （仙台市教育委員会蔵・仙台市博物館提供）	平面形が楕円形の土壙墓 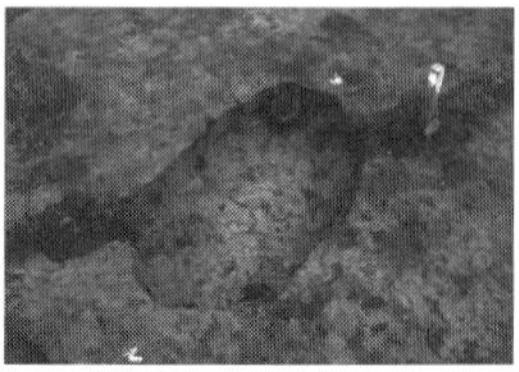 秋田県能代市寒川Ⅱ遺跡3号土壙墓 続縄文土器が副葬されている （秋田県埋蔵文化財センター蔵）
生業基盤	農耕を基盤とする社会	狩猟・漁労・採集を基盤とする社会

▲**図1**　古墳文化と続縄文文化の主要文化要素の対比　両文化の違いを模式的に示したもの。各文化のなかにも様々な変異がある。

出典：各調査報告書・仙台市史考古資料編

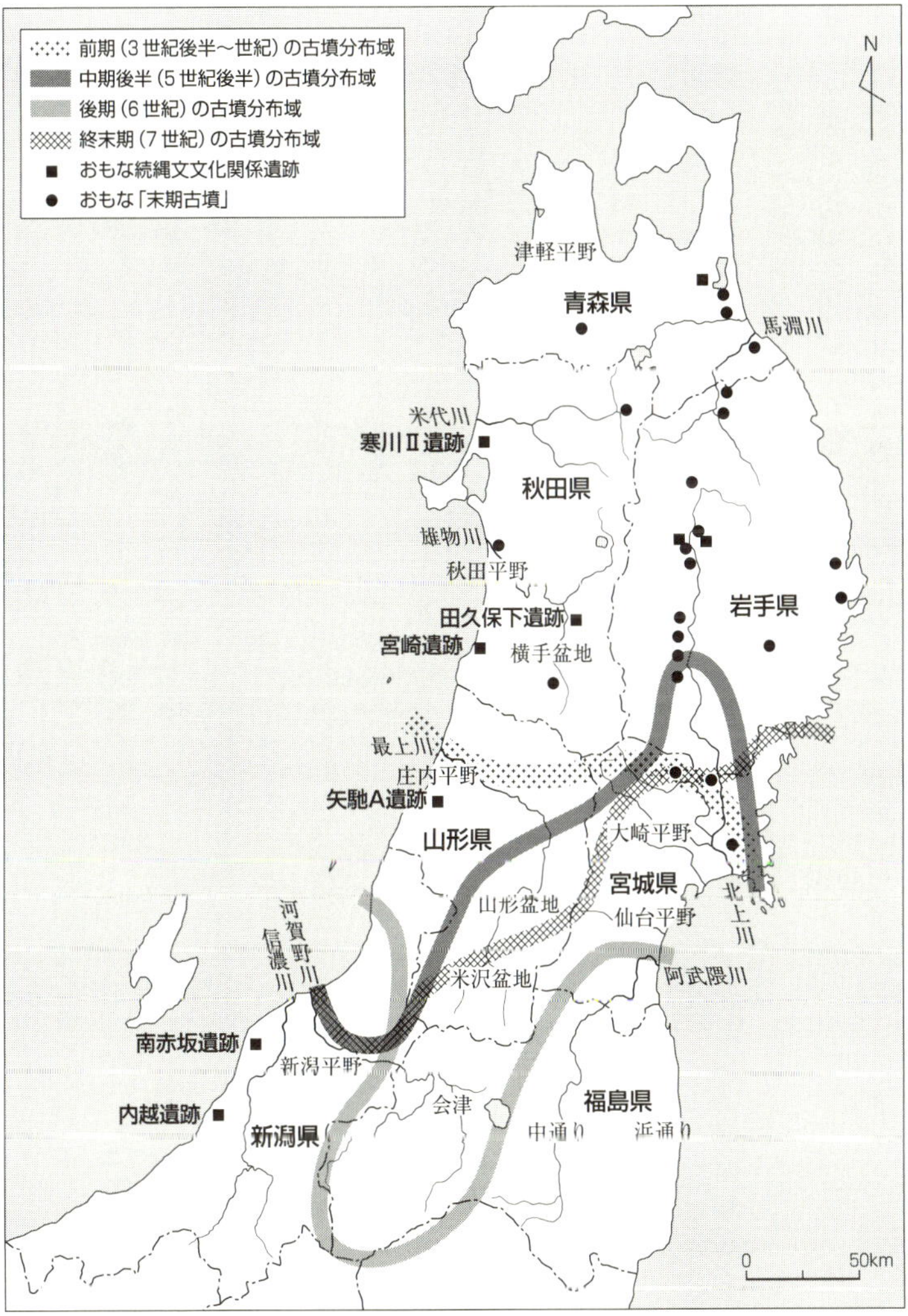

▲**図2**　古墳分布域の変化とおもな続縄文文化関係遺跡および「末期古墳」
出典：[藤沢 2010]p.076，一部改変

して異族視し、城柵に示される特別の支配体制を構築していく。

この古墳時代から古代にかけて、太平洋側の宮城県中部から岩手県南部の地域における、各種考古資料の分布を、古墳時代前期、中期、後期と七世紀以降の四段階に分けて、模式的に示したのが**図3**である。詳細な説明は旧稿に譲りたいが、要点は、古墳時代を通じて、考古資料にみえる文化の違いは、明確な境界線によってその分布域が区分されるのではなく、混在しつつ漸進的な変移を示していることである。

文献史料の検討による蝦夷の領域の復元

一方、律令国家にいたる中央政権が、どの地域を蝦夷の領域と認識していたかについては、文献史料の分析に多くを依拠して考えるほかない。今泉隆雄や熊谷公男が検討を加えており、両者の根拠は同一ではないが、細部の違いを除けばおおむね結論は一致している［今泉 一九九九・熊谷 二〇〇四］。すなわち、国造《くにのみやつこ》がおかれていた範囲とほぼ重なる、太平洋側は宮城県南部まで、日本海側は新潟県西半部までが「倭人《わじん》」の領域で、その外側が蝦夷の領域とみなされたと考えられ、この区域には城柵がおかれていく（**図4**）。その際、蝦夷の領域より内側を、どのように認識していたかが問題である。律令国家が確立してくると「公民」の存在する範囲ということになるのであろうが、とりあえず、古墳時代に中国から呼ばれ、中央政権も自称した倭との称号を使い、「倭人」の領域としておく。このように、史料で具体的に指摘される内側の範囲を指す場合には「倭人」と表記しておく。括弧をつけずに倭人と記す場合は、これまで想定されてきた、一般的な人間集団を示すこととする。

考古資料の分布と蝦夷の領域との比較

以上の考察を踏まえて、考古資料の分布のあり方と、文献史料から考えられる「倭人」と蝦夷の境界を

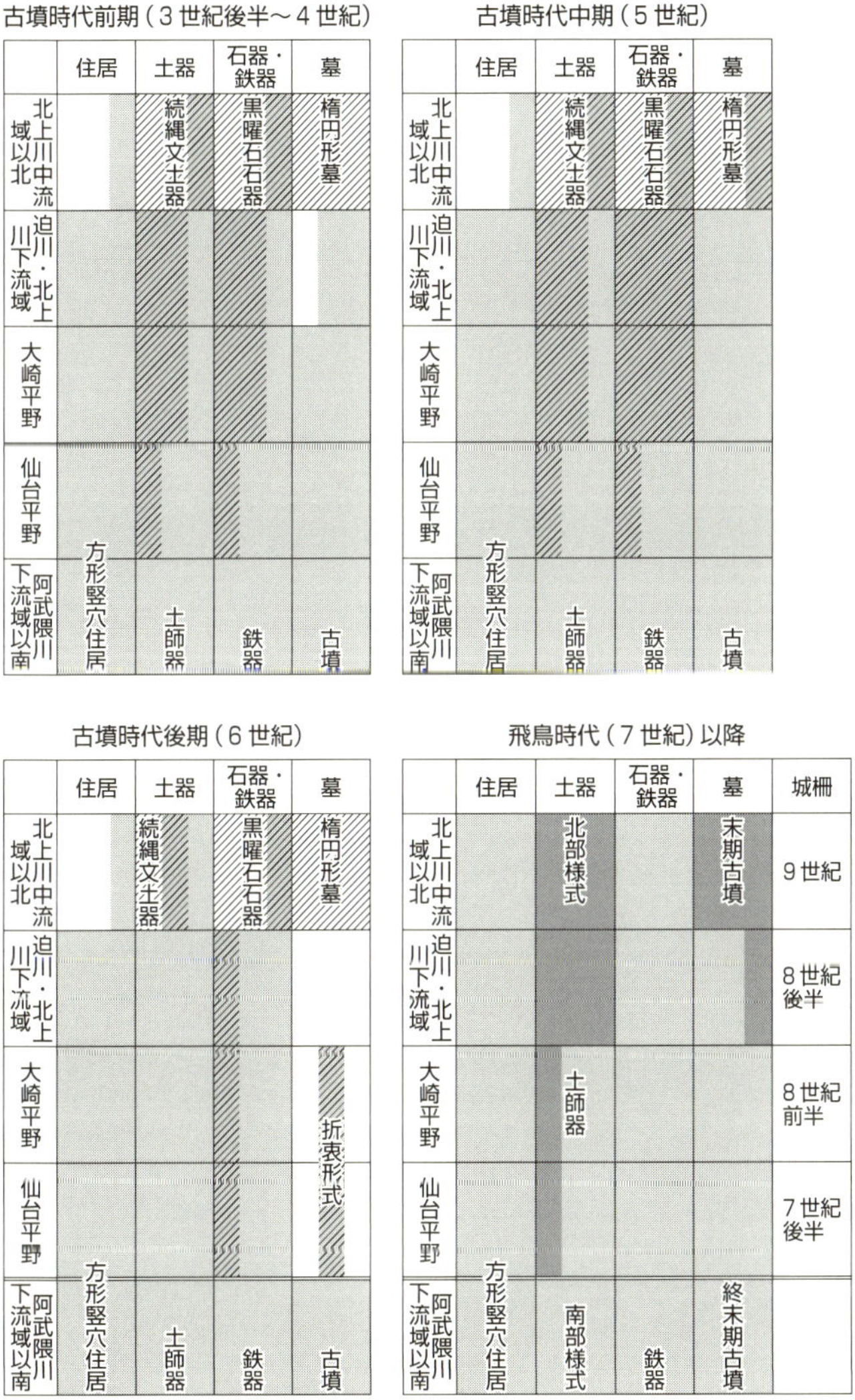

▲図3　太平洋側の時期ごとの各種考古資料の分布状況模式図　蝦夷と倭人の境界は，考古資料の分布状況とほとんど一致しない。
出典：[藤沢 2007]p.81，一部改変

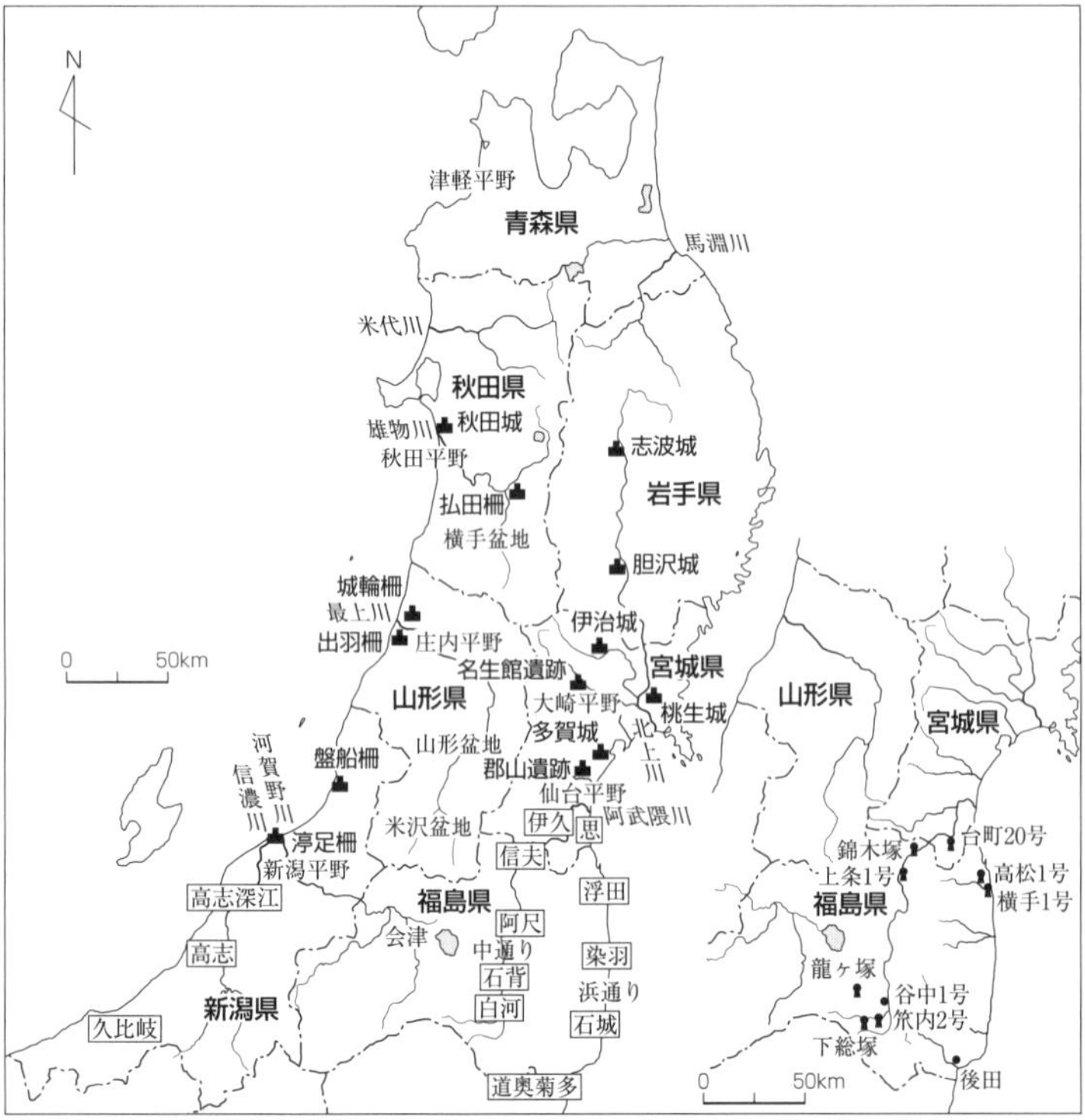

▲図 4　東北・新潟地方の国造・主要城柵と 6 世紀後半の主要古墳の分布　6 世紀後半の主要古墳の分布が，国造の分布に近いことがわかる。7 世紀後半以降に設置される城柵遺跡は，国造の分布の外側におかれている。

比較して検討すると、以下のような点が指摘できるであろう。

(1)考古資料の分布からは、文化はつねに漸進的な変移を示し、明確な境界は見出しがたい。

(2)そのような漸進的な変移のなかで、最も違いが不明瞭なところが「倭人」と蝦夷の境界とされている。前期以来、古墳文化が安定して展開した太平洋側では、宮城県仙台平野や大崎平野、迫川《はさま》・北上川下流域、日本海側では山形県域・福島県会津盆地・新潟県東部も、蝦夷の領域とみなされている。「倭人」と蝦夷の境界に、考古資料の分布で一致するものは、六世紀後半における前方後円墳をはじめとする古墳の分布と城柵遺跡の分布だけである。日常的な生活文化を反映する遺跡・遺物の分布とは、ほとんど一致しない。

(3)「倭人」と蝦夷の境界は、漸進的な変移のなかの、ある「違い」をとらえて設定されており、文化的同一性を基準として、「倭人」と蝦夷の境界が設定されたと考えることは困難である。

(4)文化的同一性の追求から、実体のあるものとして人間集団を定義しようとする、従来から一般的であった本質主義的アプローチでは、このような資料実態を説明することは不可能である。

(5)それゆえ、文化的同一性と人間集団の関係を根本的に見直すことが必要である。このことは、民族の概念を検討の俎上《そじょう》にあげることが必要であることを示している。

文化と人間集団の関係——民族の概念の再検討

日本の考古学においては(歴史学にも同じことがいえるが)、一九八〇年代以降、民族について直接的に取り上げられることはほとんどなくなり、それゆえ民族概念についても、ほとんど検討はされていない。しかし、文化人類学をはじめ、人文科学の様々な分野においては、民族概念の再検討がなされ、民族を実体視する本質主義的な考えは厳しい批判を受けている。考古学は、隣接する人文科学の諸分野から、多くの分析概念を導入してきた。民族の概念も、その一つである。しかるに、日本の考古学や古代史学においては、本質主義的アプローチを問い直す試みはほとんどみられない。この点では、もはや彼我の乖離《かいり》が大きく、考古学・歴史学が人文科学のなかで孤立していくのではないか危惧される。

筆者は、民族の概念について、これらの再検討を踏まえた立場をとる。すなわち、民族を客観的指標で分類可能な、実体あるものとみなすことは不可能である。民族とは、他者あるいは他者とみなした集団との関係で創造される帰属意識を基盤とする主観的観念と考える。そのときどきの状況によって創られ再生産される、操作可能な社会観念である。それゆえ民族の問題を考える際には、文化的同一性の追求ではなく、どのように境界が形成されていくのかという観点からの検討が必要である〔内堀 一九八九・名和 一九九二など〕。

なお、身体的特徴の違いが文献史料に記載されていることから、蝦夷を倭人とは異なる身体的特徴を有した人々とする見方は、いまだに消えていない。しかし、より大きな分類単位である人種概念についても、生物学的な人間の類別概念としての有効性は、分子生物学の成果もあり完全に否定されている。人種概念も、社会的に構築された観念にすぎない〔竹沢編 二〇〇五など〕。形質的特徴に基づく人間の類別に依拠し、人間集団の動向を考えようとしてきた形質人類学の意見に、日本の考古学・歴史学は大きく依存したままとなっている点も、きわめて問題が大きい。

二　蝦夷論の基本構造

問われない倭人や日本人

日本考古学・歴史学においては、蝦夷をめぐり、様々な立場からの学説が唱えられてきた。しかし、ここで注意されなければならないことは、蝦夷についてはつねに「なにものであるか」と問われてきた一方で、それに対して倭人あるいは日本人という集団(民族)については、その実存は白明のものとされてきたことである。

古墳時代の大和政権から律令国家にいたる中央政権は、北の周縁地域では蝦夷という他者認識をおこなうが、他者を認識することによって区別される内側の、自らをどのように認識していたかということが、同時に問題とされなければならない。蝦夷との境界を設定することによって区分される人々は、倭人なのか、日本人なのか、はたまた他のなにものであるのであろうか。

先にみた考古資料の検討から、「倭人」と蝦夷の境界に対応する明確な相違がないということは、「倭人」とされる人々の範囲の内部に、明確な文化的同一性が存在していないことを、同時に示している。これまで、便宜的に古墳文化と続縄文文化として対比してきたが、それぞれの文化の内容が均質であったわけではない。古墳文化については、前方後円墳は東北北部を除いた本州島、四国島と九州島のほとんどに分布し、その点からは、これらの範囲に同じ文化が広がっていたということはできる(韓半島に分布する前方後円墳という重要な問題は残るが)。しかし、前方後円墳の分布と、土師器のともなう方形竪穴住居の分布には、時期によって大きなずれが存在する。土師器といっても、地域ごとの違いは大きい。方形竪穴住居でも、地域ごとの変移は存在するし、中期以降ではカマドの導入にも地域差は大きい。地理的周縁部でなくても、それぞれの環境に応じ、稲作以外の生業に大きく依存していた地域が存在したことも容易に想定できる。古墳文化として一括される内部においても、大きな変移が存在する。

つまるところ「倭人」と蝦夷の関係は、相互的な自己認識と他者認識の問題であり、「倭人」という文化的まとまり(付言するならば形質的まとまりも)が存在したわけではない。したがって、その指し示すものが「なにものであるか」という問いは、「倭人」も蝦夷も、等しく問われなければならないはずである。

先にみたように、「倭人」と蝦夷の境界が、六世紀後半の前方後円墳の分布に一致することは、この時点の政治的関係をもとに境界が設定された可能性を示している。それゆえ、蝦夷を政治的概念と考える見方には一定の妥当性があり、蝦夷を政治的目的で創出された「疑似民族集団」とする考え方がある〔石上一九八七など〕。しかし、蝦夷が政治的に創出された「疑似民族集団」であるならば、それによって区分された「倭人」も等しく「疑似民族集団」ではないのであろうか。このような境界こそが民族境界であると筆者は考える。しかるに、これまでの蝦夷論では、蝦夷のみが「疑似民族集団」で、倭人あるいは日本人については、具体的な歴史過程を超越して存在する、真正の民族集団として扱われてきた。倭人あるいは日本人をどのように考えるかということは、蝦夷という他者認識によって明示された自己認識という、具体的な歴史過程を踏まえて検討されるべきである。しかし、倭人あるいは日本人は、実体として日本列島に存在するものとして、最初から措定されてきた。問われなければならないことは、このような非対称な扱いが、あたりまえのように続けられてきたこと、この点にある。

日本民族の実存への確信

このように蝦夷論では、「蝦夷とはなにものであるか」という問いが絶えず投げかけられてきた一方で、日本民族(日本人/倭人)の実存は所与の前提とされてきた。日本民族の成立の時期や成立過程、その系譜などについての考えの違いはあったとしても、日本民族(とその祖先たち)が実体として存在し、日本列島において営々と歴史を育んできたと考える点では、明治時代から今日の研究者にいたるまで、じつは何も変わっていない。そこには近代国民国家のもとで形成された民族意識を基盤に、日本民族なるものの実存は、疑うことなき前提であるという意識がある。日本民族については、その実存を決して問われることのない天空の聖域においたうえで、蝦夷など周辺諸民族・諸集団を云々する姿勢は、歴史実態から帰納されたことではない。近代以降の日本とその周辺との関係、そこで形成された意識を過去に投影した、倒錯した見方である。それは「大規模で富裕な国民国家が歴史の唯一の遺産相続人、近代の唯一の保持者とみなされ、差異は何らかの形態の「後進性」の産物、浅瀬に打ち上げられた太古の社会の刻印である、という根深い世界観」[モーリス=鈴木 二〇〇〇、六三頁]でしかない。

蝦夷をめぐるこのような言説を支えてきたのは、日本民族の実存への確信である。その日本民族の実存は、文化の同一性の追求から定義されてきた。蝦夷論をもとに文化の同一性と人間集団の関係を問い直すことは、歴史研究の大前提となっている、日本民族の実存という確信を問題にすることにつながっている。

三　蝦夷論と日本考古学の構造的問題

日本考古学の定説的理解

蝦夷については「なにものであるか」を問いかける一方で、倭人(日本人)については、その実存を前提とする蝦夷論の構造が成立していることには、日本考古学の構造的問題が大きくかかわっている。すべての研究が同じというわけではないが、定説的な位置を占めている縄文時代以降の日本列島の歴史過程と人間集団の動向は、つぎのようなものといえるであろう。

(1)基層的な文化として、獲得経済に基づく縄文文化が日本列島を広く覆う。
(2)水田稲作農耕を中心とする農耕文化を携えた大陸系の人々が、おもに朝鮮半島経由で渡来し、弥生文化が成立する。
(3)弥生文化は、北海道と南西諸島を除く地域に波及する。弥生文化が波及しなかった北海道では続縄文文化が、南西諸島では貝塚文化が展開する。
(4)弥生文化が展開した地域では、おおむね古墳文化へ移行し、前方後円墳に代表される政治的結合が、近畿地方中央部を中心として成立する。
(5)古墳時代の政治的結合を基盤に、古代律令国家へ展開する。

このような縄文時代以降の考古学的研究成果に基づく文化の変化は、人間集団の動向と重ね合わせて理解されてきた。遺跡出土人骨の検討によって、日本列島の人類集団の起源や変化を探ろうとする形質人類学的研究は、明治時代以降、連綿と続けられてきた。考古学的な知見と重ね合わせ、定説的な位置を占めてきた理解は、日本列島に広く分布した在来の縄文時代の人々に、稲作農耕文化を携えた人々が渡来し混じり合うというものである。渡来した人々の影響は、西日本では強いが、それより遠くなると少なくなる。弥生文化の波及しなかった北海道や南西諸島では、影響はほとんどなく、縄文時代以来の形質が強く残ったとされる。近年は、分子生物学の発展にともない、DNAのハプログループの分析からも、このような議論がなされている。しかし、形質的検討から明らかにできることは、形質の変化の傾向性(=勾配)だけであり、「日本人」や「アイヌ人」あるいは「蝦夷」という人間集団を、形質的に分類できるわけではない。形質的特徴は連続性をもって変化していくのであり、形質に基づく人間の類別的分類は不可能である。このことは、繰り返し確認しておく必要がある。

日本考古学における「文化」の問題

このような定説的理解では、縄文時代・弥生時代という時代区分が一般に使用される。その前提には縄文文化・弥生文化という文化が、南西諸島を除く日本列島のほぼ全域(弥生文化の場合は北海道も除かれる)に存在したこととなる。はたして、縄文文化や弥生文化なるものは、一つの文化として把握ができるのであろうか。どのような共通性によって定義され、何によって他と区別されるのかが、あらためて問われる必要がある。そこに、地理的区分以外に、考古資料に基づく定義がそもそも存在するのか、きわめて疑問である。

これまでの考古学研究・歴史学研究においては、日本列島という空間的に閉鎖された枠組みが、あらかじめ措定されていた。日本列島という空間を分節化していくことは、南西諸島と弥生時代以降の北海道を除くと、ほとんど問題にされなかった。日本列島のほとんどを、一律に縄文時代→弥生時代→古墳時代という時代区分で輪切りにしていくことは、発展段階論にとってはきわめて整合的であった。そのため、各時期を区分する指標などについては活発に議論されてきた。しかし、日本列島を輪切りにするような時代区分が必要なのか、そもそも実態を反映しているものであるのか、あらためて問い直す必要がある。

日本列島は、決して狭い地域ではない。山地の割合が大きく、平地の広がりという点では、大陸の諸地域とは比べるべくもないが、東西南北の長さという点では、決して狭くない。むしろきわめて長大な地域であり、そのなかでの自然環境の変化も大きい(**図5**)。それゆえ、多様な環境に適応しつつ形成された多様な文化が、地理的にも時間的にもずれつつ、継起的に盛衰したと考えるほうが、実態に即しているのではなかろうか。だからこそ、縄文文化や弥生文化という枠組みを、考古資料に基づいて定義することは困難なのである。

にもかかわらず、縄文文化や弥生文化という枠組みが使われ続ける理由は、現在の日本という枠組みでの歴史の語りが要請されているからである。その枠組みを支えるものは、日本民族(とその祖先たち)が実体として存在し、日本列島において営々と歴史を育んできたという確信だけであろう。その確信の根拠は、近現代の日本民族をめぐる意識のなかにのみ存在する。

古代律令国家が形成されて以降、時代区分は文献資料に基づく政治史的区分が使用される。考古学も政治史的区分を使用し、文化という概念で時代を表現することは、ほとんどなくなってしまう。このことは、縄文文化、弥生文化、古墳文化という日本考古学における「文化」が、日本という枠組みを説明するためのものであったことを示している。政治的統合が一応達成され、日本という枠組みが別に準備されているので、「文化」で枠組みを語る必要性は失われるわけである。しかし、政治的な統合と文化は、同じ次元

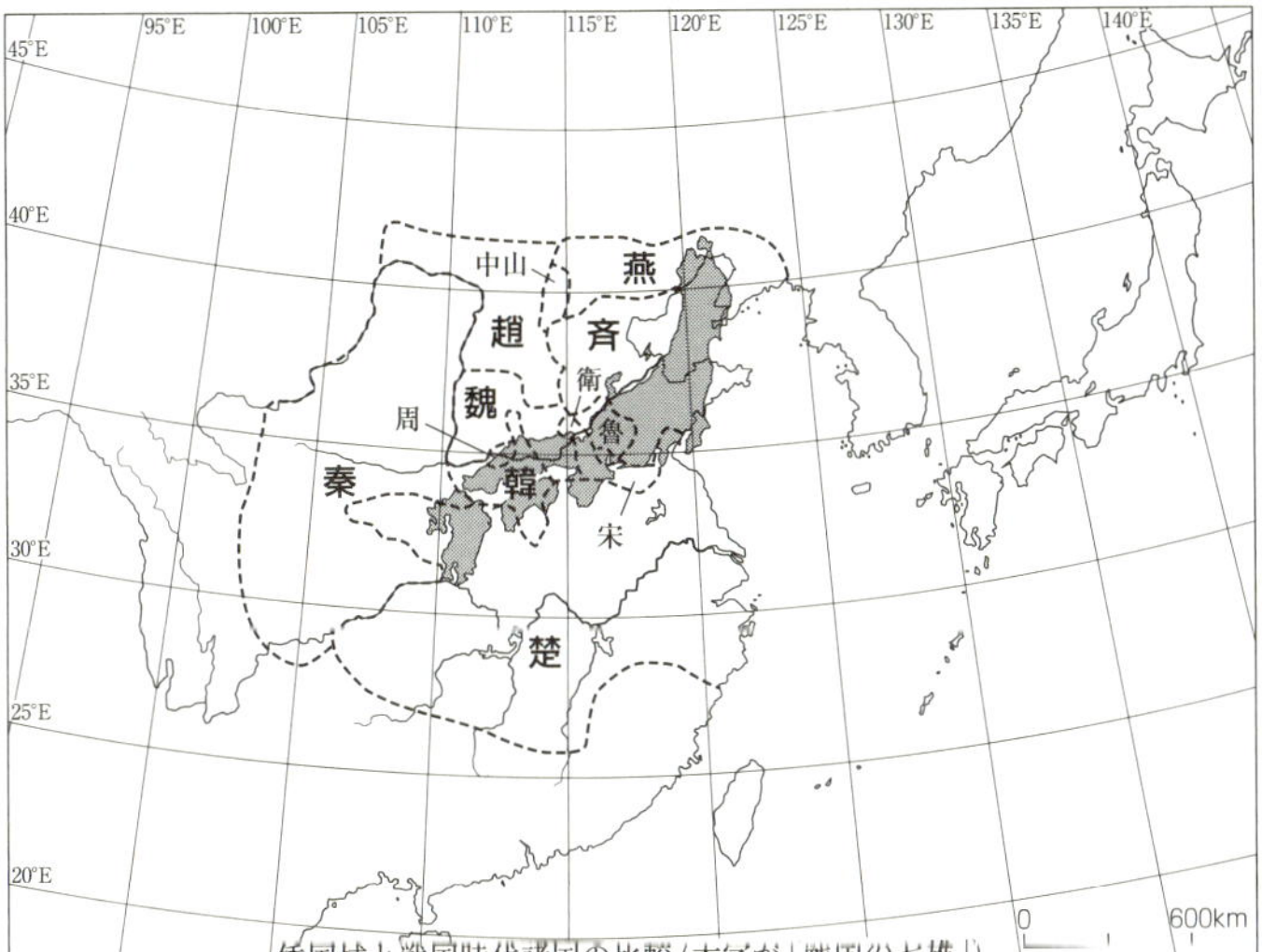

倭国域と戦国時代諸国の比較（太字が「戦国の七雄」）

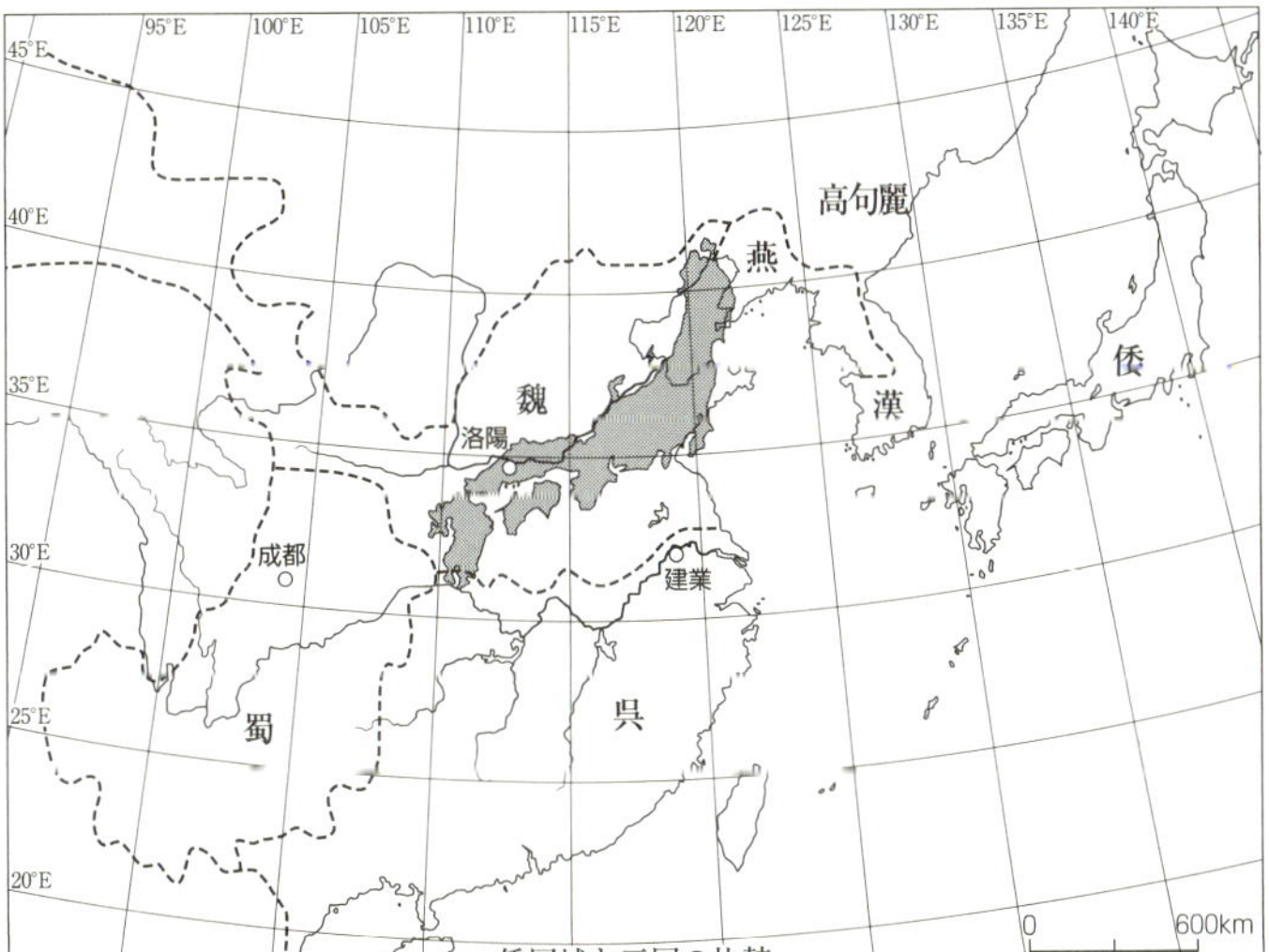

倭国域と三国の比較

▲**図 5**　倭国域と中国諸国の比較　日本列島のうち本州島・四国島・九州島を経度で20度西へ移動して重ね合わせたもの。距離の点では三国時代の魏に匹敵する広がりがあることがわかる。

のことではない。とくに一般民衆の生活文化には、環境などに応じた様々な変移が存在し続けたはずである。近世・近代の地誌や、民俗事例にみられるように、日本の各地域には、各地の環境に適応した、特色ある地域文化が存在している。古代から中世・近世にいたる考古資料から、このような文化の動向を探る試みは、十分であるとはいいがたいだろう。

近現代の民族意識をもとに創られた確信によりかかった日本考古学の枠組みを、前提とすることはできない。そのためには、考古資料に立脚した文化の概念と把握法があらためて問われなければならない。とくに、文化の空間的広がりをどのように把握するか、すなわち考古資料に基づく文化の空間的分節化の理論と方法が検討される必要がある。考古学における文化の概念は、考古資料に示された文化要素が有機的に複合し、その背後に人間集団のまとまりを想定するのが一般的であろう。しかし、民族概念の再検討を踏まえるならば、様々な文化要素が排他的にまとまって存在することはほとんどなく、漸進的な変移を示すことが通常である。また、文化要素の違いが人間集団(民族)の境界と一致するとは限らない。他と区分可能な、文化の明確なまとまりが存在するという前提をもつべきではない。文化という把握は、便宜的な方法とならざるをえないことに留意しておく必要がある。つまるところ、考古資料(遺構・遺物)の型式ごとの分布を、それぞれ個別に、丹念に追いかけ、それぞれの分布を重ね合わせて検討していくという、地道な作業に行き着くしかないであろう。

おわりに——蝦夷論の構造を問うことの今日的意義について

蝦夷論の構造に通底する問題を検討することは、近代から現在に続く歴史学研究が有する問題を問い直す意義があると確信するが、三・一一以後の今日、とりわけ大きな意味があると考える。

二〇一一年三月十一日に発生した東日本大震災と、それにともなう東京電力福島第一原子力発電所の事故は、現在の日本をめぐる中央と周縁化された地方との関係を、あらためて浮彫りにした。福島は、原発事故による甚大な被害をこうむっているがゆえに、つねにこの問題への対応に迫られ、かつての「日常」を取り戻すことはできない。しかし、電力の大消費地である都市部(この場合は首都圏)においては、原発事故がもたらした実態が十分理解されているか疑問がある(首都圏でも放射能汚染がないわけではないが)。福島の現実を特段意識しなくとも(もちろん真剣に考えている人々は存在するが)、変わらぬ「日常」が過ぎていくかのようにみえる。ここには、過酷な現実とそれへの対処を、特定の社会的・政治的・地理的に疎外された地域へ押しつけ、それによって利益を得ているはずの地域は「別の世界のこと」のように無関心でいられる構造がある。原発事故をめぐる福島と同様に、米軍基地をめぐる沖縄にも、同じ構造が見出せる。

今回問題にした蝦夷論の構造にも、今日の日本をめぐる、中央と周縁化された地域との関係との、構造的類似性を見出すことができるであろう。

東北地方においては、つねに古代史研究上の課題として蝦夷の問題に直面する。本章が提起したように、「蝦夷とはなにものか」という問題は、「日本人(倭人)とはなにものか」という問題と、表裏一体である。それにもかかわらず、蝦夷のみが問題とされ、日本人(倭人)の実存は自明のこととされてきた。そのため、日本の古代史研究では、東北地方では蝦夷が問い続けられるが(南九州での熊襲《くまそ》・隼人《はやと》も同様)、他の地域では特段の関係がある事象以外では「彼ら」あるいは「我々」がなにものであるか問われることはほとんどない。このような非対称な扱いが、当然のように続けられてきた理由はどこにあるのか、問うてみる必要がある。

福島の現実に対するとき、歴史学研究において自らの研究課題を顧みるなかから、中央と周縁化された地方をめぐる構造的問題を剔出《てきしゅつ》することが、必要とされているのではなかろうか。

◆参考文献

［青柳編・監訳 一九九六］ 青柳まちこ編・監訳『「エスニック」とは何か エスニシティ基本論文選』新泉社
［阿部 一九九九］ 阿部義平『蝦夷と倭人』青木書店
［石上 一九八七］ 石上英一「古代東アジア地域と日本」（『日本の社会史』第1巻、岩波書店）五五～九六頁
［今泉 一九九九］ 今泉隆雄「律令国家と蝦夷」（『宮城県の歴史』山川出版社）二九～七三頁
［内堀 一九八九］ 内堀基光「民族論メモランダム」（『人類学的認識の冒険――イデオロギーとプラクティス』同文舘出版）二七～四三頁
［内堀 一九九七］ 内堀基光「民族の意味論」（『岩波講座文化人類学』第5巻、岩波書店）一～二八頁
［小熊 一九九五］ 小熊英二『単一民族神話の起源』新曜社
［小熊 一九九八］ 小熊英二『〈日本人〉の境界』新曜社
［小熊 二〇〇二］ 小熊英二『〈民主〉と〈愛国〉』新曜社
［工藤 一九七九］ 工藤雅樹『研究史日本人種論』吉川弘文館
［工藤 一九九八ａ］ 工藤雅樹『蝦夷と東北古代史』吉川弘文館
［工藤 一九九八ｂ］ 工藤雅樹『東北考古学・古代史学史』吉川弘文館

[熊谷 二〇〇四] 熊谷公男『蝦夷と東北古代史』吉川弘文館
[小坂井 二〇〇二] 小坂井敏晶『民族という虚構』東京大学出版会
[スチュアート 二〇〇二] スチュアート・ヘンリ『民族幻想論――あいまいな民族つくられた人種』解放出版社
[竹沢編 二〇〇五] 竹沢泰子編『人種概念の普遍性を問う――西洋的パラダイムを越えて』人文書院
[名和 一九九二] 名和克郎「民族論の発展のために――民族の記述と分析に関する理論的考察」(『民族学研究』第五七巻第三号) 二九七～三一七頁
[西川 一九九五] 西川長夫『地球時代の民族＝文化理論――脱「国民文化」のために』新曜社
[福井 一九九二] 福井勝義「民族はたえず生成し、変容する」(『国家と民族――なぜ人々は争うのか?』学習研究社) 一〇～一九頁
[福井 一九九九] 福井勝義「多様な民族の生成と戦略」(『世界の歴史24 アフリカの民族と社会』中央公論社) 九七～一四七頁
[藤沢 二〇〇一] 藤沢敦「倭の周縁における境界と相互関係」(『考古学研究』第四八巻第三号) 四一～五五頁
[藤沢 二〇〇七] 藤沢敦「倭と蝦夷と律令国家――考古学的文化の変移と国家・民族の境界」(『史林』第九〇巻第一号) 四～二七頁
[藤沢 二〇一三] 藤沢敦「古墳時代から飛鳥・奈良時代にかけての東北地方日本海側の様相」(『国立歴史民俗博物館研究報告』第一七九集) 三六五～三九〇頁
[モーリス＝鈴木 二〇〇〇] テッサ・モーリス＝鈴木 (大川正彦訳)『辺境から眺める――アイヌが経験する近代』みすず書房

京にのぼる鮭

——仙台藩重臣と公家との産物贈答について

籠橋　俊光

はじめに

まず、一つの史料の検討から始めたい（史料は引用者が読み下し文にした。以下同じ）。

史料1

覚

近衛《このえ》様え御献上の

一、子《こ》籠《ごもり》菰《こも》包箱　壱つ

一、御用状箱　壱封

江戸御屋敷え

一、御状　壱封

一、献上御繪符　壱つ

ならびに荷口繪符　四枚

一、御帳面　壱冊
一、越河《こすごう》手形　壱通
一、箱根御関所手形　壱通
右の通り相渡され、請け取り奉り候、前々の如く間違いなく首尾仕り、御届け上げ中すべく候、以上、
天保三年
十二月
御用足
伊勢屋清右衛門(印)
同
只野甚右衛門(印)
(中畑善策氏所蔵資料三―一二八―四)

この史料は天保三(一八三二)年十二月のもので、差出は伊勢屋・只野の両「御用足」、宛名は記載されていない。内容は、本文に書かれた品物の受領・取扱いと「江戸屋敷」を経由して最終的には「近衛様」への送付を約束したものである。彼らが運ぶものとは「子籠菰包箱」とあることから、子籠鮭、すなわち鮭の腹に筋子を残したまま塩漬けにしたものであり、仙台藩をはじめとする太平洋岸の東北諸藩の名産とされていた〔関根 一九九三・渡辺 一九九五〕。この史料であげられている品は、子籠鮭を収納する菰包みの箱と「繪符」、その送付に関係する「御用状」、並びにそれらの送付に必要とされる手形類である。このうち「越河手形」は、仙台藩境を越えるために必要とされた文書であり、この荷物が仙台藩領を起点とするものであることがわかる。「繪符」とは、輸送される物品に附属される品名と送付対象を明示した札である。以上から、この文書が、仙台藩領の名産である子籠鮭を国元から江戸屋敷を経て東海道を一路西へ、京の

「近衛様」に献上されるまでに必要とされる品物一切を記したものであるということができる。そしてここでの「近衛様」は、いうまでもなく五摂家筆頭である近衛家であり、天保三年当時の近衛家当主は内大臣近衛忠熙《ただひろ》であった。

では、この伊勢屋・只野が近衛家に運んだ子籠鮭とはどのような性格のものだったのか。陸奥《むつ》国から、はるばる京までのぼっていった鮭、それについてここでは考察を加えてみたい。

一　仙台藩の贈答と公家

まず、近世社会における贈答についてごく簡単に確認しておこう。前近代の日本が贈答に重きをおく社会であったことは、議論の余地がないだろう。なかでも近世においては、贈答が社会の隅々まで行き渡り、またその諸相が容易に見出せる状況であり、それだけ近世社会が贈答に重きをおくものであったといえる［大友 一九九九・岡崎 二〇〇六］。

ところで、その贈答の範囲とはどこまでおよぶものなのであろうか。近世の武家社会において贈答が重要な意味をもっていたことは常識に属することであるだろう。かりに将軍と諸大名の間だけであっても、太刀・金銀・什物・馬・鷹・時服・菓子、そして諸国の様々な産物など、じつに多種多様な品が往来していたことが知られている。そして将軍への献上という行為そのものが、たんなる贈答の意味以上のものをもった。すなわち、成人した大名のみが許されること、あるいは領地の産物の献上が小物成徴収権に基づいて諸大名の支配権と直結するものであることなど、たんに将軍と諸大名の間の主従関係の確認以上の意味が含み込まれていることは、すでに指摘されているとおりである［大友 一九九九］。

しかし、それはあくまで将軍と大名の間だけであって、武家社会の贈答すべてをとらえたものではない。例えば、大名が将軍へ諸品を献上する際には、同時にその大名の家臣も将軍に献上をおこなっている。また、大名の産物献上は、将軍と同時に老中や幕閣、姻戚関係のある諸大名などへの幅広い贈答をともなうものでもあった。さらに大名は、江戸だけではなく京都すなわち天皇や公家を相手とした贈答をおこなう場合があった。仙台藩の事例で考えれば、伊達政宗《だてまさむね》は近衛信尹《のぶただ》・信尋《のぶひろ》と密接な交流をもっており、実際に近衛信尋に対しては、元和六(一六二〇)年には子籠鮭を、寛永十(一六三三)年には雁と鮭を贈っている。さらに近衛家との贈答は、政宗だけに限られるものではなく、三代藩主伊達綱宗も万治二(一六五九)年に肴を贈っており、それ以後の歴代藩主についても断片的ではあるが確認できる。これらの事例は、近世を通じて大名が公家、すなわち江戸における武家社会の外に位置する存在との間でも贈答関係を維持していたことを物語るものである。これを近世武家社会の贈答のなかにどのように位置づければよいのか、いまだ十分な回答を用意しえていない。ただし少なくとも、贈答関係以外でも大名と公家とがある程度の接触をもち続ける余地が近世社会のなかでも保持されていたことには注意が必要だろう。例えば、七代藩主伊達重村《しげむら》は近衛家養女と結婚し、両家は姻戚関係となり、贈答のやりとり以上の深い関係をつくるにいたっていた。これらの関係が将軍や幕府を超越するものであったとは考えにくいが、それでも、将軍を頂点とするものとは異なる関係が、諸大名と公家の問で結ばれていたことを指摘することは可能であろう。つまり、武家と公家の間では、我々が通常想起する以上に密接な関係があり、大名の対外関係がそれだけ幅広いものであったということである。以上からも、大名の贈答が将軍すなわち江戸におけるものだけでは収まらない、広範囲におよぶものであることは間違いないであろう。

二　伊達家重臣と公家との贈答

古内家の鮭献上

それでは、先に掲げた**史料1**の事例とは、伊達家と近衛家との間での子籠鮭の贈答に関する史料と考えてよいのであろうか。結論を先に述べれば、それは否である。以後、その点を検討していこう。まず、**史料1**の伝来について、本史料は名取郡岩沼(現宮城県岩沼市)古内《ふるうち》家の家臣、仙台藩にとっては陪臣である中畑家に残された文書の一つである。さらに同家文書には、**史料1**の本文にあった「手形」に類するものが残されている。

史料2

一、子籠鮭　弐尺
　呉座包、指札の通
　　宰領弐人

右の通り越河境目相通され、御判紙相出だされ預かるべく候、　近衛様え献上仕り候に付、かくの如くに御座候、以上、

　文久元年
　十一月　　古内左近介

御勘定奉行所

(中畑善策氏所蔵資料三ー一二八ー三)

これは、**史料1**の「越河手形」の申請に関する文書に該当するもので、下書きないしは写しと考えられる。「越河手形」は、境目判紙とも呼ばれ、仙台藩における奥州街道の最南端にあたる越河宿(現宮城県白石市)の番所を通過するための許可証であった。鮭は「留物」、すなわち藩領外への移出禁止品に指定されており、その移出のためには藩の勘定奉行の許可を示す判紙が必要であった〔難波 一九八三・鯨井 一九九〇・籠橋 二〇一二〕。さらに同家文書には、箱根関所を通過するための関所手形の写しも残されている。冒頭でも確認したが、これらの文書が、仙台藩領から奥州街道・東海道を経由して京へとのぼる鮭の輸送に関するものであることがわかる。加えて、ここから近衛家に贈られる子籠鮭が弐尺、すなわち二本であること、その輸送に馬二頭と宰領二人が従事することが示されている。

この二点の史料の差出は、「古内左近介」すなわち当時の古内家当主古内広直である。輸送に関する手形の申請・発給者であることから、**史料1**において省略されている宛名すなわち輸送の受注者を古内と考えるのが自然であろう。このことは、これらの文書を伝来したのが古内家の家臣であったこととも照応する。そうであるならば、「御用足」である伊勢屋・只野は古内の荷物輸送を請け負ったと考えられる。伊勢屋は仙台城下の呉服屋であり、上方方面に明るい存在として起用されたのであろう。

以上より、**史料1**が古内家の関与した近衛家向けの贈答品についてのものであることは明らかになった。しかし、ついで古内家の立場が問題となる。古内家は、伊達家の贈答の事務取扱や使者として関与したのではないだろうか。先にも述べたとおり、古内家は仙台藩士家の一つであり、古くは伊達政宗に仕えた古内重広を祖とし、藩内の家格としては第六位にあたる着座に属し、石高七〇〇〇石余りで、名取郡岩沼要害を拝領する重臣であった。その意味では、古内家が伊達家の使者・名代などとして近衛家と接触することはありうる。だが、この点について佐々木喜一郎は、国学者柏原宗阿《かしわばらそうあ》の『仙台聞見録』に引用された岩沼郷肝入《きもいり》相原甚内の「我地頭古内殿故アリテ例歳近衛公ニ此鮭魚ヲ献ゼラル（我らが領主である古内殿は理由があって例年近衛様に鮭を献上している）」なる言から、仙台藩主伊達家ではなく古内家による近衛家への鮭献上であると指摘しているのである［佐々木 一九六一］。

この点は別の事例で確認しよう。佐々木は、古内氏と並んで各種魚類の贈答をおこなっていた家臣として刈田郡白石城主片倉家をあげている［佐々木 一九五九］。片倉家は、政宗の重臣片倉小十郎景綱《かげつな》を初代にし、家臣団の家格としては第二位にあたる一家に属し、一万七〇〇〇石余りの石高を有した藩内屈指の重臣である。佐々木によれば、この片倉家が近衛・鷹司《たかつかさ》・広幡《ひろはた》の各家に紙類・鴨とともに鮎の粕漬けを贈ったという。ほかにも、片倉家は三代当主片倉景長《かげなが》の頃に近衛家から拝領物があり、その返礼としてのご機嫌伺いを始め、いったんは途絶えたものの宝永三（一七〇六）年から以後断続的に近衛家との贈答を続けていたという史料がある［白石市 一九七一］。では、なぜ片倉景長は近衛家に鮭を贈るようになったのか。片倉家の史料では十分明らかにできず、その理由の解明は今後の課題としなければならない。ただし、同時期の京都との接触として、片倉家が崇拝する愛宕《あたご》神社が火災に遭い、かつて奉納した絵馬が焼失したのでそれを再度作成して納めたことがあげられる。愛宕神社と片倉家の関係は、二代当主片倉重長《しげなが》が大坂の陣の際に武運長久を祈願し、軍功をあげたことによるものであり、片倉家は白石に愛宕神社を勧請し、崇拝の対象とした。この愛宕神社との関係と、近衛家との贈答とを史料上直接に結びつけるものは今のところないが、両者がともに景長の事績として語られることに鑑みれば、彼の意向により片倉家と京都との関係が強化されたことは推測できる。その景長の意向がどのようなものであるのかは不明であるが、愛宕神社や近衛家との間で交流をもとうとしていたことは確かである。そして、重長以降で一度は途切れたものの、再興されて以後引き続き維持されていく。片倉家にとって近衛家への献上は一時的なものではなかったのである。

ともあれ、京都の公家との間の贈答は、古内家のみのものではないことがわかった。つぎの史料は、その片倉家の鮭献上についてのものである。

史料3

一筆啓上仕り候、いよいよ御勇健成さるべく、御勤め珍重に存じ奉り候、然れば小十郎方より　近衛様え　御機嫌伺いのため、書状ならびに献上物相登ぼせ候間、御むつかしく思し召さるべく候えども、御首尾仰せ付けられ下さるべく候、小十郎方よりも書状を以て申し達せられ候えども、拙者共よりも申し上ぐべき由申し付けられ候間、慮外ながら宜しく仰せ付けられ下さるべく候、恐惶謹言、

正月　佐藤大右衛門
片倉平馬
小嶋久左衛門
本沢平右衛門

（入江）権太夫様

（「片倉家ヨリ近衛様へ献上品記録集」〔白石市 二〇〇八〕）

これは、片倉家が安政七（一八六〇）年に近衛家に芳章（紙）と子籠鮭二本を贈った際に作成された文書のうちの一つである。片倉家の家臣赤井畑家に残された文書であり、ここでの佐藤ほか三名は片倉家の家老である。宛名の入江の役職は不明であるが、仙台藩士のなかにその名がある。内容は片倉家から近衛家へ

の献上について入江に報告し、許可を求めるものである。これが伊達家の使者として派遣されたのであれば、あらためて許可を求める文書を作成する必要はないであろう。ここから片倉家の献上は、伊達家のそれとは一応別個のものと位置づけることができるのである。以上の例はあくまで傍証にすぎないが、それでも古内家についても同家を主体とした贈答であると推測できるだろう。

以上より、この**史料1**の事例が、伊達家家臣古内家による近衛家への献上であることが明らかになった。そのうえで、このような事例が古内家並びに片倉家のみがおこなったごく特殊なものであるのか、検討が必要である。そこで、同じく重臣にして仙台藩家臣団の頂点に位置する家格である一門の一つ、岩出山《いわでやま》伊達家についてみておきたい。岩出山伊達家は政宗の四男宗泰《むねやす》を初代とし、玉造《たまつくり》郡岩出山(現宮城県大崎市)に一万四六〇〇石余りの所領をもつ、藩内でも最上位にして最大級の重臣である。同家の贈答については、すでに菊地優子による優れた分析があるので、それによりながら紹介していきたい[菊地 二〇一三]。

岩出山伊達家と冷泉家との贈答

岩出山伊達家の場合、贈答の対象は羽林家《うりんけ》の一つにして歌道で名高い冷泉《れいぜい》家であった。古内家・片倉家と近衛家との間で贈答がおこなわれた理由は必ずしも明らかでないのに対して、岩出山伊達家の場合は明確である。それは、冷泉家息女が岩出山伊達家の三代当主である伊達宗親《むねちか》、さらにその養子の四代伊達村《むら》泰《やす》に輿入れしたからである。婚姻は贈答を始める大きな契機である。しかも冷泉家と岩出山伊達家は二代続けて婚姻関係にあった。両家は、藩を云々するまでもなく、親戚として贈答を取り交わす義務を有していたのである。

では、両家の贈答はいかなるものであったのだろうか。菊地によれば、三代当主宗親とその妻の兄である冷泉為綱《ためつな》との間では、冬の贈答品として岩出山伊達家から「子籠鮭・焼鮎・鳥等」が贈られたという。また、これと同時に、同じ一門である涌谷《わくや》伊達家からも贈答があり、さらに一門の亘理《わたり》伊達家からも「子籠鮭」が冷泉家に贈られていた。年代は三代宗親が冷泉家息女と婚姻し、当主である時期、すなわち延宝三(一六七五)年から宝永六(一七〇九)年までと推測される。この当時、岩出山伊達家と涌谷伊達家は姻戚関係にあり、また亘理伊達家の当主は岩出山伊達家の出身であった。涌谷・亘理の両伊達家は、親戚である岩出山伊達家と婚姻を結んだ冷泉家とも贈答をおこなうようになったのである。しかも、岩出山・亘理両伊達家が贈答品として選んだのは、藩の名産である「子籠鮭」であった。

それでは、この贈答は、婚姻を結んだ当事者同士だけで終わるものであるのだろうか。菊地によれば、岩出山伊達家と冷泉家の贈答は文化年間まで継続されていたという。さらに、岩出山伊達家の贈答は冷泉家の婚姻相手にも広がり、複数の公家に拡大していったという。伊達家家臣と公家の間における一過性ではない関係が、ここでも確認できるのである。

以上のように、岩出山伊達家の婚姻関係による贈答の様相が明らかになった。ここに先の古内・片倉両家の事例を重ね合わせてみると、仙台藩の重臣のいくつかが、京都の公家との間での贈答関係を継続的にもっていたことを指摘できる。しかもそれらには、主君である伊達家とは直接関係しない理由によるものも含まれていた。これはある意味では、重臣による独自の関係が公家との間で結ばれていたことを示すものである。だが、片倉家が藩に献上の許可を求めていることから、その独自性をことさらに強調するわけにはいかないであろう。すなわちこれは、藩内の主従関係を相対化しない範囲における独自性でしかないのである。しかし、たとえそうだとしても、藩の贈答関係とは一応独立したものとして、それぞれ独自の理由のもと、重臣が公家と関係をもち、またそれを維持していたことは注目に値する。

そこでもう一つ着目したいのが、贈答品である。冷泉家向けの贈答品として選ばれているのは、いずれも名産品として他領にも聞こえた産物ばかりであった。それでは、これらの産物を、彼らはどのように調達し、贈ったのであろうか、つづいてこの点を明らかにしてみたい。

三　産物の調達・加工・輸送——片倉家の事例

片倉家家臣の鮭漁と仕込み

ここでは、片倉家の鮭に関して取り上げていく。まず、分析の前提として、仙台藩の家臣団の特色を確認しておく。これまで各家の贈答について取り上げてきたが、そのなかで石高とともに知行地についても触れてきた。古内家における岩沼、片倉家における白石、そして岩出山伊達家はいうまでもなく岩出山であるが、彼らをはじめとする仙台藩士には広範に地方知行《じかたちぎょう》が認められていた。知行地をもつ仙台藩士は数多くいたが、その一部には自らの居所である城郭ないしはそれに類する施設をもち、そこに自らの家臣をおいて小城下町を形成し、あたかも小大名のごとき者があった〔モリス　一九八八〕。そして、古内家は自らの所領内で名産の阿武隈《あぶくま》川の鮭、片倉家は同じく白石産の紙や北上川の鮭、岩出山伊達家は仙台藩内で求めた筆や鷲の羽などを贈答品に選んでいた。つまり、彼らは所領内や藩領内にこだわった、いわゆるお国の産物を贈答品に選んでいたのである。

片倉家は、本拠である刈田郡白石とは遠く離れた桃生《ものう》郡の村々を飛び地として与えられていた。このなかでも桃生郡橋浦村(現宮城県石巻市)は、北上川(追波《おっぱ》川)が太平洋に注ぐ河口に程近い場所にあり、鮭の有数の漁場として知られていた。橋浦村内で、片倉家の所領は大須新田と呼ばれ、他の百姓の村とは空間的に分かれ、二〇〇人余りの片倉家家臣によって構成された一つの町を形成していた。彼らは、軍船を擁し、太平洋岸防備のための即応兵力として配備されていたのである。その片倉家陪臣に課せられたもう一つの任務が、追波川を遡上する鮭を捕らえ、加工して片倉家の様々な用途に応えることであった。すなわち、片倉家の足軽は同時に鮭漁師であり、鮭を加工する「仕込人」でもあった。

では、この足軽の鮭漁について簡単に触れておこう〔北上町 二〇〇五〕。橋浦村には二〇〇人余りの片倉家家臣が配置されていた。このなかには士分格の者と足軽とがいたが、鮭漁に従事するのは多くが足軽であった。鮭の漁法には、小引網と呼ばれる地引網と、船で川を下りながら網を流して鮭を捕る流網《ながしあみ》とがあった。鮭漁には藩から、小引網は漁に従事する船一艘につき一四本ずつ、流網も船一艘につき二本ずつの鮭の上納を命じる鮭役が課された。天保八(一八三七)年では、小引船五艘・流船一一艘が操業していた。

つぎに、大須新田での鮭仕込みについて、少し詳しくみておきたい。大須新田の片倉家家臣であった家に、安永七(一七七八)年正月・二月に作成された鮭の仕込みにあたった仕込人の記録が残されている〔桃生郡橋浦村大須新田今野勝重郎家文書〕。それによれば、彼らは八月初旬から準備を開始し、道具の点検や掃除などの準備を進め、鮭の遡上に備えた。仕込みは片倉家からの命により開始されるものであったが、仕込人は漁期を把握し、量・質ともに十分な原料の確保に心を砕いた。加えて、仕込みに必要とされる塩の調達にも関与していた。こうして加工された鮭は、十一月上旬には大きさなどについて審査されたあと、白石に納入され、のちに近衛家をはじめとする各所への贈答品として使用されたのである。

仕込人の仕事はこれだけではない。大須新田に設置された魚類の貯蔵施設である御肴蔵には、桶や半切など仕込みに用いる諸道具が備えられていたが、仕込人はこれらの道具の管理や、御肴蔵の鍵の管理をおこなっていた。加えて、鮭以外の鮑《あわび》・鰹節・干物・鮓《すし》などを片倉家の命によって製造・調達した。仕込人は子籠鮭や塩引ばかりでなく、片倉家が必要とする各種水産加工品についての製造技術や調達のネットワークをもっていたのである。

鮭献上に関する業務

さて、生産・加工の過程がある程度明らかになったところで、つぎに検討すべきは大須新田の鮭が白石城からどのような過程をたどって近衛家に届けられていくかという点にある。片倉家の家臣である赤井畑家には、「片倉家ヨリ近衛様へ献上品記録集」なる文書がある〔白石市 二〇〇八〕。この史料は、嘉永五(一八五二)年と安政七年の資料を収録している。このうち、後者について検討してみたい(**表1**)。

ここでは、献上にかかわる二四件の文書が確認できる。ここから、片倉家内部における献上に関する実務がある程度判明する。まず、片倉家当主の命を受け、業務全体を統括するのが四名の家老である。そのもとで具体的な業務にあたるのが、財務を担当する出入司と、贈答などの儀礼を担当する小姓頭である。とくに小姓頭については、「係り御小姓頭」として専任がおかれている。さらに、仙台屋敷において藩との折衝にあたるのが留守居である。これに、実際に派遣される使者二名や、また、ここでは登場していないが、物品の調整にあたる紙役や細工番などが実務担当者であった。業務の流れは、(1)越河番所通判・箱根関所手形の発給、奥州街道の各宿場への先触の手配など、仙台藩領内から京都までの通行に関する出願、(2)近衛家その他への通知、(3)藩への許可申請、(4)贈答品の調達指示である。これらの手続きを正月二十五日に開始し、二月四日には荷物の準備を完了、出立し、近衛家その他に三月初旬に納入、その礼状が三月

表1　片倉家の近衛家献上にともなう手続き文書類一覧

1	白石発京都まで芳章等為相登につき	安政七年正月	(片倉)小十郎留守居三木庄左衛門印→御用所
2	白石発京都まで子籠鮭二尺為相登につき	安政七年正月廿五日	右(片倉小十郎)留守居三木庄左衛門印→御勘定奉行集衆
3	千住まで御先触の御首尾につき	安政七年正月廿五日	右(片倉)小十郎留守居三木庄左衛門印→
4	片倉小十郎より近衛様へ献上荷物の本馬・軽尻為指登につき	安政七年正月廿五日	松平陸奥守家来真田喜平太→従貝田千住迄所々庄屋衆中
5	(近衛)大納言様へ芳章二十帖・子籠鮭二尺献上につき	正月	片倉小十郎→中川讃岐守様　今大路民部少輔様　進藤式部権少輔様
6	別紙の通り献上につき	正月	御名(片倉小十郎)→右三人様参人々御中
7	近衛様へ献上につき	正月	御名(片倉小十郎)→入江権太夫様
8	近衛様へ献上につき	正月	佐藤大右衛門　片倉平馬　小嶋久左衛門　本沢平右衛門→(入江)権太夫様
9	近衛家諸太夫・八幡山横坊・愛宕山教学院・上林三入に贈答につき	正月	御家老連名→(入江)権太夫様
10	上林三入への年始機嫌伺	正月	御名(片倉小十郎)→上林三入様
11	八幡山横坊への年始機嫌伺	正月	御名(片倉小十郎)→(八幡山)横坊様
12	愛宕山教学院への年始機嫌伺	正月	御名(片倉小十郎)→(愛宕山)教学院
13	瑠璃光寺へ年始機嫌伺につき	正月	御家老連名→瑠璃光寺御役僧様中
14	上林三入への御茶注文	正月	御名(片倉小十郎)→上林三入様
15	近衛様他への献上物ならびに箱調達につき		係り御小姓頭→出入司様
16	京都各所への献上物調達につき	正月	係り御小姓頭→出入司様
17	近衛様・上林三入への献上物調達につき	正月	係り御小姓頭→出入司様
18	片倉豊七郎様より猪苗代謙道老へ御仕向金遣わすにつき口上	月日	
19	主人家中佐藤清記・目黒九郎近衛様献上荷物上方へ為相登につき	安政七年二月	奥州白石片倉小十郎家老佐藤大右衛門直敬　片倉平馬広胖　小嶋久左衛門次行　本澤平右衛門直行→箱根御関所御番衆中様
20	献上物調達ならびに文書につき覚書		
21	御機嫌伺として芳章・子籠鮭献ぜらるにつき	三月二日	斎藤大蔵権少輔　進藤式部権少輔　今大路民部少輔　中川讃岐守→片倉小十郎殿
22	御安否伺として献上物なさるにつき	三月二日	斎藤大蔵権少輔　進藤式部権少輔　今大路民部少輔　中川讃岐守→片倉小十郎殿
23	近衛様への献上の儀承知につき	三月五日	入江権太夫→(片倉)小十郎様
24	近衛様への献上の儀承知につき	三月五日	入江権太夫→本沢平右衛門様　小嶋久右衛門様　片倉平馬様　佐藤大右衛門様

二日の日付で発給され、片倉家に到来して、業務が完了する。

以上から、片倉家の贈答に関する業務が、片倉家内部で処理されていることがわかる。しかもそのために、家老を頂点にして専任の役人に実務を取り仕切らせていた様相がみて取れる。これらの品の多くは片倉家の所領内で調達されており、質・量ともに十分な贈答品の確保が、献上に先立ってなされていた。その後、越河番所・箱根関所・藩庁・江戸藩邸・京都留守居・贈答先などとの交渉を経て近衛家のもとに贈られていた。片倉家の贈答に臨む態勢は相当に大がかりであり、それだけ重要な業務であると認識されていたのである。

四　「近衛様」の鮭――文政十二年大須新田争論をめぐって

最後に、地域社会と贈答との関係について、文政十二(一八二九)年に発生した桃生郡橋浦村大須新田鮭漁師と対岸の横川町(現宮城県石巻市)肴問屋との間で発生した争論において具体的に確認してみたい(東北歴史博物館蔵「桃生郡橋浦村今野家文書」二〇〇九)。

すでにみたように、桃生郡を流れる北上川(追波川)は鮭の優良な漁場であった。その豊かな資源をめぐって、河口に近い橋浦村大須新田の鮭漁師は、対岸あるいは隣村の漁師たちと漁場をめぐって絶えず紛争を繰り返してきた〔北上町　二〇〇五・高橋　二〇一五〕。そしてこの大須新田の鮭漁師こそ、片倉家の家臣であった。彼らは陪臣でありながら、藩の許可を受けて鮭漁をおこない、「御役鮭御献上向御見抜の外御見捨りの分市中賣買に相出だし(御役鮭や片倉家の献上用などで用いられる鮭を選り抜くための検分を受けたうえで、その残りを市場に販売)」し、その収入で生計を立てていたのである。

その大須新田の鮭漁に大きな転機をもたらしたのが、「御直行」と呼ばれる藩の改革であった。この詳細は明らかではないが、この「御直行」の施行以降、「横川町鮭鱒問屋入にて、同所御役人様御役魚御見抜の上、御見捨りの分問屋にて賣買仕り候様仰せ渡され(横川町の鮭鱒問屋で横川町在住の藩の役人による御役鮭の検分をおこない、その残りを横川町の問屋で売買するように命じられ)」たとある。重要なのは、集荷場所として指定されたのが、鮭漁をめぐって長らく大須と対立関係にあった横川町の問屋だったことである［北上町 二〇〇五］。「御直行」によって大須のすべての鮭・鱒は、対立する横川問屋の手を経なければ市場販売はおろか、役の納入すらできなくなるのである。これでは漁場争い云々の問題ではなく、彼らは横川問屋の支配下におかれてしまうことになってしまう。

そこで、大須側が藩の「御直行」に対抗するために持ち出してきたのが、まさしく片倉家による近衛家への鮭の献上であった。この訴訟において大須の鮭漁師たちは、「専一御役鮭御見抜の上御制導、夫より近衛様えの御献上其の外小十郎様方段々相納め候事にて、余村瀬場とは相違仕り、誠に軽き者共にても御奉公人の義に御座候えば、御主用に付ては漁事相控え候ても御用立て候義に御座候えば、渡世一扁の網子共にも御座なく候(我々は御役鮭の検分を受けたうえで、近衛様への献上に代表される片倉家での使用のための鮭を同家に納入しているが、これは軽輩の家臣ではあっても主君である片倉家の用途のために自らの生計を立てる漁に優先しておこなわなければならず、他村のような生計を立てるためだけに漁をする漁師とは異なる)」と述べる。すなわち彼らは片倉家を通じておこなわれる近衛家への献上の鮭を準備することを、主君片倉家への「御主用」であると位置づけ、近隣漁村の「渡世一扁の網子」と峻別しようとする。それゆえに、横川問屋への強制的な集荷は大須漁師の利害ではなく、片倉家の用途すなわち近衛家への献上に差し支えることになると主張する。このことをもって彼らは、大須新田に横川問屋とは異なる集荷場である「寄場」と「御見捨」分の鮭の販売をおこなう四分問屋の設置を願い出て、横川からの流通における独立を画策する。

いうまでもないことだが、彼らと近衛家とは直接の関係はなく、主家片倉家がおこなう献上品を製造しているにすぎない。にもかかわらず彼らは、横川町にとって有利となる藩の「御直行」政策を修正させるため、主家片倉家への主従関係と近衛家への献上に間接的に連なることとを理由に掲げた。さらにそこには、近隣の漁民との身分的な相違や業務上の重要性をことさらに強調しようとする意図がうかがわれる。ここには地方知行がかなり強い形で幕末まで維持され、その家臣団が村々にかなりの数で居住しているという仙台藩の特殊性があるだろう［モリス　一九八八］。その意味においては、「御主用」の認識に基づいて、家臣団の一員に位置づけられるという身分の論理をさらに修飾するために「近衛様」の鮭を持ち出してきたといえるかもしれない。

しかしそうであるとしても、「御主用」として近衛家への献上品調達を認識し、それをもって訴訟を有利に進めようとする大須新田側の論理は、たんなる陪臣の特権意識の表出でとらえきれるものではなく、やはり着目に値するものであるだろう。じつは、この前後の横川との訴訟のなかでは、漁場利用や漁獲方法についての正当性を主張することはあっても、近衛家の鮭について述べたことはみあたらない。横川との漁業争論である限りは、近衛家の鮭は登場しない。であるとするならば、近衛家の鮭を訴訟に登場させた理由とは何であろうか。それは藩の「御直行」政策であると考えざるをえない。つまり、藩がいったん定めた政策を転換させるために、自らの漁業と漁獲物の重要性を訴える、その格好の材料として想起されたのが「近衛様」だったのである。片倉家は仙台藩きっての重臣であり、藩政でも重きをなす。その片倉家が例年おこなう近衛家への献上は、直接の関係はないにしても片倉家の主家たる仙台藩にとっても、まったく無視してよいものとはいえないはずである。それゆえに近衛家への献上品を準備する大須新田の鮭漁は、他の漁民に優先されてしかるべきであり、藩政策もある程度の配慮があってよいはずである。大須新田の漁民は、「近衛様」の鮭のもつ意味を十分理解したうえで、訴訟のレトリックに用いているということになるであろう。

とはいえ、彼らはあくまで「御主用」として鮭を片倉家に納めたにすぎず、自ら近衛家に鮭を献上したのではない。その意味では、大友一雄が検出した、徳川家康への勝栗献上の由緒を強調することを通じて諸役免除の特権を幕府に認めさせた事例のような、実体的な効力は期待できなかったはずである［大友一九九九］。あくまで、訴訟において自らを正当化する材料として持ち出してきたにすぎないというのが、実態であろう。では、訴訟そのものはどのように推移し、大須新田の足軽の主張はいかに取り扱われたのか。最終的には、藩は「寄場」の設置こそ認めてはいないが、四分問屋の設置を許可していることから、彼らの訴訟そのものがある程度妥当なものであったことは確認できる。しかし、そのなかで「近衛様」について藩が言及した様子がみられないことから、近衛家への献上に関する主張がどれだけの効力をもったかは不明といわざるをえない。その意味では、この訴訟における「近衛様」の論理は必ずしも有効ではなかったともいえるであろう。

では、訴訟でも十分に有効性をもたないカードにすぎない「近衛様」の鮭は、彼らにとって負担以上の意味はなかったのだろうか。そうではないであろう。彼らは自ら捕獲し加工した鮭が、主君である片倉家に納められたのち、どのように利用されるのかを理解していた。大須新出に関する文書で、ほかに近衛家に触れたものはみられないので、彼らの近衛家に対する認識がどれほどのものであったかは推測の域をでない。しかしそれでも、訴訟のレトリックとして使用したことを考えれば、彼らが近衛家について無知であったとはとうてい思われない。むしろ彼らはより積極的に、近衛家に献上される自らの鮭を横川その他の村で水揚げされる鮭に比べて特殊な、一種誇るべきものとして認識していたのではなかろうか。だからこそ彼らは、藩政策への転換を迫る段階において、「近衛様」の鮭を訴訟のカードに使用したといえるのであろう。

それでは、ここからうかがえる大須新田の鮭漁師の近衛家についての認識とはいかなるものであったと考えればよいであろうか。彼らは近衛家への献上を、たんなる職務上の義務から、自らの利益を守る論理へと転化している。ここには、横川問屋と藩の論理を覆すために、たとえ決定打にはならないとしても、ことさらに横川側との差異を強調するためのカードとして使えるものならば何でも使おうとする大須新田の鮭漁師の意識が表出している。しかし、それだけではない。京都の公家という自らとは何ら直接的な関係のない存在と片倉家や伊達家との関係を理解し、公家とつながることを積極的にとらえていることがわかる。ここにおいては、大須新田の鮭漁師にとって、近衛家はたとえ彼らからの一方的であったとしても、きわめて有力な頼るべき存在であったということもできるのである。

おわりに

以上、細かな事例の検討に終始したが、最後にここでの分析をまとめておく。仙台藩重臣のうち、いくつかの家では、京都の公家に対する贈答をおこなっていた。それは、仙台藩士としての業務や仙台藩主の贈答の附属としてではなく、独自の理由と資格とをもってなされたものであった。とはいえ、彼らが完全に藩から独立していたわけではなく、仙台藩士としての地位で、藩の許可を受けて贈答をおこなっていた。しかしそれでも、公家への贈答が大名に独占されるものではなかったという事実そのものについて、まずは指摘しておきたい。

これらの贈答に際しては、各家の家臣が様々な形で動員された。片倉家の事例でみたが、家老以下足軽にいたるまで、多くの家臣がかかわる一大事業であった。相手である公家はもちろん、藩の各部署への調整を必要とするものであり、さらにそこで贈答品として選ばれたのは、仙台藩領内、とりわけ重臣の所領内部における名産品であった。贈答品は、重臣自身の所領内で生産されたお国元の産物であった。片倉家は自らの領地に陪臣による生産・加工の拠点を設けていた。これが他家にもあてはまるかは不明ではあるが、少なくとも国元産物に対するこだわりはうかがえる。国元産物に対する大名の意識や贈答品としての利用はすでに指摘されているが、その一端が家臣にまでおよんでいたことが確認できるだろう。

もちろん、これらのわずかな事例をもって仙台藩家臣団あるいは武家社会一般に拡大できるものとは思えない。しかし、かかる贈答の事例の存在そのものを軽視すべきではないであろう。このことは、諸藩の重臣の活動と存在をいかにとらえるかという問題と結びつくものである。幕府・藩のなかにおいて重臣がいかに存在し、機能したかを考えるうえで、彼らの贈答の範囲を追いかけることは、あながち無意味とはいえないのではないか。

最後に、これらの公家向け贈答が、地方における訴訟で利用される一面を見出した。公家は将軍や天皇のように藩主を超越する存在になりうるものではなかっただろうが、それでも当事者にとっては藩に自らの主張を強調するために利用しうるカードであったことは間違いない。近衛家の献上に連なることを強く意識し、さらにそれを藩に対して強調する片倉家の家臣の主張には、当時の彼らの公家に対する認識が反映しているといえるだろう。

このように、「東北史を開く」という本書全体のもつ雄大な視角から考えれば、まことに狭小なる視野に留まるものとなってしまった。しかしながら、近世の武家と公家、京都と東北との間におけるモノを媒介とした接続の具体的様相を、藩主ではなくその家臣レベルにおいても確認しえたことは、わずかながらも一定の成果であるといえるであろう。しかもその業務は、重臣自身にも重く受け止められていたことは間違いなく、さらにそのことは彼らの家臣すなわち陪臣にいたるまで共有されていた。この点を最後に再度強調しておきたい。

◆参考文献

[大友 一九九九] 大友一雄『日本近世国家の権威と儀礼』吉川弘文館

[岡崎 二〇〇六] 岡崎寛徳『近世武家社会の儀礼と交際』校倉書房

[籠橋 二〇一二] 籠橋俊光「藩領における魚類産物の調達システム——陸奥国仙台藩の御日肴所・御肴方を事例に」(齋藤善之・高橋美貴編『南三陸の沿岸社会と海商』清文堂出版)

[菊地 二〇一三] 菊地優子「書状に見る岩出山伊達家と京都冷泉家の交際」(『東北大学東北アジア研究センター報告』第一〇号)

[北上町 二〇〇五] 『北上町史』通史編、宮城県北上町

[鯨井 一九九〇] 鯨井千佐登「交流と藩境——動物・仙台藩・国家」(地方史研究協議会編『交流の日本史——地域からの歴史像』雄山閣)
[佐々木 一九五九] 佐々木喜一郎『仙台魚風土記』きさらぎ書房
[佐々木 一九六一] 佐々木喜一郎『岩沼物語』岩沼観光協会
[白石市 一九七一]『白石市史』四、白石市
[白石市 二〇〇八]『白石市文化財調査報告書第三十二集 赤井畑家の古文書』白石市教育委員会
[関根 一九九三] 関根達人「塩引・御子篭考——仙台城二の丸跡出土木簡の検討」(『東北大学埋蔵文化財調査年報』六)
[高橋 二〇〇五] 高橋美貴「一九世紀仙台藩における流域とサケ資源保全政策」(平川新編『江戸時代の政治と地域社会』第二巻、清文堂出版)
[難波 一九八三] 難波信夫「仙台藩国産統制機構の成立と機能」(『宮城の研究 四』近世編Ⅱ、清文堂出版)
[モリス 一九八八] J・F・モリス『近世日本知行制の研究』清文堂出版
[渡辺 一九九五] 渡辺信夫「鮭文化圏の歴史的考察」(渡辺編『近世日本の生活文化と地域社会』河出書房新社)

付記 本論文の作成に際して、菅野正道氏・菊地優子氏・高橋美貴氏のご教示を得た。また、史料の閲覧と使用に際し、岩沼市史編纂室および同室員伊藤大介氏・高橋泰寛氏には格別のご配慮をいただいた。ここに記して感謝の意をあらわしたい。

近代東北の「開発」と福島原発事故

岩本 由輝

一 中央からの東北開発構想

現在につながる東北という地域名がつくられたのは戊辰《ぼしん》戦争の過程であり、一八六八年七月頃に薩長政権の参与木戸孝允《たかよし》が太政官に提出した「東北諸県儀見込書」の表題にある。そこには同年閏四月二十一日に発せられた府藩県三治制問題が絡み、奥羽越列藩同盟に属した諸藩に対する処置が建言されている。

このようにして登場した東北という地域名が公的機関に冠せられたものとして、一八七一年十一月十二日に設置された陸軍の軍団である四鎮台の一つ東北鎮台(仙台)があるが、七三年一月九日、六鎮台が定められたとき、東北鎮台は仙台鎮台と改称される。その後、一八八八年五月十四日、師団制の採用にともない、仙台鎮台は第二師団へ改編される。師団の徴兵管区は一定しないが、一八八八年から九七年にかけての第二師団のそれは東北六県と新潟県であり、九七年に第八師団(弘前)が新設されると、青森・岩手・秋田・山形の四県はその管下に移り、一九〇七年まで第二師団のそれは宮城・福島・新潟の三県となる。しかし、一九〇七年に第一三師団(高田)が新設されると、新潟県はその管下に配され、宮城・山形・福島の三県が第二師団の管下となる。そして、一九一五年の軍縮で第一三師団が廃止されたとき、新潟県は第二師団の管下に戻り、山形県は再び第八師団の管下となる［仙台市史編さん委員会編 二〇〇八・二〇〇九］。

つぎに体系的な形での東北開発ではないが、一八五六年に大島高任《たかとう》が建設した釜石の洋式高炉のうち、大橋・橋野・佐比内《さひない》・栗林の四高炉が七三年七月に官行となり、七四年五月に工部省鉱山寮釜石支所がおかれ、官営釜石鉱山となり、外国人技師を雇用するなどしたが、成果があがらず、八三年六月十日に工部省鉱山局釜石分局は廃止されている［岩本 二〇〇四］。

この間、中央からの東北開発構想を明白な形で登場させたのは、一八七八年三月六日、内務卿大久保利《とし》通《みち》が太政大臣三条実美《さねとみ》に提出した建議書の「一般殖産ノ事ヲ謀ル為」に「東北諸州水陸運路ノ便利ヲ与フ」るべく計画された野蒜《のびる》築港（宮城県）、新潟港改修（新潟県）、越後・上野《こうずけ》運路開鑿《かいさく》（新潟・群馬県）、大谷川運河開鑿（茨城県）、阿武隈《あぶくま》川改修（福島・宮城県）、阿賀野《あがの》川改修（福島・新潟県）、印旛《いんば》沼・東京運路開鑿（千葉県・東京府）の七つにみることができるが、大久保はここでは「東北諸州」に新潟県を含めている。なお、群馬・茨城・千葉県と東京府はもとより「東北諸州」ではないが、「東北諸州」から東京にいたる経由地である。大久保はまた翌三月七日に三条に対して「原野開墾ノ儀」を建議し、福島県下安積《あさか》郡対面《たいめん》原《はら》近傍原野（現郡山市）を対象としてあげ、「水利欠」く「右原野」に「最寄猪苗代《いなわしろ》ノ湖水ヲ疏通ス」ることを提言している。そして、大久保はこれらの提言を実現するために、大蔵省に訓令して同年五月一日に起業公債一二五〇万円を第一国立銀行と三井銀行に募集させ、内一〇〇〇万円を一八件の事業に配分したが、そのなかで「東北諸州」にかかわるものは宮城県野蒜築港、新潟県新潟港改修、宮城・山形両県下新道開鑿、岩手・秋田両県下新道開鑿、群馬・新潟両県境清水越《しみずごえ》新道開鑿、福島県猪苗代湖疏水、秋田県阿《あ》仁《に》鉱山開坑、秋田県院内鉱山開坑、山形県油戸《あぶらと》炭山興業の九件で、配分総額の三一%強であり、しかもその五割強が鉱山開発にあてられているところをみると、大久保の意図が明白にうかがえるものがある。しかし、大久保は二週間後の五月十四日に暗殺されたので、その顚末にはもとよりかかわることはなかった［岩本 二〇〇九］。

私は東北開発を考えるとき、東北地方を特殊日本的な存在としてとらえるのではなく、一般に近代の中央集権国家ができるときにみられるように、権力が中央に対する食糧や労働力をはじめとする各種の資源の供給地として周辺に政策的に創出した地域であるという視点に立って考察することで一貫している。そして、今日、一極集中という形で問題とされる格差は、しばしばいわれるような開発の遅れから生じたものではなく、むしろ様々な資源の地方からの収奪という形で展開された開発の帰結であることを明らかにすることに努めてきた。

ところで、開発が英語の development の語義で用いられるとき、発展・発達という語感からプラスのイメージを有すると受け止められ、東北開発にみられる資源収奪型のそれを表現するにはふさわしくない。これに対し、経済学において搾取を意味する言葉として使用される exploitation の第一義は開発を意味するものであり、それは発展・発達につながらない開発をあらわすのに最もふさわしい。exploitation は鉱山のようにいずれ掘りつくされることを前提にした開発に用いられる。

開発には地域の内からの開発と外からの開発があるが、中央集権国家によっておこなわれる地域の外からの開発は、多くの場合、exploitation としての開発に向かうことになる。安東誠一が財政資金や工場立地など、地域外部からの力に依存して地域が成長しようとしても、地域内部の資源を活用した発展を放棄すれば、地域の発展は望めないとし、このような形で進められる地域の成長を「発展なき成長」と呼んでいるのは、要するに exploitation としての開発のことであろう〔安東 一九八六〕。もとより内からの開発であっても、exploitation としての開発にならない保証はないが、内からの開発の芽を摘む形で展開された近代日本における中央からの開発構想は、いかなる美辞麗句をもって綴られたものであっても exploitation としての開発を意図するものにほかならなかった。しかも地方はそれまでの exploitation としての開発の帰結として中央との格差が生じたとき、それを開発の遅れによるものと錯誤し、さらなる外からの開発の導入を求めては、一層格差を増大させて今日にいたったのである。こうした事態はもとより東北地方に限られたことではないが、東北地方において最も端的な形であらわれたことは確かである。

私は二〇一一年三月十一日に発生した東日本大震災において制御不能に陥った福島県双葉郡大熊町所在の東京電力福島第一原子力発電所が三度の水素爆発を起こし、大量の放射性物質を広範な地域に飛散させるという、これまでの震災ではみられなかった深刻な事態について、東北開発の多くの帰結が exploitation 型となることの極致がここにあらわれたといったが〔岩本 二〇一五〕、それは大久保利通以来の中央からの東北開発構想の地域における受容の延長線上にもたらされたものであることをあらためて強調したい。

二　点と線の開発と水稲単作地帯化

大久保の東北開発構想には鉄道建設はみられなかったが、それは大久保が鉄道の有効性を知らなかったり、ましてや東北を軽視していたからではなく、一八七二年に着手された官線の現ＪＲ東海道本線の工事が遅々として進まず、東北地方への鉄道の必要性は認識しても財政的にかなわなかったからである。鉄道建設にかかる経費は尨大なものがある。しかし、東北地方への鉄道建設は意外に早く始められる。一八八一年に右大臣岩倉具視《ともみ》首唱のもと、華族の保有する金禄公債を集めて設立された日本鉄道会社がそれを具体化する。同社の建設計画の第一区として上野―横川間は一八八五年十月十五日に開通したが、現上野―青森間が第一区の大宮を分岐点として着工されたのは同年一月十五日のこと、八七年十二月十五日には上野―仙台―塩釜《しおがま》間が開通する。この塩釜駅はすでに廃止された旧国鉄塩釜線の塩釜港駅であり、現JR東北本線の塩釜駅ではない。このあと岩切《いわきり》―塩釜間は支線とされ、本線は岩切から盛岡にかけて工事が進められ、一八九〇年四月十六日に上野―一ノ関間が、同年十一月一日に上野―盛岡間が開通し、上野―青森間が全通をみたのは九一年九月一日のことであった。官線の現JR東海道本線の新橋―神戸間の全通が一八八九年であったから、旧JR東北本線の全通は決して遅いわけではなかった。それだけ中央の立場からする東北開発が急がれていたのであろう。ちなみに山陽鉄道株式会社による現JR山陽本線の全通は一九〇一年五月二十七日、門司―鹿児島間の全通は鉄道国有化後の一九〇九年十一月二十一日のことであった。なお、新潟県を東京と結ぶ鉄道として直江津―軽井沢間が官線として建設されていたが、一八八八年十二月一日に開通し、九三年四月一日、アプト式を用いた軽井沢―横川間が完成され、日本鉄道会社の上野―横川間とつながるのである。

日本鉄道会社は商法施行にともない日本鉄道株式会社と改称されるが、その手で現JR常磐線となる海岸線の建設が進められ、一八九八年八月二十三日に、こちらも上野―仙台―青森間の列車が走るようになる。

山形県・秋田県への鉄道建設は遅れるが、一八九二年六月二十一日公布の鉄道敷設法により官線として建設されることになった現JR奥羽本線は、福島側と青森側から工事が進められ、一九〇五年九月十四日に福島—青森間が全通をみる。私はその建設当初から「本線ヨリ分岐シテ山形県下酒田ニ至ル鉄道」という形で現JR陸羽西線が酒田線として同法に規定され、一九一四年十二月二十四日に開通していることに、庄内《しょうない》米の東京への輸送につながるものとして興味を覚えたことがある。また、新潟県では直江津—新潟間に鉄道を建設する目的で、一八九五年十二月十二日に北越鉄道株式会社が設立され、九九年までに直江津—沼垂《ぬったり》間が開通したが、全通は一九〇四年五月三日のことであった。

こうした東北地方への鉄道の敷設は、鉄道が文明開化の象徴とされたとき、大勢として歓迎された。しかし、岩手県出身の農政学者新渡戸稲造《にとべいなぞう》は鉄道開通が都市の増進と農村の衰退という地域格差をもたらすことに警告を発し、「人口の都会に漸殖して田舎に漸減する」〔新渡戸 一八九八〕という形で、人口が農村から都市に吸いあげられるストロー効果について述べているが、おりから進行中の中央における産業革命のもと、それは人口(労働力)のみならず、食糧・鉱産物などあらゆる資源に関してあらわれる。とくに東北地方のように開発が鉄道建設だけの点と線に留まり、面への広がりをもたないとき、ストロー効果はより顕著にあらわれ、開発は exploitation として展開されることになる。

いずれにせよ新潟県を含む東北七県が鉄道によって東京に結びつけられる過程で、東北七県は都市に対して食糧供給基地としての位置付けがなされ、水稲単作地帯化が進められるが、そこには一八九七年を境に日本が米の恒常的な輸入国に転換したことがかかわっている。かかる米不足の状況は一九六八年に米の生産過剰が露呈されるまで続くが、その大きな原因は日清戦争期に進行した産業革命の結果、都市人口が雑業層を含む労働者人口を中心に急増したためであり、そのかなりの部分が東北七県から供給されたことにも留意する必要がある。その際、単作農業（モノカルチャー）といえば、低開発地域の指標のごとくみられるが、東北七県の近代を運命づけた水稲単作地帯化は決して近代以前に遡るものではなく、近代の、とくに一九〇三年にだされた主穀中心の農業のための乾田馬耕・耕地整理・短冊苗代の導入など、農事改良必行事項一四項目を軸とした明治農法という産業革命期の農業政策の所産であったことを見逃してはならない。そこでは米の増産のために多収穫品種の採用と販売肥料の増施がおこなわれるが、現金支出による経費の増大が生じ、反当《たんとう》収量の上昇が耕作農民の収益の増加にはつながらず、かえって収益の減少すらもたらし、化学肥料が登場すると、鋏《きょう》状価格差（シェーレ。肥料・農機具など工業製品と農産物との価格差が鋏を開いたような形で漸次拡大していくこと）の問題も絡み、そうした傾向を一層増大させる。

この間、稲作だけでは農家に現金収入の機会を基本的には年に一回しか与えることができないので、米の端境《はざかい》期において農家に現金収入を得させることを目的に養蚕の奨励がおこなわれた。米と繭《まゆ》の農業といわれるゆえんであるが、最近、大瀧真俊は馬産を軍馬資源開発という視点から取り上げるべきとのきわめて興味深い提言をおこなっている［大瀧 二〇一五］。ただし、東北地方での養蚕の奨励は、鉄道開通と重なり、地場資本による近代製糸業への発展にはつながらず、すでに大規模器械製糸工場としての体裁をととのえ、原料繭の確保が重大な課題となっていた長野県・京都府の製糸大資本が繭の買付けに進出してくるようになった。そして一九〇五年前後に春蚕のあと、夏秋蚕が東北地方に導入されるようになると、製糸大資本による東北地方への工場進出が原料立地と労働力立地の双方から展開されるようになり、東北外資本の東北への投資と、それに対する東北の従属という形で外からの開発を出現させることになった。

こうした状況のなかで、二十世紀を迎えた頃の東北地方の電気事業は、需要のほとんどは電燈用で、火力であれ水力であれ発電所の規模は小さかったが、産業革命の急速な進行がみられた首都圏では京浜工業地帯の形成があり、工場用動力としての電力需要が増大した。そのため、大容量水力発電の開発立地を求める動きが具体的な日程にのぼり、福島県にも猪苗代湖をダムに見立て、それまで安積疏水に流していた水の一部を会津側に流して発電し、東京電燈株式会社への売電を目的とする猪苗代水力電気株式会社が一九一一年七月四日に設立されている。四つの水力発電所の建設を謳った同社は、一九一一年十一月十二日に三万七五〇〇キロワットという当時の日本では最大出力の第一発電所を完成させ、東京に向けて一一万五〇〇〇ボルトという高圧送電がおこなわれたが、このことによって東北地方は中央への電力供給基地としての役割を担わされることになった。同社は一九二三年に東京電燈に吸収合併されたが、猪苗代湖水系には現在も新潟県の信濃川水系とともに東京電燈の後身である東京電力株式会社の水力発電所群がおかれている。

三　東北振興会と東北振興調査会

東北地方の近代史をみていくと、明治が大正にずれこみ、そのあとすぐに昭和がやってくるという印象が強い。それは産業革命は遅れたままに終始し、農村不況の到来は全国に先駆けるということである。

一九一三年、一九〇二年と〇五年に引き続く冷害凶作にみまわれて疲弊した東北地方の事態を憂慮した山本権兵衛内閣の内相原敬《たかし》は、三井財閥の実力者益田孝らの尽力で渋沢栄一を会頭に岩崎久弥・安田善三郎・三井八郎右衛門・住友吉左衛門ら四大財閥の当主を含む六〇人の財界有力人士が会員として名を連ねる東北振興会を発足させる。しかし、この会は一九一三年の凶作や一八年の米騒動に際して東北救済の慈善活動をおこなったことで世間の耳目を集めたことから、東北振興は東北救済の代名詞のようにとられ、「振興」という言葉を使うことに「恥辱」を感ずる向きがないわけではなかった。もとより会の事業はそれだけではなく、一九一五年には「東北振興会調査報告」や「東北振興に関する意見書」を発表し、政府による配当保証や社債発行の特権を有する国策会社として東北拓殖会社の設立を打ち出した。会は、東北地方の「地価修正」「鉄道運賃ノ軽減」「国有林及御料林」の「貸付又ハ売払」など東北振興のための優遇策を提言したが、立憲政友会系の組織とみられたこともあり、東北地方の住民の反応も鈍く、具体的な成果をあげることはできなかった。こうしたことから東北振興会は一九二三年に東北六県の実業家を加え、会員数を二六四名と大幅に増やしている。そして、一九二四年十月二十三日に開催された会の地方支部連合大会では、渋沢ら中央の会員から弱小な「銀行ノ合同」と「電気事業ノ組織改善」が勧告されているが、東北地方の銀行と電気事業の整理統合につながるこれらの勧告は、増員された東北地方の会員の反対で否決される。東北地方の会員が中央からの介入に独自性を発揮したといえば聞えはいいが、この時点で整理統合に同意しなかった東北地方の銀行と電気事業は、間もなく金融恐慌《きょうこう》と昭和恐慌の過程において経営に蹉跌《さてつ》をきたし、会員のなかからは自ら生命を絶つ者もでてくる始末であった。なお、渋沢の高齢を理由に東北振興会は一九二七年三月三十一日に解散したが、それと同時に浅野源吾らが中心となって「多数人の精神的協力である輿論の力に依つて、東北振興問題の解決を政府に迫る」ことを目的とする第二次東北振興会を組織した。しかし、金融恐慌のさなか、会としての活動どころではなく、会頭も選べず、会はほとんど開店休業状態のままで、昭和恐慌期を経過する〔浅野編　一九三八・一九三九・一九四〇〕。

一九二九年十月二十四日のアメリカのニューヨーク株式市場(ウォール街)における株価暴落に端を発し

た世界大恐慌は日本において昭和恐慌として発現するが、その最も深刻なところは、非資本主義的な農業部門に波及し、農業恐慌を引き起こして長期化したところにあった。恐慌という経済的要因と豊凶という自然的要因が絡んで農産物価格の下落に直面させられ、全国的に米と繭の農業の破綻が示されたが、東北地方において事態はとくに厳しかった。鋏状価格差が進むなかで農家負債は累増し、中小地主や自作農のなかにはその整理のために土地を手放す者もあらわれ、売るべき土地をもたない小作人など零細農のなかには娘の身売りに陥るものが続出した。

政府はかかる状況に対処するため、一九三二年に窮迫農民に現金収入を得させるべく救農土木事業を実施し、国家が農民・農村を地主の支配から切り離し、すでに形骸化している共同体的秩序を利用することで直接掌握すべく農山漁村経済更生運動を推進する。これは全国的におこなわれたものであるが、一九三四年十二月二十六日には、東北振興問題の根本的解決を目的に、勅令に基づき内閣総理大臣を会長とする東北振興調査会が設置される。

東北振興調査会は東北地方の「殖産興業ヲ目的」として「資源ノ開発ト経済ノ振興トヲ図ル」ことを使命とする東北興業株式会社と、東北地方の「産業ノ開発ト経済ノ振興」を目的として「有力ナル水力地点ヲ開発シ、以テ低廉ニシテ豊富ナル電力ヲ供給スルコト」を使命とする東北振興電力株式会社という二つの国策会社を設立することを答申した。そして、これら二つの国策会社は、一九三六年十月七日、ともに資本金三〇〇〇万円、一定年限の間、政府による配当保証と社債発行の特権を有する特殊な株式会社として発足し、内閣東北局の監督下におかれる。この間、一九三六年七月八日、東北振興調査会は恒久対策として、三〇項目にのぼる東北振興第一期総合計画要綱を策定するが、そこでは東北地方の「産業ノ振興」

と「住民ノ生活ノ安定」とともに、「所謂《いわゆる》広義国防ノ実ヲ挙ゲル」ことが謳われている。しかし、一九三七年七月八日、東北振興調査会は、この計画要綱にかかる費用を三億二〇〇〇万円から一億九六〇〇万円に減額し、項目も三〇から二五に削減している。削減されたのは「鉄道網ノ整備改善及鉄道運賃ノ軽減」「国有林野ノ解放」「負債整理ノ促進」「金融施設ノ整備改善」「租税其ノ他公課ノ軽減」という、実施されれば実質的意味を有するものばかりであった。東北振興調査会は一九三八年三月三十一日に廃止されたが、四一年十二月二十日という太平洋戦争開戦直後、政府は臨時東北地方振興計画調査会を発足させる。そこでは一九四二年六月二十九日、東北振興を広義国防のためから高度国防のためのものに転換させる内容の東北地方振興計画要綱を答申している。

ところで、東北興業は、発足以来、一九四五年の敗戦時まで都合七八の傘下会社をもち、東興コンツェルンと称されたが、肝心の直営事業は微弱なままに終始した。また、東興コンツェルンの実態も多角的といえば聞えはいいが、戦争遂行のための物資動員計画と生産力拡充計画による exploitation の果てともいうべき資源開発と生産増強が課され、採算度外視の経営の強行のすえ、東北振興のための殖産興業は達せられないままに敗戦を迎える。

また、東北振興電力は、福島県阿武隈川水系・秋田県玉川水系・岩手県閉伊《へい》川水系・青森県奥入瀬《おいらせ》川水系などで大規模な水力発電所建設を推進したが、それは従来弱小な東北地方の電気事業が国家統制のもとで統合されるにあたって媒体としての役割を果たした。電気事業の国家統制は、一九三八年三月二十六日制定の電力管理法と日本発送電株式会社法と改正電気事業法によって推進されたが、日本発送電(以下、日発)は一九四一年四月一日に発足する。そして、東北振興電力は一九四一年十二月二十四日に勅令で日発と合併させられ、その施設はすべて日発東北支店に帰属させられるが、ここでも東北地方の資源が東北地方のためではなく、国家のために、その戦争遂行目的のために動員されたのである。

四　電気事業再編成と特定地域総合開発

一九四五年八月十五日の敗戦後、国策会社であった東北興業は、GHQによって推進された戦後経済改革の影響をもろに受け、同年十一月六日、総裁桑原幹根《みきね》がGHQに事情聴取されてのち、その監視下におかれ、四六年八月十日に特別経理会社に指定され、九月二十五日には政府による配当保証や社債の元利保証を打ち切られるという事態に遭遇した。いわばそうした保証があったことによって命脈を保ってきた東北興業は一九四七年四月十四日公布の独占禁止法や、同年十二月二十八日公布の過度経済力集中排除法の適用は四九年四月三十日までに免れたが、適用除外の理由がそうまでするに値しないということであったからである。何をかいわんやである。

この間、一九四六年十二月十八日に東北地方行政事務局の呼びかけで、東北六県の主要産業代表者、学識経験者、在東北関係官庁代表者が一堂に会し、東北産業開発調査会を発足させている。同会は一九四七年四月二十六日、東北地方産業開発計画要綱を策定して自然消滅するが、同年六月四日に発足した東北六県自治協議会は、この要綱に基づくものとみて差し支えないし、四八年七月七日にはこの協議会に新潟県を加えた東北七県自治協議会が新潟市において開催される。渡辺男二郎《ゆうにろう》は、この時点で従来の東北六県に新潟県が加わって東北七県となったのは、GHQの軍区が東北地方に新潟県を含めて一つの管理区域としていたことがかかわっていると証言するが［渡辺 一九六五］、新潟県もまた当時は東北地方の一部として開発が推進されることを積極的に希望していたのである。私の耳朶《じだ》にもこの頃、ラジオ（JOHK・仙台放送局）のアナウンサーが稲の作付・収穫期などに「新潟県を含む東北七県」といっていた声が残っている。

電気事業再編成は、一九四八年二月、日発と九つの配電会社が過度経済力集中排除法による集中排除の第二次指定を受けたときに始まるが、GHQの意向を挟み迂余曲折ののち、一九五〇年十一月二十四日、ポツダム政令としての電気事業再編令と公益事業令の抜打ち的な公布によって東北電力株式会社をはじめとする九電力会社体制ができあがる。ちなみに東北電力の発足は一九五一年五月一日であり、以降、東北電力は公益事業として旧国策会社の東北興業に代わって東北開発の主役として台頭をみせる。

ところで第二次世界大戦後の東北開発は、一九五〇年一月二十三日制定の国土総合開発法の規制を受ける。この法律は、全国・地方・特定地域・都府県の四つの総合開発計画を規定するが、施行と同時に策定に着手されたのは、「国民経済発展の方向に照応し経済自立目標達成に寄与する電源開発産業振興並に国土保全災害防除に関し高度の総合施策を必要とする地域で、その実施により著しく効果の増大を期待し得る地域」を取り上げることを基本方針とした特定地域総合開発計画のみであった。東北地方で特定地域に指定されたのは、一九五三年二月六日閣議決定の北上《きたかみ》、同年十月十六日の阿仁田沢《あにたざわ》と最上《もがみ》、五六年三月六日の只見《ただみ》の四カ所であった。しかし、現実に開発されたのは電源のみで、それが日本のT・V・A（テネシー渓谷開発公社）と呼ばれてつまみ喰いされる形に終始し、電源が主要開発目標とされていなかった最上などにはまったく開発の手がおよぶことはなかった。ちなみに、法の根幹をなすべき全国総合開発計画が閣議決定をみるのは一九六二年十月五日のことであった。

東北電力は一九五一年五月一日、旧日発の東北地区における全設備と旧東北配電株式会社の全設備を継承して発足するが、供給区域は東北配電と同じく新潟県を含めていた。社長の内ヶ崎贇五郎《りんごろう》は「日本の再建は東北から、東北の開発は電力から」をモットーに只見川電源開発に邁進する。一九五〇年三月にすでに旧日発が着工していた沼沢沼《ぬまざわぬま》発電所の建設を継承するとともに、五四年三月までに柳津《やないづ》・片門《かたかど》・上田《うえだ》・本名《ほんな》の四発電所を完成させ、五発電所合計二六万キロワットの出力増強を得て、只見川電源開発第一期工事を完了するが、東北地方の特定地域で一番進捗した只見特定地域の閣議決定が先にみたように五六年まででかかっているのは、只見川の水利権使用を東北電力に許可した福島県を東京電力が訴えていたからであり、東京電力が訴訟を取り下げるまでは政府も手をくだせなかったのである〔東北電力株式会社編　一九六〇〕。

なお、東北興業は電気事業再編成以前の一九四九年十月、北上川水系に「小規模な日本のT・V・A（テネシー流域公社）」による電源開発と電気化学工業実施計画を立て、東北配電との間に水利権問題が生ずるが、五一年六月一日の東北電力の発足後、同年八月二十三日の閣議で、東北興業は総裁を更迭され、計画の放棄に陥り、五三年二月六日に決定された北上特定地域総合開発計画から排除され、ジリ貧経営を余儀なくされる〔東北開発株式会社社史編集委員会編　一九九〇〕。

五　東北開発三法の制定とその顛末

一九五五年一月二十二日の第二一回国会冒頭の内閣総理大臣鳩山一郎の施政方針演説を承ける形で、五七年四月二十六日制定の北海道開発公庫法の一部を改正する法律（北海道東北開発公庫法）、五月十六日制定の東北開発促進法、五月十八日制定の東北興業株式会社法の一部を改正する法律（東北開発株式会社法）の、いわゆる東北開発三法が登場することになる。しかし、そのもとで策定された東北開発促進計画は中間年次の一九六三年にその年までの目標を達成できなかったどころか、開始年次である五八年の数値を下回るありさまであった。この間、国土総合開発法制定から一二年を経た一九六二年十月五日にようやく全国総合開発計画(全総)が閣議決定されたとき、東北開発促進計画との矛盾が露呈する。全総が新全総・三全総・四全総と展開するなかで、東北開発促進計画も第二次・第三次と組み替えられたが、その過程ではかつては尨大であったはずの東北地方の鉱産資源は取るに足らない量のものとして開発を放棄される。そのことは一九六三年四月一日に鳴り物入りで創立されながら、操業にいたらぬままに六五年五月二十七日に解散したむつ製鉄株式会社の経緯に象徴される。そして、むつ製鉄を主導した東北開発も一九八六年四月十八日の東北開発株式会社法の廃止により十月十八日の民営化後、九一年十月一日に三菱マテリアル株式会社に吸収合併されて姿を消す。

一九八五年九月二十二日のプラザ合意以降、円高の進行とともに東北地方は食糧・労働力・鉱産資源の供給地としての役割を失うことになった。とにかく一九八七年六月三十日閣議決定の四全総のもと、それとの調整のうえ策定された第四次東北開発促進計画において第二首都とか、第二国土軸ということがいわれ、新たな国土形成に東北の果たす役割として首都移転を含めて何らかの期待がもたらされたかにみえたが、現実に必要性の薄れた東北地方になお残されたのは、原子力発電所などエネルギー基地や産業廃棄物処理場の設置場所としての期待と景観破壊を顧みないリゾート開発だけということになりかねず、あらためて地域住民にとって何が必要かということを踏まえた内からの開発を求めなければならない段階を迎えていたのである。

さらに一九九九年六月十一日における北海道東北開発公庫法の廃止によって、北海道の苫小牧《とまこまい》東部開発と青森県下北《しもきた》開発で巨大な赤字を抱えた北海道東北開発公庫は日本開発銀行に吸収され、二〇一〇年一月から日本政策投資銀行となっている。そして、残された東北開発促進法も、二〇〇五年七月に国土総合開発法とともに廃止され、全総時代の終焉《しゅうえん》と軌を一にして東北開発三法時代も終わりを迎え、いわば東北開発無法時代となったのである。

六　福島第一原子力発電所の誘致と原発事故

最後に現代の東北に突きつけられている外からの開発がもたらした最も生々しい問題について述べ、一応の結びとしたい。

福島県の双葉地方は福島県浜通りの中央に位置するが、常磐《じょうばん》炭田があることで早くから注目され、開発が進められた南のいわき地方とは異なり、近代において外からの開発も内からの開発もほとんどみられなかったところである。鉄道こそ日本鉄道株式会社による海岸線(現ＪＲ常磐線)が一八九八年八月二十三日に全通し、全国的にみても決して遅いといえないが、それは常磐炭田の開発に重要な役割を果たしたとはいえ、双葉地方は素通りするだけで、日本鉄道の上野―青森間(旧東北本線)の輸送を補完するためにレールが利用されただけということがいえよう。

一九五六年に、いわゆる東北開発三法が制定され、東北開発の新段階がいわれるようになっても双葉地方にその立場から視野に入ってくるものはなかった。現在、東京電力福島第一原子力発電所(建設当時は福島原子力発電所)のある双葉郡大熊町も双葉町も東北開発の新段階とは無縁であった。大熊町は一九五四年十一月一日に大野村と熊町村と合併して成立するが、合併直後から合併したこと自体が失敗であったとして隣の標葉町《しねは》(現双葉町)へ分町を求める動きがみられた。そうした不満に対応するため、一九五八年二月に「大熊町建設基本計画書」を早稲田大学・東京農業大学の学識経験者の助言を入れて策定したが、そこでは「本町が純農村として堅実な発展を期す」ることを基本として、「大工場、事業場の誘致は至難であ」るとし、「二三男」など「労働力の余剰」は「町営事業」を「悉皆《しっかい》失業対策化して、その救済を図る」とともに、「就業職の斡旋、海外移民等、町外への飛躍を図る」といわなければならなかった。海外移民というと、この時期になぜと思われるかもしれないが、近くの双葉郡浪江町《なみえ》は一九一〇年以降、三〇年代にかけて、単一町村として全国で最も多いブラジル移民を出しており、そこでの「成功者」が五二年四月二十八日の対日講和条約の発効後、一時帰国して「故郷に錦を飾」ってみせたこともあって決して現実味のない話ではなかったのである。その頃、政府もまた無残な失敗に終わるパラグアイ移民を推進しようとしていた。とにかく、この時点では原発誘致などの話は微塵も存在しなかったのである[大熊町史編纂委員会編 一九八五・双葉町史編さん委員会編 一九九七・二上編 二〇一〇]。

それが一九六一年になると、福島県知事佐藤善一郎から大熊町・双葉町が企業誘致するにはこれしかないという形で東京電力の原子力発電所の誘致話が持ち込まれる。これはもはや東北開発といったレベルに留まらない今後の国のエネルギー政策にかかわるものであった。日本の原子力開発は一九五四年三月に一般会計に原子力関係予算が計上されたことで始まり、五五年にアメリカ合衆国と原子力研究協定が結ばれ、いわゆる原子力三法が成立したが、その時点で東京電力は福島県内での原子力発電計画を企図したようである。一九五六年に日本原子力産業会議が結成されるが、福島県は六〇年にこれに加盟し、原子力発電所立地調査に基づき、大熊町と双葉町にまたがって適地が存在することを確認し、原子力発電所誘致計画を発表するとともに、福島県開発公社を設置して東京電力の原子力発電所用地買収にあたらせる準備をしている。また、長い間、企業誘致の成果があがらないことに悩んできた大熊町・双葉町も一九六一年には原子力発電所誘致の決議をおこなっているが、町財政の再建という差し迫った問題を抱えていた大熊町などは、その後も二度、表現を変えながら誘致決議を重ねている。そこには東京電力が地元の熱心な誘致を無視できず誘致に応じたという演出の影響がみられるが、それが大熊町・双葉町が東京電力の原子力発電所に睥睨《へいげい》されるという事態を招くことになる。のちに原発反対運動をやった何人かの当事者に聞いても、この頃には少なくとも組織的な反対運動などはなく、「原子力の平和利用だから、ぜかんべ(いいだろう)」という雰囲気であったようである[岩本 二〇一五]。

一九六六年七月に提出された福島原子力発電所一号機の許可申請は同年十二月に許可され、六八年五月、原子炉圧力容器の据付けを完了し、六八年十一月から試運転を重ね、七一年三月に営業運転を開始している。

日本原子力産業会議はその営業運転を前に、『原子力発電所と地域社会(各論)』と題する報告書を出し、いささか誇らしげにそこまでいたった経過を述べ立てているが、それを読むと、東日本大震災で露呈されることになる様々な問題につながる要因がうかがえる。その総論ともいうべき第一章「福島発電所設置の経緯」を執筆した大津昭一郎が「福島原子力発電所の立地点は、東京の北方約二二〇キロメートル」にあるとし、「原子炉の設置地点から最寄りの人家までの距離は約一キロメートルで、周辺の人口分布も希薄であり、近接した市街地として約八・五キロメートルに浪江町(昭和四〇年一〇月現在人口約二万三〇〇〇人)がある」と述べている。結局、自分の住んでいる東京から遠いこと、人口稠密《ちゅうみつ》の地域から離れていることだけが考慮されているところに、いかに技術的に安全性を強調しようとも、原発の危険性をかくし切れないことを示しており、人口二万に満たない当時人口七六二九人の大熊町、七一一七人の双葉町、一万一九四八人の富岡町、八八四八人の標葉町、五三六九人の広野町、二七五〇人の葛尾《かつらお》村、五三七一人の川内《かわうち》村などは、人口稀薄として無人の曠野《こうや》扱いしている。これらの双葉郡下の町村のほとんどは原発事故後、警戒区域の中心としていまだ帰還もままならない状況におかれている。原子力発電所用地の買収が円滑に進んだ理由として、大津は国土計画興業株式会社磐城塩業所の農地としては使用できない塩田跡地を当時の相場よりかなり高く東京電力が買収したことをえさに、「生産意欲が大きいため反対気運があ」る「精農家」を後回しにし、さすがに堕農とはいっていないが、「生産力、定着力ともに低い」開拓農家を先にしたという戦術をとったことを明らかにしている。その際、大津が「部落組織も第二次世界大戦以前に旧来のものを細分化して、行政町の下部機構として改組」されたものと認識しているのは、私の認識に共通するものがあり、私は複雑な思いにとらわれた。村落研究者のなかには、近代になっても日本の農村・山村・漁村には伝統的なつながりがみられることを強調する者が多く、一九六〇年代くらいまではそれが近代化を妨げるものとして否定されるべきものとして扱われ、高度経済成長の挫折以降になると、むしろそれを肯定的にとらえ、美化しようとさえする風潮が強まっていたが、近世農村の崩壊過程において集落そのものがゲゼルシャフト(利害社会)化し、それを糊塗するためにゲマインシャフトリッヒ(共同社会的)な装いをとるようになり、それが近代に持ち込まれたと考えている私は大津の認識に共感を覚えた。大津は皇国農村体制下におけるそれを指しているのであろうが、それを肯定的に「自治村落」ととらえても同じことであり、伝統的な集落組織とは似て非なるものである。そして、近世段階の村落組織においても、その集落内に住む「衆」のうちに、そこで享受されるべき権利から排除される「個」が存在し、一揆などで「悪党」扱いされる者は、そうした「外され者」であったことを知っておく必要がある。いつの時代の地域社会にも、そこに住む人々のすべてに無差別平等に与えられる権利などは存在しないのであり、排除は自治的におこなわれるのである。集落内に住む「衆」のなかに存在する「個」のうち、集落にとって好ましくないとみなした者を孤立化させることに自治は有効に働くのである。そして、人熊町や双葉町では、「精農家」を孤立化、すなわち少数者にするために、「開拓農家」の取込みが戦術的に優先されたのであり、「部落公民館」に「地権者の参集が求め」られたのは、「全員の承諾書をとりつけ」るための儀式にすぎなかったのである〔日本原子力産業会議地域調査専門委員会編 一九七〇〕。

さらに、同じ「報告書」では、地震の項目に関して、農村社会学者である大津に、「福島県周辺においては、強震以上の地震は約一五〇〇年に一度、烈震以上の地震は約四〇〇〇年に一度位の割合でしか起っておらず、福島県周辺は地震活動性の低い地域であると言える」とし、「従って福島県周辺で過去に震害を受けた経験も少なく、とりわけ当敷地付近においては特に顕著な被害を受けたという記録は見当らない」といった能天気なことを書かせ、原発立地に差し支えないといわせているが、東日本大震災からみてちょうど四〇〇〇年前の一六一一(慶長十六)年に慶長地震・津波があったというのは何とも皮肉である〔岩本編 二〇一三〕。

いずれにせよ、こうした形で誘致された東京電力福島第一原子力発電所がexploitation型開発の極致としての三度にわたる水素爆発事故を起こし、原発安全神話が崩壊したことは銘記すべきであり、安全神話が虚言詐言であることを立証したのである。

◆参考文献

[浅野編 一九三八・一九三九・一九四〇] 浅野源吾編『東北振興史』上・中・下、東北振興会
[安東 一九八六] 安東誠一『地方の経済学』日本経済新聞社
[岩本 二〇〇四] 岩本由輝「大島高任の洋式高炉の建設と柳田國男『遠野物語』の山人」(『比較家族史研究』第一八号、弘文堂)
[岩本 二〇〇九] 岩本由輝『東北開発一二〇年』(増補版) 刀水書房
[岩本編 二〇一三] 岩本由輝編『歴史としての東日本大震災——口碑伝承をおろそかにするなかれ』刀水書房
[岩本 二〇一五] 岩本由輝「東北開発と原発事故をめぐって」(松本武祝編『東北地方「開発」の系譜——近代の産業振興政策から東日本大震災まで』明石書店)
[大熊町史編纂委員会編 一九八五]『大熊町史』第一巻・通史、大熊町
[大瀧 二〇一五] 大瀧真俊「馬資源開発と東北馬産——軍需主導の東北開発」(前掲『東北地方「開発」の系譜——近代の産業振興政策から東日本大震災まで』)
[仙台市史編さん委員会編 二〇〇八]『仙台市史』通史編6・近代1、仙台市
[仙台市史編さん委員会編 二〇〇九]『仙台市史』通史編7・近代2、仙台市
[東北開発株式会社社史編集委員会編 一九九〇]『五十年の歩み』東北開発株式会社
[東北電力株式会社編 一九六〇]『東北地方電気事業史』東北電力株式会社
[新渡戸 一八九八] 新渡戸稲造『農業本論』裳華書房
[日本原子力産業会議地域調査専門委員会編 一九七〇]『原子力発電所と地域社会(各論)』日本原子力産業会議
[双葉町史編さん委員会編 一九九七]『双葉町史年表』双葉町
[二上編 二〇一〇] 二上英朗編『もう一つの相馬移民——日系海外移民百年』動輪社

［渡辺　一九六五］　渡辺男二郎『東北開発の展開とその資料』（私家版）

ローマ帝国の北アフリカにみる「中心」と「周縁」

大清水　裕

はじめに

首都ローマを「中心」とする古代のローマ帝国において、地中海の南岸に位置する北アフリカが「周縁」であったことは自明のように思われるかもしれない。しかし、もしそのようなイメージがあるなら、それが近代以降の産物にすぎない可能性を考えてみる必要がある。近代歴史学の草創期であった十九世紀後半、古代のローマ帝国による北アフリカ支配は、フランスによる北アフリカ支配のアナロジーとして語られており、ローマ帝国が「遅れた北アフリカ」を「文明化」したのだという歴史理解は、フランスの植民地支配を正当化する役割を果たしていたからである［バンセルほか 二〇一一、四五〜一〇五頁］。実際、十九世紀末から二十世紀初めにかけてのフランスを代表する古代ローマ史家の一人、ルネ・カニャは、一九一三年の著作でつぎのように述べている。

我々［フランス人］のアルジェリアやチュニジアの占領はローマ人による同じアフリカ諸州の占領に匹敵しうる。……彼らと同様、我々はこの地を我々と同じ姿に変え、この地に文明をもたらそうとしている。唯一の違いは、彼らが三〇〇年かけて成し遂げられなかったことを、我々は一〇〇年とかからずに成し遂げたことだ。〔Cagnat 1913:776〕

この数十年後に起こるチュニジアやアルジェリアの独立を知る我々には違和感の残る言説だが、古代ローマ史研究が、とくに北アフリカについては、植民地支配とともに発展したこともまた事実である。その結果、古代地中海世界においても、北アフリカが「周縁」であったかのようにイメージされることになった。

しかし、現在では状況は変化している。「周縁」たる北アフリカが「ローマ化」されたのだという単純な見方は、植民地がつぎつぎと独立を果たした二十世紀後半以降、様々な批判にさらされることになったからである。「ローマ化」に対するアフリカの抵抗を強調したマルセル・ベナブーを筆頭に、近年では英語圏を中心に「ローマ化」という概念そのものを批判する見方も登場している〔Bénabou 1976; Mattingly 2011〕。

ローマ帝国支配下の北アフリカでは、ローマに準じた都市制度が広まり、ローマ風の建築物が数多く建設され、住民たちの名前にもローマ風のものが増加した。ローマ帝国支配下の北アフリカで、ローマ文化の影響が強まったことは事実である。それを踏まえるなら、「ローマ化」という言葉を批判しても問題の解決にはつながらない。むしろ、当時の北アフリカに暮らしていた「ローマ人」のあり方こそ注目されるべきなのではないだろうか。本章では、ローマ帝国支配下の北アフリカに生まれ育った二人の「ローマ人」に着目し、古代地中海世界における「中心」と「周縁」を相対化すべく試みてみたい。一人目は二世紀末に皇帝となったセプティミウス・セウェルス、もう一人は『告白』や『神の国』といった著作で知られる教父アウグスティヌスである。

一　セプティミウス・セウェルス帝と北アフリカの「ローマ化」

セプティミウス・セウェルス帝の即位

一九二年十二月三十一日、五賢帝最後の皇帝マルクス・アウレリウスの不肖の息子、コンモドゥス帝が暗殺された。セプティミウス・セウェルスは、そのあとに続いた内戦を勝ち抜いて帝位を獲得し、二一一年に病死するまでその地位にあった人物である。内戦を終結させて平和を回復させたのみならず、東方のパルティアにも遠征をおこなって、ユーフラテス川の対岸に新たにメソポタミア属州を創設した。その戦果は、現在もローマ市の中心部、フォルム(公共広場)に残る凱旋門から偲ぶことができる。メソポタミアの短期的な占領に留まったトラヤヌス帝の時代ではなく、むしろこの時代をローマ帝国の最大版図とする見方すら存在するほどなのである。セプティミウス・セウェルス帝は、北アフリカという「周縁」からローマ帝国の政治的「中心」に躍り出た有能な人物だったといえよう。

ただし、文化的な面では、セプティミウス・セウェルスは「周縁」的な地位に留まったようにみえる。実際、彼の話すラテン語からは終生アフリカ訛りが消えなかったといわれているほか、北アフリカから首都ローマにやって来た彼の妹はほとんどラテン語を話せず、皇帝は慌てて彼女を故郷に送り返したという。さらに、内戦の過程で多くの元老院議員を処刑したこともあって、セプティミウス・セウェルスは「ポエニ人のスラ、ポエニ人のマリウス」とも批判された[スパルティアヌスほか 二〇〇六、一二三、一三二、一五二頁・南川 一九九五、二七九〜二九六頁]。セプティミウス・セウェルスは「ポエニ人」であり、その即位は、「周縁」の人物が偶然政治的「中心」に躍り出てしまったにすぎなかったのだろうか。

先に結論をいえば、そんなことはない。彼の経歴と当時の元老院の構成をみていくと、その即位が偶然ではなかったことが理解できる。

セプティミウス・セウェルスは、一四五年四月十一日、地中海に面した北アフリカの都市レプティス・マグナ(現リビア)に生まれた。この都市は、確かに本来はフェニキア人、つまり「ポエニ人」によって建設された港町であった。しかし、西地中海におけるフェニキア人の盟主であったカルタゴがポエニ戦争でローマに滅ぼされたのちは次第に覇権国家ローマと関係を深め、セプティミウス・セウェルスが生まれたときには、すでに「植民市」としての地位を認められていた。つまり、ローマ市民が植民して建設した都市と同じ権利を認められていたのである。セプティミウス・セウェルス自身も含め、この都市の住民がフェニキア系の出自であってもローマ市民権をもつ「ローマ人」だったことは確かである[Birley 1988:1-22]。ローマはその建国以来、有為の人物には市民権を付与し市民団を拡大してきた。たとえフェニキア系の出身であったとしても、それが政治的に問題になることはなかった。

実際、彼の父は公職に就いていなかったものの、親族のなかにはすでに首都ローマで元老院議員として活躍している人物もいた。彼はその伝手を頼って首都ローマに出、元老院議員として出世の階梯を昇っていったのである。この時代、セプティミウス・セウェルスの一族以外にも元老院では数多くの北アフリカ出身者が活躍していた[Corbier 1982:Mastino e Ibba 2014]。マルクス・アウレリウス帝の師であったマルクス・コルネリウス・フロントも北アフリカ内陸部の都市キルタ(現アルジェリアのコンスタンティーヌ)出身だったし、セプティミウス・セウェルスと帝位を争った人物の一人クロディウス・アルビヌスもハドルメトゥム(現チュニジアのスース)出身の元老院議員だった。セプティミウス・セウェルスが内戦を勝ち抜き帝位を獲得したのは偶然だったとしても、北アフリカ出身者が帝位に就いたのは決して偶然ではなかったのである。

北アノリカ諸都市の繁栄

中央政界で数多くの北アフリカ出身者が活躍していた背景として、北アフリカの経済的な繁栄があったことも見逃せない事実である。古代地中海世界における経済の基盤は農業にあった。ポエニ戦争以前、北アフリカではカルタゴ支配下で大々的に開墾が展開された。そもそもカルタゴは、古代文明揺籃の地であるメソポタミアとエジプトの中間に位置するフェニキアにルーツをもち、ポエニ戦争当時は、ローマより進んだ農業技術を誇っていたと考えられる。実際、プリニウスの『博物誌』(第一八巻二二章)によれば、元老院は、カルタゴ占領後にカルタゴの農業書をラテン語に翻訳することを決定したのだという。北アフリカ農業の先進性を示すエピソードといえるだろう。

帝政期に入ると北アフリカの開墾はさらに進み、小麦やオリーヴを中心に農業生産はさらに拡大した。ヨセフスの『ユダヤ戦記』(第二巻三八三章)は、百万の人口を誇った首都ローマを養うために、一年の三分の二は北アフリカから、三分の一はエジプトから、食糧が供給されたと伝えている。首都ローマへの食糧供給は、この巨大都市の治安を維持し帝位の安定を図るために、皇帝にとってもきわめて大きな関心事であった。

このような農業生産の拡大を背景に、北アフリカの諸都市も繁栄を謳歌した。古くから存在したフェニキア系の諸都市に加え、ヌミディア系遊牧民の定住や退役兵の入植によって新たな都市が建設されていったのである。これらの諸都市は次第にローマ風の都市制度をととのえ、神殿やバシリカ、公共浴場、劇場といったローマ風の公共施設を建設して、「自治市」や「植民市」へと昇格していった［Gascou 1972］。セプティミウス・セウェルス帝の出身都市レプティス・マグナもその一例である。北アフリカの政治・経済の中心たるカルタゴ市も、第三次ポエニ戦争で徹底的に破壊されたのち、グラックス兄弟以来再建が計画され、アウグストゥスの時代にはローマ市民の植民市として再建された。二世紀初頭の歴史家ヘロディアノス（第七巻第六章）によれば、カルタゴは、ローマ、アレクサンドリアにつぐローマ帝国第三の都市にまで成長していたのである。

セプティミウス・セウェルスと同時代の北アフリカで活躍したキリスト教護教家テルトゥリアヌスは、その著書『魂について』（第三〇章第三節）のなかで以下のように述べている。

この世界が日に日により良く耕作されるようになり、以前より良くととのえられているというのは明白で確かなことだ。今やあらゆるものに近づくことができ、あらゆるものが知られ、あらゆるものが使われている。快適な農場が広く知られた砂漠を押し戻し、耕地が森に打ち勝ち、家畜が野獣を追い払い、砂は植栽され、岩は砕かれ、湿地は干拓され、かつては家もなかったところに都市ができた。いまや島々も岩礁も恐れるにはたりない。あらゆるところに邸宅が、あらゆるところに人々が、あらゆるところに都市が、あらゆるところに生活があるのだ。［Waszink 1947:42］

テルトゥリアヌスは、『パッリウムについて』という別の作品の第四章で、「ローマ的であること（ロマニタス）はあらゆる人にとって幸いだ」とも述べている。これは「ロマニタス」というラテン語の最も古い記録だといわれている。ローマ帝国支配下での経済的繁栄を背景に、この時代の北アフリカでは「ローマ人」としての意識も強まっていったのである［大清水 二〇一二；Barnes 1971:85–90；Lepelley 1990］。

高度な農業生産力と数多くの都市、とりわけ大都市カルタゴを擁する北アフリカは、二世紀後半には政治・経済の両面で、古代地中海世界の「周縁」というよりも、むしろ「中心」の一つというべき地位にあったといえる。この時代、皇帝まで輩出した北アフリカでは「ローマ人」としての意識も強まっていた。しかし、その皇帝セプティミウス・セウェルスは、依然としてアフリカ訛りを揶揄《やゆ》されるなど、文化的にはまだ「周縁」的な地位にあったと考えられる。北アフリカが文化的「中心」の地位を占めるには、つぎなる登場人物を待たねばならない。

二 アウグスティヌスとローマ文化

『告白』にみるローマ文化の浸透

北アフリカにラテン文学の伝統がなかったわけではない。すでに述べたように、二世紀にはコルネリウス・フロントを輩出しているほか、小説『黄金の驢馬《ろば》』の著者アプレイウスも北アフリカ出身だった。『ローマ皇帝伝』の作者スエトニウスも北アフリカの出身だと推定されている。三世紀になると、先に名前をあげたテルトゥリアヌスをはじめ、キプリアヌスやラクタンティウスといったキリスト教徒の著述家が活躍した。このような北アフリカのキリスト教徒作家たちの系譜に登場してくるのがアウグスティヌスである。

アウグスティヌスといえば中世ヨーロッパの神学者というイメージが強いかもしれない。しかし、彼が生まれたのは三五四年、北アフリカ内陸部の小都市タガステ（現アルジェリアのスーク・アフラース）のことであった。かつて迫害されることもあったキリスト教は、公認されてからすでに三〇年以上経っていた。

皇帝の保護を受ける宗教として、キリスト教が帝国内で急速に影響力を強めていた時代である。

アウグスティヌスはタガステの自由な市民として生まれた。セプティミウス・セウェルス帝の息子カラカラ帝によって、二一二年に帝国内の全自由民にローマ市民権が付与されていたから、アウグスティヌスも生まれながらに市民権をもつ「ローマ人」だったはずである。アウグスティヌス自身は、父は貧しい市民だったと述べているが、父親が市政の運営を担う都市参事会員の一人だったことを考えれば、その言明はいささか割り引いて理解しておくべきかもしれない。

事実、彼はその著書『告白』のなかで、幼少期に学校に通っていた当時のことを回想している。少なくとも農作業に追われるような幼少期ではなかったわけだ。彼は学校でローマの建国叙事詩、ウェルギリウスの『アエネイス』を学び、非業の最期を遂げたカルタゴの女王ディドーの運命に涙したり、教師の鞭におびえながらギリシア語を渋々学んだりしていたのである。十五歳までにタガステでの勉学を終えると、さらに学問を深めるため近隣の大学都市マダウラに移った。四世紀のローマ帝国は、学問によって身を立て、立身出世をめざすことのできる社会だったからである。しかし、一年ほどで資力がつきてタガステに戻る。今度は、十七歳にして親族の資金援助を受けてカルタゴへと旅立った。そこでは、キケロの哲学に傾倒する一方、内縁の妻と結ばれ子どもをもうけている。一度故郷のタガステに戻ってから再びカルタゴに出ると、そこで彼は出世の糸口をつかんだ。裕福な家の子弟に弁論術を教える傍ら、その弁論術を活かして、属州総督としてカルタゴに滞在していたローマ貴族の知己を得たのである。そして友人の伝手を頼ってローマ市に渡り、さらに有力者の紹介で当時宮廷のおかれていたミラノで弁論術の教授となった。ついには皇帝の前で弁論を披露する栄誉にも浴している。この出世譚の背後には、当時彼が信仰していたマニ教の信徒たちのネットワークがあったというが、「ローマ人」として身につけた古典文学の教養が大きな役割を果たしたことも疑いない［ブラウン 二〇〇四、上、一二三〜七七頁・マルー 二〇〇八、一五〜一三三、四九二〜五二七頁］。

しかし、そのミラノで彼はアンブロシウスという司教に出会う。現在でもミラノの守護聖人とされているほどの人物である。この出会いをきっかけとしてアウグスティヌスは徐々にキリスト教の信仰を深め、三〇歳代前半で職を辞してミラノを去った。北アフリカに帰った彼は、数年後、カトリック教会の聖職者として再び歴史の表舞台に登場することになる［ブラウン 二〇〇四、上、八三〜一八九頁］。

『神の国』——「ローマ人」の変容

テオドシウス帝が死去し、ローマ帝国の東西への分裂が常態化し始めた三九五年、アウグスティヌスは北アフリカの港町ヒッポ・レギウス（現アルジェリアのアンナバ）の司教となった。彼が『告白』を執筆したのは、それから間もなくのことである。ヒッポ・レギウスもフェニキア人によって建設された古い歴史を誇る町であり、すでに後一世紀後半にはローマ市民の「植民市」とされていた。退役兵が実際に植民して建設した事例を除けば、北アフリカの諸都市のなかでは最も古い「植民市」昇格の事例である。街を歩けば、古くからの神殿や神々の像が立ち並んでいたことであろう［ブラウン 二〇〇四、上、一九五〜二〇九頁：Lepelley 1981：113-125］。

しかし、時代は変わりつつあった。神殿に集い神々に礼拝を捧げる人々が減る一方で、新たに建設・拡張されたキリスト教の教会にはますます多くの人が集まるようになっていたのである。ただし、そのキリスト教会も一枚岩ではなかった。北アフリカでは、四世紀初頭のディオクレティアヌス帝によるキリスト教徒迫害をきっかけとして、ドナトゥス派と呼ばれる分派が誕生し、大きな勢力をもっていたからである。カトリック教会の司教として、アウグスティヌスはドナトゥス派問題の解消に力をつくさねばならなかった。アウグスティヌスの神学は、このドナトゥス派との討論を通して確立されていったのである［ブラウン 二〇〇四、上、二二九〜二九〇頁］。

ドナトゥス派問題は、四一一年、皇帝の命によりカルタゴで開催された比較協議会で最終的な決着をみた。ドナトゥス派成立の経緯にまで遡っておこなわれた討論は、カトリック教会の勝利に終わったのである。これ以降、ドナトゥス派は帝国による大規模な弾圧にさらされ、鎮圧されることになった［ブラウン 二〇〇四、下、五六〜六五頁］。

北アフリカでドナトゥス派問題が最終的な決着をみようとしている頃、イタリアでは大事件が起こっていた。四一〇年に西ゴート人がローマ市を攻略、略奪したのである。東方に新都コンスタンティノポリスが建設され、西方の宮廷もミラノを拠点とするようになってはいたが、都市ローマは依然としてローマ帝国の精神的「中心」であった。そのローマが略奪されるという事態は、同時代の人々にとって、世界の終わりと思われるほど衝撃的な出来事だった。いまだ力をもっていた異教徒たちは、神々の信仰を蔑《ないがし》ろにしたがゆえに起こった悲劇であるとキリスト教徒を批判し、あまりの事態にキリスト教徒たちも自信を失っていた。このとき、異教徒からの批判に反駁《はんばく》するためにアウグスティヌスが執筆を開始したのが、大著『神の国』である［ブラウン 二〇〇四、下、一三〜五五頁］。

『神の国』においてアウグスティヌスは、異教の神々がローマの歴史のなかでどれほど無意味かつ有害であったかを説き、そして、キリスト教徒にとっては地上の国たるローマよりも天上の神の国こそが重要であることを力説した。一見すると、ここにいたってアウグスティヌスは「ローマ人」であることをやめ、キリスト教徒としてのアイデンティティを強く主張するようになったかにみえる。

しかし、アウグスティヌスは依然として「ローマ人」であった。アウグスティヌスがローマの歴史を特別視することをやめ、神の国を重視したことは事実である。他方で、アウグスティヌスは『神の国』のなかでキケロをはじめとする古典作品を縦横に引用し、プラトン哲学に対する造詣の深さも誇示してみせた。古代ローマの古典作品は、アウグスティヌスによってキリスト教文学のなかに統合され、新たな位置付けを与えられたのである。四一〇年のローマ略奪は、ローマ市からの亡命貴族という古典文学の素養と地中海世界全体への知的影響力をもった格好の読者層を北アフリカにもたらしていた。アウグスティヌスは、『神の国』の執筆とそれに続く神学論争を通して、ローマ帝国の文化的・精神的「中心」へ進み出たといえる。宮廷の支援も得て、アウグスティヌスの神学はローマ世界で大きな影響力をもつにいたった〔ブラウン 二〇〇四、下、二五～三八、六六～一〇二頁〕。

たとえ首都ローマが略奪されたのだとしても、アウグスティヌスにとってローマ帝国の存続は当然の前提だった。西ゴート人による略奪が神の懲罰だったのなら、ローマが滅びてしまっては、その矯正という本来の目的が果たせないからである〔ブラウン 二〇〇四、下、二二頁・マルー 二〇〇八、五二六～五二七頁〕。しかし、地中海世界西部におけるローマ支配は着実に崩壊へと向かっていた。四三〇年にアウグスティヌスがヒッポ・レギウスで死去したとき、町は北から海を渡ってやってきたゲルマン人の一派、ヴァンダル人によって包囲されていた。ヴァンダル人の手で、北アフリカのローマ支配は間もなく終焉《しゅうえん》を迎える。そして、アリウス派を信奉するヴァンダル人の支配のもと、今度はキリスト教のカトリック、つまりニケーア信条を信奉することが「ローマ人」の条件として主張されるようになっていく［Conant 2012:130–195］。「中心」にいたはずの「ローマ人」もまた時代とともに変化していたのである。

おわりに

アウグスティヌスの『神の国』は、中世以降、ヨーロッパの文化に大きな影響を与え続けた。ヨーロッパ文化の「中心」に位置づけられたといってもよい。それは、北アフリカ生まれであったアウグスティヌスが、「ローマ人」として、ヨーロッパを含めたローマ帝国の文化的・精神的「中心」に位置づけられていたからこそであろう。ゲルマン人の侵入によってローマ帝国の西方支配は五世紀半ばには破綻したが、その後もゲルマン人の諸王国の支配下で、かつてのローマ的な社会は変容しつつも存続した［ランソン 二〇一三］。しかし、七世紀から八世紀にかけてイスラーム勢力が拡大してくると、古代地中海世界は最終的に解体される。アウグスティヌスが活躍した北アフリカでは徐々にイスラームが広がり、アウグスティヌスの著作は、地中海の北岸に残されたラテン語でキリスト教を信仰する地域、すなわちヨーロッパで読み継がれることになったのである。「中心」と「周縁」の関係は、時代とともに絶えず変化していくことを忘れるべきではないだろう。

また、「中心」と「周縁」の内実が多様であったことにも注意する必要がある。本章では、北アフリカがローマ帝国のなかで「中心」の一つというべき地域であったことを強調してきた。そのため、北アフリカがまるで完全に「ローマ化」されたかのように錯覚されたかもしれない。しかし、セプティミウス・セウェルス帝のラテン語からは終生アフリカ訛りが消えず、その妹はラテン語をほとんど話すことができなかったというエピソードを思い起こしてほしい。皇帝の前で弁論を披露したアウグスティヌスですら、アフリカ訛りを指摘されていたかもしれない[ブラウン 二〇〇四、上、九二頁]。そして、アウグスティヌスの時代にも、ヒッポの町を一歩外に出れば、ラテン語の通じない、古くからのポエニ語の話されている農村地帯が広がっていた[ブラウン 二〇〇四、上、一九八頁;Picard 1990:297]。北アフリカの「ローマ化」は、古くからのフェニキア系やリビア系の文化とローマのもたらした文化の混交によって生じた、複合的な変化の過程だったのである。それゆえ、北アフリカのローマ文化は「バロック的(=歪んだ)」だったと評されることもある[Picard 1990:251–309]。しかし、歪んでいない純粋なローマ文化など、古代末期以降に理想化されるようになった理念上の「ローマ」のなかにしか存在しない[ランソン 二〇一三、一四七～一五一頁]。「サビニ女の略奪」に象徴されるように、建国当初からつぎつぎと異分子を取り込んできた現実のローマ国家は、すこぶる猥雑で、文化的に混交した、それゆえに活気に満ちた存在だったに違いない。「中心」たる「ローマ」の実態こそが再検討されねばならないのである。

古代の北アフリカにみられるように、「中心」と「周縁」は政治・経済・文化など様々な面から定義されうるものであり、また時代とともに変化していく。ローマ帝国の支配下で、北アフリカは「周縁」というよりも、むしろ「中心」の一つというべき地位を占めていた。もし現在、古代の北アフリカが「周縁」とみなされがちであるとするなら、それは近代以降のイメージを投影された結果である可能性が高い。「過去」や「未来」を語るにあたって、「現在」を無意識に投影することのないよう留意する必要があるのではないだろうか。

◆参考文献

［アウグスティヌス 二〇一四a］ アウグスティヌス（山田晶訳）『告白』全三巻、中公文庫

［アウグスティヌス 二〇一四b］ アウグスティヌス（金子晴勇ほか訳）『神の国』上・下、教文館

［スパルティアヌスほか 二〇〇六］ アエリウス・スパルティアヌスほか（桑山由文・井上文則・南川高志訳）『ローマ皇帝群像2』京都大学学術出版会

［大清水 二〇一二］ 大清水裕「マクシミヌス・トラクス政権の崩壊と北アフリカ」（『史学雑誌』第一二一編第三号）一～三八頁

［バンセルほか 二〇一一］ N・バンセル／P・ブランシャール／F・ヴェルジェス（平野千果子・菊池恵介訳）『植民地共和国フランス』岩波書店

［ブラウン 二〇〇四］ P・ブラウン（出村和彦訳）『アウグスティヌス伝』上・下、教文館

［南川 一九九五］ 南川高志『ローマ皇帝とその時代』創文社

［マルー 二〇〇八］ H・I・マルー（岩村清太訳）『アウグスティヌスと古代教養の終焉』知泉書館

［ランソン 二〇一三］ B・ランソン（大清水裕・瀧本みわ訳）『古代末期』白水社

［Barnes 1971］ Barnes, Timothy D., *Tertullian: a Historical and Literary Study*, Oxford, Clarendon Press.

［Bénabou 1976］ Bénabou, Marcel, *La résistance africaine à la romanisation*, Paris, Librairie François Maspero.

［Birley 1988］ Birley, Anthony R., *Septimius Severus: the African Emperor*, rev. ed., London, B. T. Batsford Ltd.

［Cagnat 1913］ Cagnat, René, *L'armée romaine d'Afrique et l'occupation militaire de l'Afrique sous les empereurs*, Paris, Imprimerie Nationale.

［Conant 2012］ Conant, Jonathan, *Staying Roman: Conquest and Identity in Africa and the Mediterranean, 439–700*, Cambridge University Press.

[Corbier 1982] Corbier, Mireille, Les familles clarissimes d'Afrique proconsulaire (Ier–IIIe siècles), in Silvio Panciera (ed.), *Epigrafia e ordine senatorio*, Tituli 5, Roma, Edizioni di storia e letteratura, pp. 685–754.

[Gascou 1972] Gascou, Jacques, *La politique municipale de l'Empire romain en Afrique proconsulaire de Trajan à Septime-Sévère*, Rome, Ecole française de Rome.

[Lepelley 1981] Lepelley, Claude, *Les cités de l'Afrique romaine au Bas-Empire*, tome II, Paris, Etudes Augustiniennes.

[Lepelley 1990] Lepelley, Claude, Ubique Respublica: Tertullien, témoin méconnu de l'essor des cités africaines à l'époque sévérienne, in *L'Afrique dans l'Occident romain (Ier siècle av. J.-C. – IVe siècle ap. J.-C.)*, Rome, Ecole française de Rome, pp. 403–421.

[Mattingly 2011] Mattingly, David J., *Imperialism, Power, and Identity: Experiencing the Roman Empire*, Princeton/Oxford, Princeton University Press.

[Mastino e Ibba 2014] Mastino, Attilio e Antonio Ibba, I senatori africani: aggiornamenti, in Maria Letizia Caldelli e Gian Luca Gregori (cur.), *Epigrafia e ordine senatorio, 30 anni dopo*, Roma, Edizioni Quasar, pp. 354–385.

[Picard 1990] Picard, Gilbert-Charles, *La civilisation de l'Afrique romaine*, 2e éd., Paris, Etudes Augustiniennes.

[Waszink 1947] Waszink, Jan Hendrik (ed.), *Quinti Septimi Florentis Tertulliani De Anima*, Amsterdam, North-Holland Publishing Company.

追記　本章は科学研究費補助金・若手研究(B)「北アフリカ出土碑文に見る「ローマ人」意識の生成と変容」(研究課題番号26770254)による研究成果の一部である。

中国史における中央と辺境
——唐代の内陸境界地帯を例に

石見　清裕

はじめに

本シンポジウムでは、しばしば「中心と周縁」という問題が取り上げられた。したがって、これが議論の底流に存在するテーマの一つといってよいであろう。

歴史人類学において、「中心と周縁」の議論とは、自己と他者とを区別し、「我々」と意識する世界とその外側の「彼ら(異人)」と意識する世界との区別の意義や、その相互交流のおこなわれ方から人間社会を考えようとする方法である〔山口 二〇〇〇〕。具体的には、性差・貧困・穢れ・移民等々の問題が一手段として取り上げられ、社会の周縁や底辺におかれる人々の姿、そうした状況が生み出された過程などが分析され、それによって都市・地域・国のあり方が考察される(一例として〔佐久間／内藤 二〇一三・鈴木 二〇一四〕)。したがって、この場合の自と他の距離とは、物理的なものではなく、むしろ心象的な距離である。

ただし本章における「中心と周縁」とは、逆に物理的な距離、地理的な概念を指し、具体的には歴史上にあらわれたある王朝の統治範囲にかかわる問題を取り上げる。政治的にみた場合、「中心」とは強力な統治体制を形づくった政権の拠点であり、「周縁」とは、そこに住む人たちは決して自分たちの土地を「周縁」とは意識しないであろうが、かといって「中心」に対抗し続けるだけの政治的なまとまりをもてなかった地域ととらえられる。そして、「中心」の政権側からみた場合、「中心と周縁」は「中央と辺境」という言葉に置き換えられるであろう。また、文化的にみた場合には、「中心」「中央」とほぼ共通した生活文化を有する地域を「内地」、共通しない生活文化を有する地域を「辺境」としてとらえることができよう。

このように考えると、中心・中央と周縁・辺境、およびさらにその外側との間の「境界」という概念が、どうしても避けて通れない問題として浮かび上がってくる。

ところで、いうまでもないが、前近代における地理上の境界を考える際に、今日のような国境線を想定してはならない。前近代においては、異なる複数の文化領域の境目《さかいめ》は線で区切られるのではなく、実際には両文化の混在する地帯が広がっているケースのほうが多い。この場合、境界は line ではなく zone としてとらえねばならないのである。そして、その境界ゾーンがどのように位置づけられるのかという問題を考えることは、歴史の展開をとらえようとする際に一つの重要な示唆を与えてくれるのではないだろうか。

一　唐王朝にとっての辺境経営のメリット

さっそくではあるが、**図1**をご覧いただきたい。この地図は、唐王朝時代の中国における「羈縻《きび》州」を管轄する州を黒点で示した図である。羈縻州とは、租調役が課せられる一般百姓とは異なる生活文化を有する者たちに、唐政府が彼ら独自の生活組織を従来通りに維持することを認め、便宜上「州」をおいて政権統治に取り入れた地域を指す。『新唐書』地理志七下によれば、羈縻州は唐代を通じて合計八六五州がおかれたと伝えられる。ただし、羈縻州そのものを正確に地図におくことは不可能であり、**図1**はあくまでも羈縻州を管轄する地方州を図示したものである。つまり、黒点の管轄領域に羈縻州が数多く分布しているということである。そういう視点からこの地図をみれば、中国内地を取り囲むように、辺境地域に中国文化と他文化との混在する地帯が帯状に横たわっている状況をみて取ることができるであろう。すなわち、唐代の中国においては、羈縻州の点在する地帯が外部との境界ゾーンなのである。

それならば、このような境界地帯を、唐はなぜ経営する必要があったのであろうか。換言すれば、羈縻州の分布する辺境地帯は、唐政権側にとってはどのようなメリットがあったのであろうか。

第一のメリットは、この地帯のもつ強力な軍事力である。これは、とくに北方の羈縻州地帯について指摘することができる。そこには遊牧民族が大量に入り込んでいたので、彼らの騎馬軍事力はきわめて重大な意味をもった。

第二のメリットは、辺境地域で生産される家畜、とくに馬と羊である。これらは監牧(地方の官営牧場)に納められ、なかでも駿馬は中央に上納されて都の近衛兵の厩舎に入れられた[林 二〇一四]。また羊は、毛・肉の利用だけでなく、羊そのものが数十匹・数百匹の頭数で下賜品とされた。

以上の二つの利点を運営する方法を、史料に確認してみよう。『大唐六典《だいとうりくてん》』巻三、尚書省戸部の条に、凡《およ》そ諸国の蕃胡の内附する者は、亦た定めて九等と為し、四等已上を上戸と為し、七等已上を次戸と為し、八等已下を下戸と為せ。……貫に附して二年已上を経たる者は、上戸は丁ごとに羊二口を輸し、次戸は一口、下戸は三戸共に一口。「……若《も》し征行有らば、自ら鞍と馬とを備えしめ、三十日已上を過ぐる者は、当年の輸羊を免ず。」

という規定が記されている。唐は、遊牧系の羈縻州民に対しては租調役を課すのではなく、資産によって家柄を上・中・下の三ランクに分け、それぞれから羊で税を徴収していた。そして、もし軍事行動が起こったならば、彼らは騎馬軍団として唐の軍営に組み込まれ、その従軍期間が一カ月以上にわたる場合には、その年の羊の課税は免除するという方法をとっていたのである[石見 二〇一二]。

それならば、なぜ彼ら遊牧民が素直に唐の軍隊に従うのかというと、彼らの部族長クラスには大将軍・将軍などの武官トップクラスの肩書が与えられ、都の長安で暮らしていたからである。ちょうど、日本の江戸時代の幕藩体制下の大名が参勤交代で江戸に詰めている状況を想定すれば、わかりやすいであろう。

さて、唐が辺境を経営する第三のメリットは、その地域が、唐の外側の強大な勢力と中国との中間地帯に位置する点にある。目を北辺から中国西南地方に移し

▲図1　唐代羈縻州管轄州分布図

てみよう。唐の行政区画でいえば剣《けん》南《なん》道《どう》、今日の四川省と雲南省北半をあわせた地域である。当時、ここには中国側が「蛮」と総称する民族が分布しており、彼らに発せられた勅書を取り上げてみたい。玄宗が皇帝であった時期の宰相 張《ちょう》九《きゅう》齢《れい》の文集『唐丞相曲江張先生文集』の巻一〇に採録される「勅当・悉等州羌《きょう》首領書」は当州・悉州など羌族におかれた羈縻州の首領層に対して発せられた玄宗の勅書であるが、その一節に、

卿らは祖父已来、国(唐国)の為に境を守り、みな忠赤を尽くし、外蕃を防捍す。朝廷これを嘉す。

とある。唐の境界を守り、外敵(この場合は吐蕃《とばん》=古代チベット王国)を防禦する点が忠義として称えられているのである。同様の文言は、この地域のリーダーに発布された勅書にしばしばみられる。

すなわち、唐が辺境を経営する狙いは、(1)その地域の騎馬軍事力を利用すること、(2)その地域の畜産を吸い上げること、(3)その地域を強力な外敵から防衛するための緩衝地帯にすること、にあったといえよう。

二　国際帝国としての唐成立のいきさつ

ところで、以上のような辺境経営によって対外的に優位に立とうとするのは、それだけその王朝が広大な版図を支配し、国際帝国的な性格を有しているからである。それならば、どうしてこの時代の中国に唐のような国家体制が出現したのであろうか。

その根本的な要因を一言でいうならば、唐を建てた勢力自体が辺境から生まれた点にあったと思えてならない。隋や唐を建てた王族は、北魏六鎮の一つ「武《ぶ》川《せん》鎮《ちん》」の出身であり、隋の王室楊氏はもとの姓を「普《ふ》六《ろく》茹《じょ》氏」といい、唐の王室李氏は「大《たい》野《や》氏」といった。武川鎮の地址については、現在の内蒙《もう》古《こ》自治

区武川県の二份子《にふんし》古城址と達茂旗希拉穆仁の城圐圙古城址の二つの候補地があるが、中国考古学界では後者が有力視されている〔佐川 二〇一三、一二頁・塩沢 二〇一三、六九〜七一頁〕。隋・唐王族はその姓からみても、またその出身地から考えても、もともとは北方系民族であり、それが北魏末の六鎮《りくちん》の乱に乗じて南下し、のちに隋・唐を建国したのである。

もう少し、時代を遡ってみてみよう。中国史でいう五胡十六国時代が始まった四世紀から隋・唐が成立する六・七世紀は、ヨーロッパ史でいうゲルマン民族大移動とフランク王国が成立する時代にほぼ重なる。東洋と西洋のこの二つの出来事は、北方の民族が移動し南下した結果に生じた連動する現象とみなければならない。ゲルマン民族の移動が単発的に終わったのではなく、約二世紀間続いたように、五胡の移動も何度も起こった。五胡の諸国は相互につぶし合いを繰り返し、やがて鮮卑《せんぴ》族の拓跋《たくばつ》氏が建てた北魏にまとまり、南朝とあわせて中国は南北朝時代になった。この五胡の興亡と北魏の華北統一は、農耕中国文化と北方牧畜文化の融合した辺境地帯が、その幅を大きく広げ、そこが自立して独自の政権を樹立した現象ととらえられる。

北魏の末期に、中国史では「六鎮の乱」と呼ばれる何度目かの北方民族の大きな南下が起こり、前述のとおりこのときに移動してきた勢力がのちに隋や唐を建国した。新たに中国に入ってきた勢力は、他の勢力と戦い、あるいは内部で権力闘争を繰り返し、やがて唐王朝建国に結びついた。そして、唐の第二代皇帝の太宗の時代に、中国を統一し、さらにモンゴリアの突厥《とっけつ》(テュルク Türk)の遊牧政権を滅ぼした。

つまり、唐による統一とは、南モンゴリアと中国華北で形成される地域の統一だったのである。自分たちの国を失ったモンゴリアのテュルク系遊牧民の一部は、中国の北辺に移動し、唐の太宗にテュルクの君主の称号であるカガン(Qaγan)号を与えて服従した。その結果、前掲の地図でみたような唐の羈縻支配体制ができあがり、辺境は緩衝地帯として機能するようになった。

以上が、七・八世紀の中国に国際帝国が成立したあらましである。

三　辺境がもたらす衝撃

ところで、異なる文化をもつ二種以上の人々が混在し、政治的に一方が他方を支配し統治する立場に立つと、そこには必ず差別と搾取が生じる。史料に一例を示せば、『旧唐書《くとうじょ》』巻一五、憲宗本紀下、元和十四(八一九)年九月庚寅条に、

〔右衛大将軍の田縉《でんしん》は〕前《さき》に夏州に鎮し、軍糧四万石を私用し、党項(タングート)の羊馬を強取す。

と記される。ここでは「強取」と明記されているが、これほどあからさまに書いていなくても、内容は同様のことを伝える史料は少なくない。このようなことは、おそらく唐代を通じて、否いつの時代にもみられたであろう。

辺境を緩衝地帯として利用するという方法は、いわば「両刃の剣」なのであって、うまく経営できていれば辺境は中央政府に多大のメリットをもたらすが、いったん反感をかって経営に失敗すれば甚大なデメリットをもたらしかねないという危険性をつねにはらんでいる。唐代でそのデメリットによって押し寄せた衝撃こそが、有名な「安史の乱」であった。幽州(現北京)方面から起こったこの動乱は、唐朝側からは「反乱」と呼ばれているが、その実態は辺境地帯の自立運動とみなければならない。そして、唐という国家体制のあり方から、その結果はウイグル・契丹《きったん》・吐蕃《とばん》などの民族を巻き込む国際紛争にならざるをえ

なかった。

その後の唐は、安史の乱以前のような国家体制を維持することは困難となった。辺境は経営できず、それればかりか国内には藩鎮《はんちん》(節度使の地方権力)が割拠する状態となり、中央政府の威光は地方には届かないありさまであった。もう一度、**図1**の、とくに斜線で示した地域に注目していただきたい。この地域は「燕雲《えんうん》十六州」と呼ばれ、唐滅亡後の五代十国時代に契丹に割譲された地域である。この地域が中国王朝側の辺境ではなく、外部の国の辺境に組み込まれたのであるから、これ以後の中国王朝が唐のような体制を構築することはもはや困難となった。

例えば、のちの明代の万里の長城をみてみよう。首都の北京は当然ながら防衛のために北方に長城が築かれるが、西方の内地に目を移せば、ほぼかつての燕雲十六州の北辺に沿って外長城が、南辺に沿って内長城が築かれている。地政学上、この地域がいかに微妙な状況にあったかをうかがい知ることができるであろう。燕雲十六州のような辺境を経営できなくなれば、それはやがて金・元・清の巨大な征服王朝を招き入れる一因となるのである。

四　境界理論からみて

以上は、中国の諸王朝のなかでもきわめて内陸国家的な性格の強い唐という国を取り上げ、その「中央」と「辺境」のあり方の概略を述べた。そこでみられた現象は、(1)辺境は中央政府にとっては緩衝地帯として利用されること、(2)その緩衝地帯は独自の文化をもち自立する可能性があること、(3)その地帯が外部の勢力下に組み込まれれば中国側は大きな圧力を受けること、のごとくにまとめられよう。

ところで、あらためて考えてみると、こうした見方というのは、辺境地帯がアイデンティティの複合性・両義性をもっているということを前提として成り立っている。これは、中央ばかりではなく、辺境に視座をおいて歴史像を構築しようとする方法論にとっては、いわば必然的な前提といってよい。同時にそこには、従来ありがちだった辺境のマイナス・イメージを克服しようとする発想も必ずや存在しているであろう。それならば、こうした境界人や境界領域の存在に着目して議論をしようとする場合、問題の「境界」とはどのようにとらえればよいであろうか。

歴史上、境界が発生する要因には、つぎの二つがあるという。一つは「拮抗力 countervailing force」が働く場合であり、もう一つは「勢力損失勾配 loss of strength gradient」が働く場合である〔Gilpin 1981:56-57, 146-147〕。前者の境界は狭くて線 line 的であり、そこには内向き・求心的・隔絶的・人工的な性格がみられる。それに対して、後者は地帯 zone 的であり、外向き・遠心的・媒介的・自然発生的な性格がみられる。政治地理学では、前者をバウンダリ boundary、後者をフロンティア frontier として区別する〔橋本 二〇〇七〕。日本を例にとれば、古代朝鮮半島の勢力と九州との間の対馬《つしま》海峡は前者的な境界であり、蝦夷《えみし》や隼人《はやと》と称された人々のように中央政府から遠く離れた地域には後者的なフロンティアが広がっていた〔バートン 二〇〇〇・二〇〇一〕。

ただし、忘れてならないのは、この二つの境界のあり方がつねにそうであり続けるとは限らないことである。例えば、有名な「魏志倭人伝《ぎしわじんでん》」(『三国志』魏書・東夷伝倭人条)に描かれた倭人の姿は、私には朝鮮半島南端から九州北部に生活する人々を描写しているようにみえる。そうであれば、そこは勢力損失勾配的なフロンティアであるが、日本に律令国家体制が確立してくると、対馬に金田城が築かれるように拮抗力によるバウンダリが生じた。さらに、中世に倭寇《わこう》が勢力を振るった時代にはそこは再びマージナルなゾーンとなり[村井 一九九三]、今日ではまた逆に対馬には自衛隊駐屯地がおかれているのである。

おわりに――唐のフロンティアとバウンダリ

本章で取り上げた地域を考えてみれば、唐代中国の北辺に羈縻州がおかれたのは、二代皇帝太宗の貞観四(六三〇)年にモンゴリアの突厥第一可汗《かがん》国が滅亡したことが契機であった。強大な突厥の遊牧政権が崩壊したので、北方には唐に対抗するだけの勢力が消滅し、そこで中国の北辺には勢力損失勾配的なフロンティアのゾーンが形成されたのである。

同様のことは中国西南の辺境についてもいえる。唐の初期には、吐蕃の王に唐室から文成公主が嫁ぎ、しばらく両国は友好的な関係にあり、しかも吐蕃はまだ対外的に強大な勢力にまでは発展していなかったので、両者の狭間に位置する四川省から雲南省北半一帯は北辺と同様に緩やかなフロンティア・ゾーンであった。

ところが、七世紀末にモンゴリアに突厥第二可汗国が成立すると、唐の北辺は双方の拮抗力が働く地帯となった。ウイグル可汗国成立後も、唐は何とかこの地帯の維持に努めるのであるが、結局は五代期に東北から勢力を拡張してきた契丹に燕雲十六州を割譲することとなった。同様に西南方面をみても、吐蕃が勢力を伸ばしてくると、四川・雲南地域はにわかに緊張状態におかれ、安氏の乱で唐の統治が後退すると、以後は長らく同地と河西地方は吐蕃の統治下におかれた。

いずれの場合にも、かつてのフロンティア的な境界ゾーンの内側(中国側)に、拮抗力によるバウンダリが成立している。このように、境界のあり方はそのときの状況によって変化するのである。そしてこの変化は、中国ばかりでなく多くの地域に普遍的にみられた現象であろう。ただし、政治権力がおよんだことその地の住民の生活文化の変容とは、必ずしも重なるとは限らない点は注意しなければならない。

なお、こうした辺境問題は、じつは中国史においては宋代以降にさらに大きな変容をみせた。宋代には、華北と江南の人口比率が逆転し、以後は今日まで華北より江南のほうが人口が多いという状態が続いている。中国経済の重心が江南に移り、それとともに海上交易の隆盛も重なって、中国では沿岸部の港湾都市が発展してきた。今日では経済・文化の中心は、例えば上海・杭州・厦門《アモイ》・広州・香港などの港湾部にあり、内陸地域とはあらゆる面で格差が広がっている。かつて唐代には辺境だった地域が中心となり、中央だった西安は逆に辺境に隣接する地域におかれ、まったく状況が入れ替わっているのである。こうした現象は「辺境変革論」*で説明できるのかもしれないが、今はその論証は専門家に委ねるとしても、中央・中心と辺境・周縁とは立場を逆転させるケースがありうる点を、我々は念頭におかねばならないのである。

*「辺境変革論」　歴史の発展において、ある社会の政治・経済・文化的矛盾が露呈された場合、伝統的な先進地帯が自らそれを克服することはなく、そこから離れた地域の原動力によって諸矛盾が克服されて新しい社会が形成され、代わってそこが先進地帯になるという理論［増田　一九六七、一八七〜一九〇頁］。

◆参考文献

［石見　二〇一一］　石見清裕「唐の内陸アジア系移住民対象規定とその変遷」（森安孝夫編『ソグドからウイグルへ――シル

クロード東部の民族と文化の交流』汲古書院）二〇七～二三三頁
［佐川 二〇一三］ 佐川英治「北魏六鎮史の研究」（佐川編『大青山一帯の北魏城址の研究』平成二一～二五年度科学研究費補助金基盤研究（B）研究成果報告書、東京大学）一～五〇頁
［佐久間／内藤 二〇一三］ 佐久間美穂・内藤辰美『中心と周縁――タイ、天草、シカゴ』春風社
［塩沢 二〇一三］ 塩沢裕仁「大青山北麓の六鎮関連遺跡」（前掲『大青山一帯の北魏城址の研究』）六七～一二三頁
［鈴木 二〇一四］ 鈴木則子『歴史における周縁と共生――女性・穢れ・衛生』思文閣出版
［バートン 二〇〇〇］ ブルース・バートン『日本の「境界」――前近代の国家・民族・文化』青木書店、とくに第一章「政治的境界」
［バートン 二〇〇一］ ブルース・バートン『国境の誕生――大宰府から見た日本の原形』日本放送出版協会
［橋本 二〇〇七］ 橋本雄「境界」（加藤友康編『歴史学事典』一四「ものとわざ」、弘文堂）一四九～一五〇頁
［林 二〇一四］ 林美希「唐前半期の厩馬と馬印――馬の中央上納システム」（『東方学』第一二七輯）五〇～六五頁
［増田 一九六七］ 増田四郎『ヨーロッパとは何か』岩波書店
［村井 一九九三］ 村井章介『中世倭人伝』岩波書店
［山口 二〇〇〇］ 山口昌男『文化と両義性』岩波書店
［Gilpin 1981］ Gilpin, Robert, *War and Change in World Politics*, Cambridge University Press.

言語接触と文化移転
――西欧前近代の事例から

原　聖

はじめに

日本史のなかの東北史を考えるうえで、おもに中心と周縁との関係を相対化するための素材を欧州言語社会史の立場から、提供することにしたい。この場合の論点は、二つの文化が接触する際に文化移転がどう展開されるのかということであり、文化的権威（Cultural Prestige）をどちらがもつかによって、また二つの文化を担う人口の数的な勢力関係によって文化移転の方向性が決まり、それは必ずしも政治的な征服関係（支配・被支配）と合致しないということである。つまり、政治的な力関係が文化的力関係をともなわず、むしろ相反する関係のなかで、ついには文化的に逆に支配されてしまうという事例が歴史的にみられるということである。以下、おもにケルト諸語とそれに隣接する言語との関係を事例に、文化史的な言語接触と文化受容・文化移転という観点から歴史をとらえなおそうとする試みである。なお本章では日本語の概説書で記述される事項は最低限必要なもののみに留め、歴史的展開の理念的考察に焦点をあて、使用する文献ももっぱら二次的研究書を用いることをあらかじめお断りしておく。

一　ガリアとローマ

紀元前五二年、カエサルの率いるローマ軍が、ウェルキンゲトリクスを首領とするガリア人の部族連合を、アレシア(現フランス、コート・ドール県)の包囲戦で破り、ガリア(現フランス)の支配を決定的なものにした。カエサルの『ガリア戦記』によれば、このとき、アレシアの砦に集結したガリア人は騎兵一万五〇〇〇人と歩兵八万人、加勢のガリア人騎兵八〇〇〇人と歩兵二五万人に対し、ローマ軍は六万人ほどで、規律のととのったローマ軍が数で圧倒するガリア軍を破ったのである[Deyber 1994:215]。当時のガリアの人口は、カエサルの記述をもとにした研究者の推定では、五〇〇万人から六〇〇万人であった[Lot 1947, 61; Fleuriot 1980:23]。中世フランスの人口に匹敵する二〇〇〇万人という推計もある。こうした住民全体の言語が、わずか数万の軍勢によって征服されるや、三〜四世紀ののちには、大陸ケルト語であるガリア語からローマの言語ラテン語になってしまったのである。

アレシアの戦いの年、ないしはその少しあと、ガリアの南部でカエサルは、「住民(civitates)」(政治的単位として統合化された部族)[後藤 一九九五、八七頁]に、交易権やローマ市民との結婚の権利など、様々な特権を付与した。町の執政官にはローマ市民権を与えた。また、論功行賞という形で、以前からカエサル軍と同盟関係にあった首領たちにも、ローマ市民権を授けた[Goudineau 1994:316-317]。「ガリアの戦い」でのガリア側の戦死者は、六〇万〜七〇万人、ほぼ同数が捕虜となるか、奴隷となって売られたともいう[Goudineau 1994:318]。ガリア北部や西部の、カエサル軍と敵対した部族では、その被害は甚大だったはずだが、住民全体が虐殺されたり、居住地から追放されたわけではない。こうした敵対部族に対しても、カエサルは寛大だったという[Goudineau 1994:317]。

書記言語による証左でみると、ガリア南部のマッサリア(現マルセイユ)は、前六〇〇年頃からギリシア人の植民地だったので、この周辺ではギリシア文字によるガリア語碑文が前三世紀末から前一世紀まで、少し離れたガリア中部・東部では後一世紀半ばまで確認される[Lambert 1995:81]。ラテン文字によるガリア語碑文は前一世紀以降にあらわれ、大半は後一世紀までのものである。四世紀のものもあるが、この時代には、おそらく一般では用いられなくなっていたと考えられる。カエサルの時代には、公的な記録での使用がなくなり、続いて貴族層など都市の上層階層も使わなくなった。最も遅くまで残ったのは、祈禱師という特殊な職業人による呪文や祈禱文での使用だったようだ[Lambert 1995:10]。

こうしてガリアの民は、少なくとも上層階層においては、数世代のちには、ローマ文化に同化することによって、言語が入れ替わるという文化移転が生じたことになる。ナルボ(現ナルボンヌ)やアレラテ(現アルル)など退役軍人によるローマ人入植植民市もローマ化を促進した[後藤 一九九五、九六〜九七頁]。紀元二五年には南仏ヴィエンヌ出身者が、ローマの元老院議員として最高の名誉であるコンスルの地位に就くまでになった。アレシアの戦いから八〇年余り、三〜四世代を経過して、上層階層の住民のなかでローマ文化が定着したのである。紀元七〇年代に『博物誌』を著す大プリニウスは、南仏ナルボネンシスについて、農業・人々の品位・豊かさのどれをみても「属州というよりむしろイタリア」と評した[後藤 一九九五、九七頁]。支配文化が文化的権威をもち、住民たちが支配者の文化に同化しつつあったわりである。この場合、政治権力と文化権力が重なっていたことになる。とはいえ、後藤篤子の述べるように、社会的上昇をめざさない庶民にとってローマ化は無意味であり、ガリアに限らず属州各地におけるローマ化には限界があった。ガリア語は話言葉として、古代末期まで広く残存したはずである［後藤 一九九五、一一五頁］。

二 ガリアとフランク

ゲルマン人は、二世紀後半からガリアの国境を脅かす存在だったが、ゲルマン人の防衛にあたったガリアの総督が反乱を引き起こす「三世紀の危機」ののち、四世紀末には、ゲルマン人の一派西ゴート人を「同盟者（フォエデラティ）」として、帝国内への定住と独自の王を戴いたままでの軍事力の提供をローマの皇帝が認めた［後藤 一九九五、一一六～一二三頁］。

こうしてローマ帝国の領土内に足場を築いたフランク人の最初の王として名を刻むのが、キルデリクスである。一六五三年にベルギーの古都トゥルネで、その墓が発見され、「王キルデリクスの」とラテン語で刻まれた銘文と、ローマ風の軍服に身を包んだ肖像をもつ、金製の印章用指輪が見つかった。この印章の存在は、ラテン語で書かれた文書の日常的使用と、ローマ風の生活習慣を推測させる［佐藤 一九九五、一三六～一三七頁］。とはいえ、一九八三年の発掘で明らかにされた軍馬の供犠という、きわめてゲルマン的な習俗の名残りもみられる［佐藤 一九九五、一三六～一三七頁］。したがって、言語から考えると、少なくとも公的な面ではラテン語化し、私的な面ではフランク語が使われ続けたと考えられる。

次王クロヴィスの治下、五世紀末の「フランク王国」での使用言語を考えると、外来の支配者がフランク語を、すでにローマ人に同化していた地元住民はラテン語を使っていたはずである。

言語史家ヴァルトブルクなどによると、この当時のガリア人とフランク人の人口比率は、九五対五、ないし八五対一五で［Flobert 2002:422］、ガリア人が圧倒していた。この構図はカエサルの時代のガリアとそれほど大差なかったと考えられる。だが『ガリア戦記』の時代のように支配者の言語への同化は進まなかった。なぜかといえば、被支配者が支配者の言語を学ぶモチベーション、例えば論功行賞による数々の権利の付与、またその文化に同化すれば生活が向上するといった「利得」をともなわなかったからである。こうして文化的権威からいえば、逆のことが起こった。つまり、支配者の言語が被支配者の言語に同化したのである。

四九六年、クロヴィスは、ブルグンド王グンドバドの姪でキリスト教徒のクロティルドと結婚し、ランス大司教レミギウスにより従士三〇〇〇人とともにキリスト教の洗礼を受けたとされる。文化的権威を考えるのであれば、この事実は非常に重要だと考えられるが、クロヴィスの孫の世代(またそれ以降)でも「異教的」名前がみられることを考えると、のちの時代ほど権威はもたなかったともいえる。[1] キリスト教自体が宗教的に絶大な権威をもたなかったこともあるが、この時代はまだキリスト教はラテン語とイコールではなかった。ローマ帝国でキリスト教が公認されるのが三一三年(さらに国教化が三九二年)であるし、ローマの典礼がギリシア語からラテン語に変わったのが、四世紀後半である[ランソン 二〇一三、九五~九六頁]。四世紀、ゴート人に対して布教をおこなったウルフィラがゴート語を用いたのは、ラテン語の権威がなかったことが大きいとも考えられ[ランソン 二〇一三、九五~九六頁]、キリスト教が文化的権威としてラテン語と結びついていなかったのは、五世紀においても同様だったはずである。

クロヴィス個人についていえば、彼自身のものとされる手紙が一通、受け取った手紙が六通残されているが、すべてラテン語であり、おそらくラテン語を解することは可能だった。[2] 六世紀のメロヴィング朝の宮廷で活躍したイタリア出身の知識人ヴェナンティウス・フォルトゥナトゥスは、キルデベルト二世などに仕えたが、ラテン語しか用いなかった［Flobert 2002:427］。宮廷のフランク語話者にラテン語は必要だったが、ラテン語話者はフランク語を学ぶ必要がなかったのである。書き言葉をラテン語がほぼ独占していたことも関係するが、これはラテン語の文化的権威がフランク語より圧倒的に高かったことを物語っている。

今日「フランク語」の復興運動が存在するのはフランス北東部だが、この地がメロヴィング朝時代の「アウストラシア」(ラテン語で「東の地」)であり、クロヴィスによる征服以前はフランク人の土地であった。その言語は一貫してフランク語だった。この地域は、カロリング朝では、ほぼ東フランク王国につながり、ゲルマン語圏として継続する。つまり、フランク王国には住民の言葉がラテン語だった地域とフランク語(およびその他のゲルマン系言語)だった地域があり、王国内の二言語状況はメロヴィング朝末期まで継続したのである。

いずれにしても、フランク人が覇権を確立する五世紀には、このラテン語地域の人々はすでに「ガリア人(Galli)」ではなく「ローマ人(Romani)」と呼ばれており、自らもそう称していた。これはガリア語がすでにほぼ消え去り、住民の大部分がラテン語話者だったことの証でもある。ところが七世紀には自らを「フランク人(Franci)」と呼ぶようになる［Flobert 2002:420］。これは、一部にはその後のカール大帝につながる「アウストラシア」の強大化の影響もあるが、全体がフランク語化した、というわけではなく、ラテン語地域でもフランク語地域でも、彼らの言語がローマ帝国期のそれとはかなり異なる様相をみせ、地域的独自性をもつにいたったためと考えられる。これが、九世紀「ストラスブルクの和約」におけるフランス語とドイツ語の確立につながるのである。

こうして、フランク王国の現在のフランスにあたる地域においては、大多数の住民の言語であるラテン語が、征服者の言語であるフランク語に取って代わることはなかった。ローマ時代のガリアとは正反対の結果となったのである。かつてはこの原因を、ローマ人は家族をともなって侵入・入植したので、その言語が家庭の言語として維持されたが、反対にフランク人は兵士として単身でやってきたので、定住する場合には地元民と結婚し、多数の側に同化した、といった単純な説明がなされた。しかし、事態はそれほど簡単ではなかった。ローマ文明とキリスト教という二つの文化的権威が存在し、にもかかわらず、フランク王国自体が「アウストラシア」というゲルマン語圏地域を含む王国だったため、現フランス語圏全体の「フランス語化」もそれほど急速には進まなかったのである。とはいえ、北東部の一部地域を除き、十世紀には、支配者たるフランク人の言語は現フランスの地から消え失せることになった［Flobert 2002：429-430］。

三　ガリアとアルモリカ

フランク人のガリア侵入とほぼ時を同じくして、アルモリカ（現ブルターニュ）には、ブリタニアからブリトン人が侵入しつつあった。ブリタニア島北部の先住民ピクト人、ヒベルニア（現アイルランド）のスコット人、さらにアングロ・サクソン人の襲来によるブリタニア島の混乱状況が、ブリトン人の西方への退却、さらにはアルモリカへの移住の遠因となった。考古学的にもアングロ・サクソン人とブリトン人の抗争は実証されている［原 二〇〇三、一六〜一七頁］。

ブリトン人の渡来については、近年、渡来聖人を中心とした集団移住という説が説得力をもって語られている。というのも、ブルターニュには、八世紀から十一世紀にかけて書かれた、渡来聖人の『聖人伝』が七〇点余りも存在するからである。また、ブリタニアとアルモリカで共通する地名からもそれが確認できる。アルモリカでは北西部と南西部に集中しているので、こうした地域が移住拠点だったことがわかるのである〔原 二〇〇六、一七六〜一七七頁〕。さらにいえば、アルモリカ西部は、三世紀以降荒廃が進んで人口はせいぜい二〇万から三〇万であり、移住者たちが新たに入る余地が十分にあった〔Fleuriot 1980:87–88〕。移住者総数の推計は、五万人から一五万人、ガリアに侵入したゲルマン人とほぼ同程度だった〔Fleuriot 1980:24〕。だが、ゲルマン人の言語は消失し、ブリトン人の言語は残った。

これはまず、人口比から説明可能だろう。つまり、すでに述べたように、ガリア人とゲルマン人は人口比で九対一、ないし七対三程度でガリア人が圧倒していたが、アルモリカでは、ブリトン人と地元民の人口比率は六対一から四対三で、場合によっては、移住者が地元民と数的に拮抗する規模だった。

ブリトン人の移住が開始される四〇〇年頃のアルモリカの地元民の言語についてみると、ナントやレンヌなど、アルモリカ東部の現在フランス語方言圏の町はすでにラテン語化されていたが、農村部はガリア語とのバイリンガルだったと考えられる。また、アルモリカ西部、現在のケルト系ブレイス語圏では、南部の塩交易の街道沿い、また中部の鉱山への街道沿いなどにはラテン語の集落が点在していたが、大半はガリア語圏であった。ガリア語はおそらく五世紀後半でも消滅していなかった〔原 二〇〇三、二二一〜二二三頁〕。つまり、数的に圧倒する言語が存在せず、どの言語が文化的に決定的権威をもつわけでもなかったので、移住者たちのブリトン語は世代的に集団として継承されえたと考えられる。

ブリトン人渡来聖人の文化的権威もそのバックアップをしただろう。渡来聖人は当然ながらキリスト教布教を使命としていた。アルモリカについては、東部のナントやレンヌでは四世紀初めに大陸の宣教師が入ったという伝承があり、五世紀後半には、東部（ナント、レンヌ）と南部（グウェネト〈ヴァンヌ〉）に司教がいたという確実な証拠がある。しかし、西部と海岸部は五～六世紀でもまだキリスト教にとって「未開の地」だったようだ［原 二〇〇六、一八一～一八二頁］。したがって、最初の布教がブリトン人によるものだったのである。ブリトン人宣教師にとってアルモリカ人は言語的に類似するので親しみのもてる人々だった。四世紀のウルフィラがゴート語で布教をおこなったように、ブリトン語で布教をおこなったと考えられる。

もう一つは、文字文化の権威である。ケルト語の一つ、エール（アイルランド）語は二世紀からオガム文字という書き言葉をもっていたし、おそらく六世紀にはローマ字による書記伝統が確立していた。またブリトン語は二～三世紀に遡る碑文があるし、六世紀には書記伝統を形成していた［Lambert 1995：22］。したがって、この当時のブリトン語は、消滅しつつあったガリア語より、また住民全体の言語となりつつあった「民衆のラテン語」より権威をもっていたのである。[3] こうして当時のアルモリカの住民は、ブリトン人の布教と移住を受け入れ、文化的権威をもつブリトン語文化に同化することになった。

四　ブリタニアと北方の民

キリスト教化との関係で文化移転の相反する事例を提供するのが、三世紀から十世紀にかけてのブリテン（ブリタニア）島である。ブリタニア島には、三世紀後半からサクソン人やフリジア人といったゲルマン系民族の大陸からの襲来があったばかりでなく、ヒベルニア島からのスコット人、ブリテン島北部からのピクト人が先住のブリトン人に対して襲撃を繰り返していた。

ピクト人は、文献的には三世紀末に登場するが、一人の王によって統治される「民族」として立ちあらわれるのは七世紀末になるようだ［Foster 2004：7–9］。これまで「謎の民」として、その言語も未解明とされてきたが、近年、ブリトン人と同一の「Pケルト」に属すると主張されるようになっている［Foster 2004: 19］。また、六世紀ないし七世紀頃までは、少なくとも、現在のスカイ島などの西部諸島と西部地域にはブリトン語が残っていた。これはオガム文字の石碑によっても確認される。すなわち、これまでこの地域で発見された三〇点余りの石碑は、七世紀から九世紀を中心として、六世紀から十世紀のものと判明しているが、「Pケルト」と「Qケルト」のものがあり、前者から後者への移行、すなわち、ブリトン語からゲール語への転換を示しているのである。この転換はほぼ九〇〇年頃生じたと思われ、これは明らかに、ピクト人の支配者としてゲール人のキナエド・マックアルピン（ケネス一世）が登場した八四二（ないし八四三）年以降の「文化移転」の結果である［Foster 2004: 7, 20］。ケネス一世は、「アルバ王国」の初代の王であり、スコットランド王国の事実上の創始者とされる。この文化移転は、アルモリカのブリトン人の場合と同様、人口的な勢力の拮抗関係とスコット人のキリスト教化による文化的権威が関係していると考えられる。こうして十世紀初めには、この地域のピクト語系住民もゲール語住民も等しく「フィール・アルバ（アルバの民、fr Alba）」と呼ばれるようになった。ピクト語住民はおそらく九世紀からゲール語化が始まり、相当長いバイリンガルの期間を経て、十二世紀前半にピクト語は完全に消滅する［Foster 2004: 109］。ケルト教会ではゲール語の文化的権威が圧倒的に高かったのである。この時期のヒベルニアでは、年代記などもゲール語で執筆される場合があった。スコット人は、「ゴイディル（Goídil）」（つまりゲール Gaels）と自称していたようだが、四〜五世紀には「ダルリアタ王国」を形成し、六世紀末には、ヒベルニア北部とアルバ（スコットランド）西部からなる大王国をなしたのである［原 二〇〇六、二一七頁］。

ほぼ同時期、八世紀から十一世紀にかけて興味深いのは、アルバに襲来した北方の民（ヴァイキング）の言語である。周知のとおり、ブリタニア島では、八世紀末以降、七九五年のリンディスファーン修道院の破壊など、北方の民が侵入し、部分的には植民をおこなう。ケルト教会の中心地アイオナも破壊されるが、その宗教的・文化的権威は維持され、北方の民がゲール語文化に同化して、「異邦人のゲール語（ガル　ガエール Gall-Ghàidheil）」と呼ばれたのである。このアイデンティティは十二世紀頃まで保持された［Foster 2004: 111］。この場合もケルト教会の影響が大きいが、西部、とくに島嶼《とうしょ》部の一部では、北方の民による王国「マン島および島嶼王国」の手で十一世紀末から十三世紀半ばにかけて、北方の民の文化的権威も守られ、その言語が少なくとも十三世紀までは維持された［飯島 一九九一、三三頁］。すなわち、十二世紀のアルバの島嶼部では、北方の民と「ゲール語」に同化する民の、二つのアイデンティティが共存したことになる。

一方、現在のイングランドでは、五世紀にはアングロ・サクソン人による七王国（ヘプターキー）が建設され始め、六世紀後半には、ヒベルニアから聖コルンバにより、また六世紀末には大陸からカンタベリの聖アウグスティヌスにより、キリスト教化が始まる。アルモリカのキリスト教化の場合と同様、ここでもラテン語化が随伴しなかった。おそらくは布教の中心がヒベルニアからのケルト教会の宣教師たちであり、ブリトン人宣教師たちと同じように、母語がラテン語ではなかったため、バイリンガルの布教がなされたことが影響したと考えられる。ヒベルニアのキリスト教到来が書き言葉をもたらしたように、キリスト教化によって、アングロ・サクソン語が書記言語となったのである。代表的なのが九世紀後半のウェセックス王アルフレッド大王の治世であり、アングロ・サクソン語による法律の整備、ラテン語古典のアングロ・サクソン語翻訳などがおこなわれた［青山 一九九一、八七〜一一三頁］。アングロ・サクソン人については、外からのキリスト教布教に対して、その宗教的権威は認めたものの(つまりキリスト教への改宗)、言語的同化にはいたらなかった。これは、アルバにおける事例と異なり、数的な拮抗関係をもたなかったためだろう。

ブリタニア島に襲来したアングロ・サクソン人と対照的なのが、アルフレッド大王の時代、ネウストリア(その後のノルマンディ)を襲うノルマン(北の民)人である。十世紀初め、ネウストリアに進出したノルマン人ロロ(ロロン)は、西フランク王シャルル三世単純王に領地を与えられ、キリスト教に改宗し、フランス文化に同化する。すでにフランス語文化圏となっていた西フランクとの良好な関係のなかで、上層階層の文化的同化が急速に進んだと考えられる。こちらでは、キリスト教とフランス語文化という二つの文化的権威が威力を発揮したことになる。こうして、いわゆるノルマン・フランス語が形成され、ロロの孫の世代(ノルマンディー公リシャール一世、無敵王)では母語となる[デーヴィス 一九八一、三二頁]。三世代での母語の転換は、家族単位での「移住」の通常のあり方だが、これが王家のレベルで起こったことになる。これが、イングランドでのノルマン王朝形成につながり、ノルマン王朝の宮廷での三世紀にわたる「フランス語」使用の基盤を形づくることになった。

おわりに

言語に象徴される文化移転では、まず人口の数的な関係が重要である。大航海時代以降、南北アメリカの欧州列強植民地で、先住民の言語がほぼ完全に支配者の言語、すなわち英語・スペイン語に取って代わられたのは、先住民の人口の少なさがその主要な原因だといえる。アフリカや南アジア、東南アジアでは、一部の上層階層に文化移転があったものの、それが全面化することはなかった。植民者の文化的権威が高かったのに、移転が進まなかったのは、現地住民に対する数的劣勢を挽回できなかったことにつきる。数的には劣勢だったにもかかわらず、ローマ人が文化移転を成し遂げた古代ガリアは、その意味では例外的な事例といえる。上層階層に対する数々の優遇策、また文化的権威をもつ側の集団的移住など、いくつか有利な条件が重なった結果である。研究者の推定する当時のガリア人の人口も、じつは過大評価だった可能性も否定できない。

政治力(軍事力)をもって征服したにもかかわらず、文化的権威をもたず、被征服者の文化に同化したのが、北方の民・ノルマン人・フランク人の事例である。中国における元朝や清朝のように、こうした事例は、歴史的にはかなり多い。これは文化というものの本質を考えるうえでも重要である。つまり、長期的に考えると政治的権力より文化的権威のほうが意味をもつ、もっといえば重要だということになるからである。

北方からの征服者の事例で唯一の例外は、アングロ・サクソン人の場合である。おそらく現地のブリトン人と数的に拮抗する関係であったことと、このあたりは微妙だが、文化的権威においても、劣勢とはいえなかったことが、その理由と考えられる。ブリトン人はケルト教会を背景として書記文化を保持し、文化的権威ももっていたが、アングロ・サクソン人の側も、ルーン文字という自言語による書記文化を獲得していたのである。[4]

アルモリカに渡ったブリトン人の言語はその後、ブレイス語として継承されることになるが、すでに十二世紀には上層階層の言語ではなくなる。いわゆる「アンジュー帝国」のフランス語の文化的権威により、貴族階層はまたたく間にフランス語化し、ブレイス語はいわゆる少数言語となるのである。アルバのゲール語も同様で、十一〜十二世紀には貴族階層の間で英語に取って代わられるようになる［原 二〇〇六、二三二、二五三〜二五四頁］。少数言語化は、政治的権力の喪失による文化的敗北だが、ブレイス語もアルバ・ゲール語も現代にまで生き延び、文化的復興運動を招来させている。下層の民のみが言語を維持するという「二階層言語状況（ダイグロシア）」が千年近く継続されたのである。なぜかといえば、少数言語の側にもキリスト教会という「文化的権威」と、その支えとなる書き言葉が存在したゆえに継承が可能となったのである。教会による出版物がほとんどなかった同系のケルノウ（コーンウォール）語が十八世紀末に死滅したのは、まさにこうした文化的権威をもたなかったためである。

◆註

1　クロヴィスの孫の一人カリベルト（クロタール一世の息子）は、ラテン語よりフランク語が堪能だったという［Flobert 2002:426］。

2　とはいえ、クロヴィス自身が当時の標準的書き言葉であるメロヴィング草書体を書けたとはとても思えない、というのが現在の言語史の専門家の見解である［Flobert 2002:426］。

3　ケルト学者フロリオによれば、ガリア語はアルモリカの地で、六〇〇年頃までは一部で存続していた［Fleuriot 1980:55, 77］。また、ガリア語は「Pケルト」に属し、ブリトン語とある程度の相互理解力をもつ、近い関係にあった。六世紀のブリトン語は、「Pケルト」に属するカムリー語、ケルノウ語、ブレイス語がまだ未分化の状態と考えることができる。カムリー語とブレイス語（およびケルノウ語）の分岐は十二世紀、ブレイス語とケルノウ語の分岐は十五世紀頃である［Lambert 1995:23］。

4　五世紀のアングロ・サクソン人の到来とともに、ルーン文字がブリタニアにもたらされた。アングロ・サクソン人による使用は九世紀頃までだが、その後、ブリテン諸島に襲来する北方の民(ヴァイキング)によっても、十二世紀まで用いられた[ページ　一九九六、六九、八九、一二〇頁]。

◆参考文献

[青山　一九九一]　青山吉信「イングランド・スコットランド・ウェールズの形成」(青山編『世界歴史大系　イギリス史1』山川出版社)

[飯島　一九九一]　飯島啓二「スコットランド王国の発展」(前掲『世界歴史大系　イギリス史1』)

[後藤　一九九五]　後藤篤子「ローマ属州ガリア」(柴田三千雄ほか編『世界歴史大系　フランス史1』山川出版社)

[佐藤　一九九五]　佐藤彰一「フランク王国」(前掲『世界歴史大系　フランス史1』)

[デーヴィス　一九八一]　R・H・C・デーヴィス『ノルマン人——その文明学的考察』刀水書房

[原　二〇〇三]　原聖『〈民族起源〉の精神史』岩波書店

[原　二〇〇六]　原聖『ケルトの水脈』講談社

[ページ　一九九六]　レイ・ページ『ルーン文字』學藝書林

[ランソン　二〇一三]　ベルトラン・ランソン『古代末期、ローマ世界の変容』白水社

[Deyber 1994]　Deyber, Alain, L'armée de Vercingétorix, in A. Deyber et al., *Vercingétorix et Alésia*, Paris, Editions de la Réunion des Musées nationaux.

[Fleuriot 1980]　Fleuriot, Léon, *Les origines de la Bretagne*, Paris, Payot.

[Flobert 2002]　Flobert, Pierre, Latin-Frankish Bilingualism in Sixth-Century Gaul: The Latin of Clovis, in J. N. Adams et al. (eds.), *Bilingualism in Ancient Society. Language Contact and the Written Text*, Oxford University Press.

[Foster 2004] Foster, Sally M., *Picts, Gaels and Scots*, London, Batsford.

[Goudineau 1994] Goudineau, Christian, La Gaule après la défaite, in A. Deyber, et al. *op. cit*.

[Lambert 1995] Lambert, Pierre-Yves, *La langue gauloise*, Paris, Errance.

[Lot 1947] Lot, Ferdinand, *La Gaule*, Paris, Fayard.

第Ⅲ部　地域の枠組みを問う

戦国期南奥の政治秩序

阿部 浩一

はじめに

本章では、戦国期の南奥地域を素材に奥羽・東北史を見つめなおし、「奥羽」「東北地方」という枠組みの相対化を図るとともに、戦国社会をとらえなおす論点の提示を試みる。

中世東北史においては近年、奥羽としての一体性よりも、内在する地域的差異に目が向けられるようになっている。最近の入間田宣夫の整理によれば、中世前期に形づくられた中世奥羽の地域区分の四地帯のうち、第一地帯に区分される地域がほぼ現在の福島県に重なるという［入間田 二〇一二］。

一方、中世史研究にあっては近年、「南奥」という呼称が定着しているが、これは現在の福島県域を前提にしつつも、さらなる広がりをもってとらえられている。伊達《だて》氏が室町時代から出羽国に領土を拡大していること、米沢に拠点を移したあとに奥州探題に任じられていることなどから、小林清治は黒川・宮城郡以南と出羽国置賜《おきたま》郡を含めた地域を便宜上「南奥」と呼んでいる［小林 二〇〇二］。小林はさらに、陸奥南部に侵攻した佐竹氏などを視野に入れながら、南奥州から北関東を一つの政治的世界ととらえることを提唱している［小林 二〇〇四］。北関東最大の勢力である佐竹氏の白川領南郷進出に関する近年の研究の進展［佐々木 二〇一一a］は、伊達氏を軸に論じられてきた戦国期南奥史研究にもう一つの重要な視座を提示している。

このような研究動向を踏まえつつ、高橋充は戦国期における地域権力の連合体制が一極集中ではなく、関東の佐竹と奥羽の伊達という二大勢力に分裂して形成される政治過程を追究し、戦国期南奥の特質を、東北地方（奥羽）の一部でありながら、地理的に近い関東（あるいは北陸）の影響を強く受ける「奥羽と関東のはざま」という点に求めている［高橋 二〇一三］。これは室町後期の政治秩序について、北の奥州探題を中心とした秩序と南の古河公方を中心とする秩序の境目に南奥地域があったとする垣内和孝の指摘［垣内 二〇〇六］とも相通じるものである。関東と奥羽の二つの政治的中枢の「はざま」に位置し、いずれからも辺境、周縁部にあったという中世南奥の地域的特質が、陸奥《むつ》国に守護が不設置であったという歴史的条件や、山間部を縫って流れる河川が形成する小盆地群と沿岸部の狭小な平野に限られるという自然地理的条件とあいまって、広域を支配する地域的統一権力の登場を阻み、室町期における国人一揆・国人連合の発達［伊藤 一九七八］という土壌を育んだのであり、それが戦国末段階にいたっても南奥羽全体を統一的に支配する戦国大名が出現せず、なお大名・郡主が併存し、容易に滅亡しなかったという現象［小林 二〇〇三a・二〇〇四］につながっていったとみることができよう。

ところで、小林は戦国末の段階にいたってもなお大名・郡主が容易に滅亡しなかった主たる要因を、郡主・大名連合が中人《ちゅうにん》（調停者・仲裁人）による調停機能によって講和を実現し、一定地域にわたる平和秩序を保持しようとした点に見出している［小林 二〇〇三a・二〇〇四］。中人制とは、中世後期の紛争解決手段の最も一般的なパターンであり、紛争当事者双方が中人と呼ばれる第三者にその解決を委ね、その調停によって和解し、「無為《ぶい(むい)》」に収めるものである［勝俣 一九七六］。

近年、山田将之は、中人による紛争解決方法が「奥州ノ作法」と呼ばれていたことに着目し、南奥地域での中人制に基づく紛争解決の事例を網羅的に蒐集して詳細な分析を加え、中人制秩序こそが南奥地域独特の展開であったと積極的に評価している［山田 二〇〇九］。「奥州ノ作法」という文言が、戦国最末期の段階で登場する一例にすぎないこと、それが講和後の使者の派遣と贈答儀礼を指していると解釈できることを鑑みれば、中人制＝「奥州ノ作法」と理解することにはなお慎重でありたいが、中人制秩序の展開に戦国期南奥の独自性を見出そうとする視点は重要と考える。

そこで本章では、戦国期の南奥世界を読み解く鍵として中人制に着目し、中人制が独自に展開した政治世界とその歴史的展開を通して、地域の視座から「奥羽」「東北地方」という枠組みを相対化し、その歴史的意義を追究することとしたい。

一 戦国期南奥の紛争解決システム——中人制秩序の形成

中人制の事例

表1は、山田が蒐集した事例をもとに作成した表に関連史料と追加事例を加え、さらに二〇一一年に新発見文書として公にされた「遠藤家文書」［白石市 二〇一一］の事例を追加して再構成したものである（以下、本文中の「事例＋番号」は本表に対応する）。

南奥のおもな大名・郡主がほぼ例外なく紛争当事者となり、また中人として和睦の籌策《ちゅうさく》に乗り出していることがわかる。戦国社会で紛争の和睦を促す中人の調停がみられたのは何も南奥だけに限った話ではないが、一国規模の地域内でこれだけ多くの大名・郡主が互いに立場を入れ替えながら、紛争解決の中人となって和平を実現しようとした事例がみられるのは、南奥地域のきわめて特徴的な現象といえるのではないだろうか。また、南奥に勢力を拡大する常陸《ひたち》の佐竹氏ばかりでなく、白川氏との関係から下総の結城氏が中人になっていることも、南奥と北関東との政治的一体性を示すものといえよう。

ところで、中人制による紛争解決の事例は、山田も指摘するように、南奥における戦国状況の画期とされる天文十一〜十七(一五四二〜四八)年の天文の乱[2]〔小林 二〇〇三b〕の頃からおもにみられるようになるが、その結果を通覧すれば、紛争解決システムとして機能したかどうかの結果は不明、あるいは失敗している例も少なくない。それはすなわち、中人制という中世の法慣習に根ざした紛争解決の方法ではあっても、それが地域社会のなかで一定の合意のもとに機能するシステムとして確立するまでには紆余曲折のあったことがうかがえる。

中人制の発動

中人からの和睦の執成しは「籌策」「取刷(扱)」「媒介」「裁許」などと表現され、その大半が、第三者たる中人の側からの主体的働きかけによる。なかには「佐竹氏と岩城氏に仲介を頼みたい」(事例20)、「会津(蘆名《あしな》氏)から手紙が到来して、和平について執り成してほしいということであった」(事例35)というように、紛争当事者が第三者に依頼して中人になってもらう例も少なくなかった。

中世後期における中人制の介入の根拠は「近所の儀」にあるとされる〔勝俣 一九七六〕。紛争当事者の近隣の者であることが調停に乗り出す理由となっているわけだが、南奥諸氏の場合には「味方中の働きかけに

契機	結果	出典(山田作成表に準拠)
?(和談)	?	「首藤石川文書」『石川町史3』252号
仲裁(催促) 仲裁(使者)	○ ?	「岡本文書」『いわき市史8』35-124号
仲裁?(和睦)	○?	「首藤石川文書」『福島県史7』62-4号
仲裁?(走廻)	?	「遠藤石川文書」『福島県史7』49-60号
仲裁?(籌策)	○	『大日本古文書　伊達家文書』181号
仲裁?(籌策)	○	『大日本古文書　伊達家文書』163号
		「東京大学文学部蔵白川文書」『白河市史』255号 「岡本元朝家蔵文書」『福島県史7』8-126号 「岡本元朝家蔵文書」『福島県史7』8-136号 「岡本元朝家蔵文書」『福島県史7』8-143号
仲裁(籌策)	?	「伊達正統世次考」『米沢市史編集資料』第15号 184頁
仲裁(仲媒)	○	「伊達正統世次考」『米沢市史編集資料』第15号 186頁
仲裁(刷)	○	「首藤石川文書」『石川町史3』277号
仲裁(取刷)	○	「白河證古文書下」『白河市史5』793号 「白河證古文書下」『白河市史5』794号 「白河證古文書下」『白河市史5』795号
仲裁(刷)	?	「小原家文書」『石川町史3』251号 「伊達正統世次考」『米沢市史編集資料』第15号 113頁
仲裁(籌策) 仲裁(使僧)	○? ○	「角田石川文書」『福島県史7』61-68号
仲裁(催促)	?	「伊達正統世次考」『米沢市史編集資料』第15号 119頁
仲裁(裁許) 依頼(取成)	○ ○	「豊間文書」『白河市史5』908号
仲裁(籌策)	○	「東京大学白川文書」『白河市史5』800号 「東京大学白川文書」『白河市史5』915号
?	?	「首藤石川文書」『石川町史3』278号
依頼(籌策頼入)	?	「秋田藩家蔵文書参拾奥州文書二」『福島県史7』34-22号
仲裁?(申立)		「青山文書」『福島県史7』69-34号
仲裁(諫言) 仲裁(囮媒) 仲裁? 依頼?(田村より)	○ ○ × ○	「伊達正統世次考」『米沢市史編集資料』第15号 220-221頁
仲裁(諷諫)	○	「白河證古文書下」『白河市史5』848号
仲裁(取扱)	?	「岩城文書」『福島県史7』10-28号
仲裁(刷) 仲裁(意見)	? ?	「岩城文書」『福島県史7』10-27号
仲裁(籌策)	○	「伊達正統世次考」『米沢市史編集資料』第15号 228頁
仲裁	○	「伊達正統世次考」『米沢市史編集資料』第15号 230-232頁

表1　戦国期南奥の中人制による紛争解決

事例	山田 表番号	年次	月	日	紛争当事者 (甲)	紛争当事者 (乙)	中人
1	*1*	(天文初ヵ)	9	22	白川	二階堂	石川ヵ
2	*12*	(天文初ヵ)	11	27	岩城成隆 岩城成隆	佐竹義篤・ 伊達稙宗 佐竹義篤	蘆名・田村 伊達稙宗
3	*2*	(天文3～4ヵ)	3	12	伊達稙宗	白川義綱	蘆名盛舜，結城顕朝， 田村義顕，岩城
4	*3*	(天文10)	8	22	岩城重隆	佐竹義篤	江戸彦五郎
5	*4*	天文10	4	26	伊達晴宗	田村義顕・ 隆顕	相馬顕胤
6	*5*	天文10	5	23	田村義顕 (卜西)・隆顕	安積伊東	伊達稙宗・晴宗
7	*7*	天文10	6 9 10 12	26 末 3 6	白川直広 (晴広・晴綱)	佐竹義篤	岩城重隆
8	*8*	天文17	3	15	伊達晴宗	畠山	田村
9	*9*	天文17	7	26	二階堂照行	田村(隆顕ヵ)	蘆名盛氏
10	*10*	(天文17ヵ)	10	27	二階堂	田村隆顕	蘆名盛氏
11	*11*	天文20	7 7 7	11 11 16	蘆名盛氏	田村隆顕	畠山尚国，白川晴綱
12	*13*	天文年間	5	28	田村，岩城，二階堂，安積伊東，石川		伊達稙宗
13	*14*	天文年間	10	9	蘆名	猪苗代	伊達稙宗
14	*15*	天文年間	10	9	二階堂照行	白川	伊達稙宗
15	*16*	天文年間	4	6	佐竹，二階堂，石川，竹貫，岩城		伊達稙宗
16	*6*	(天文末～永禄8)	6	13	石川	(岩城ヵ)	佐竹義昭
17	*7*	(天文末～永禄8)	6	13	佐竹義昭	白川晴綱	(岩城ヵ)
18	*17*		11	27	白川	石川	岩城
19	*18*		7	4	石川	二階堂	蘆名ヵ
20	*19*	(天文17ヵ)	9	11	白川ヵ	石川	佐竹・岩城
21	*20*		3	23	二階堂，安積伊東(，田村ヵ)		伊達稙宗
22	*21*	弘治末～永禄初ヵ	7	24	田村	相馬	伊達稙宗
23	*22*	その翌年	6	3	田村	相馬	岩城宣隆(のち親隆)
24	*23*	その後	?		岩城	相馬	田村 伊達晴宗
25	*24*	(永禄1)	7	24	白川	佐竹義昭	那須資胤
26	*25*		4	5	佐竹義昭	白川晴綱	岩城宣隆(のち親隆)
27	*26*		8	1	二階堂照行 相馬	白川晴綱 岩城宣隆 (のち親隆)	岩城宣隆(のち親隆) 田村隆顕
28	*27*		5	26	伊達晴宗	伊達稙宗	最上義守(栄林)，二階堂盛義，岩城重隆(明徹)，蘆名盛氏，田村清顕
29	*28*	永禄8ヵ	8	20	伊達輝宗	蘆名盛氏・ 盛興	岩城親隆

		「伊達家文書」『福島県史７』99-101号 「伊達家文書」『福島県史７』99-102号 「伊達家文書」『福島県史７』99-103号
仲裁(調法)	?	「新編会津風土記所収文書」『福島県史７』126-206号
仲裁(調策)	?	「新編会津風土記所収文書」『福島県史７』126-210号
仲裁(厄介)	△	「仙台結城文書」『白河市史５』939号
仲裁(計策)	○	「首藤石川文書」『石川町史３』329号
		「山川文書」『新潟県史５』3771号
依頼(無事扱)	?	「伊達輝宗日記」『福島県史７』99-122号 「伊達輝宗日記」『福島県史７』99-122号 「性山公治家記録」『伊達治家記録１』216頁 「伊達輝宗日記」『福島県史７』99-122号 「伊達輝宗日記」『福島県史７』99-122号
仲裁(申入)	×	「大槻文書」『石川町史３』343号 「松藩捜古所収文書」『石川町史３』344号 「松藩捜古所収文書」『福島県史７』92-30号
 仲裁(調策) 仲裁(侘言→策媒) 仲裁(裁許) 仲裁(裁許)	 × × ? ○	「伊達輝宗日記」『福島県史７』99-122号 「伊達家文書」『三春町史７』20-12号 「性山公治家記録」『伊達治家記録１』221頁 「伊達家文書」『三春町史７』20-31号 「性山公治家記録」『伊達治家記録１』221頁
依頼(相承)	×	「瀬谷文書」『白河市史５』925号
		「白河證古文書下」『白河市史５』926号
依頼(侘言→執扱) 依頼(侘言→執扱)	○ ○	「性山公治家記録」『伊達治家記録１』228頁
仲裁(以使僧申理) 仲裁(取扱)	 ×	「伊達家文書」『福島県史７』99-127号 「性山公治家記録」『伊達治家記録１』236頁 「松藩捜古所収文書」『福島県史７』92-26号 「伊達家文書」『三春町史７』20-14・15号,「性山公治家記録」『伊達治家記録１』239頁
仲裁(媒介)	○	「伊達家文書」『いわき市史８』102-4号
仲裁(中人)		「伊達家文書」『いわき市史８』102-5号
依頼(侘言→催促)	○	「伊達家文書」『福島県史７』99-140号
仲裁(籌策)	○	「早稲田大学白川文書」『白河市史５』936・937号 「白川古事考所収文書」『福島県史７』56-6号
仲裁(意見)	?	「新編会津風土記巻之七」『白河市史５』946号
仲裁(扱) 仲裁(異見)	? ×	「性山公治家記録」『伊達治家記録１』254頁 「伊達家文書」『福島県史７』99-146号 「性山公治家記録」『伊達治家記録１』256頁 「遠藤家文書」『伊達氏重臣遠藤家文書・中島家文書』７号 「遠藤家文書」『伊達氏重臣遠藤家文書・中島家文書』35号 「性山公治家記録」『伊達治家記録１』256頁 「遠藤家文書」『伊達氏重臣遠藤家文書・中島家文書』25号, 「性山公治家記録」『伊達治家記録１』257頁 「遠藤家文書」『伊達氏重臣遠藤家文書・中島家文書』19号 「性山公治家記録」『伊達治家記録１』258頁 「伊達家文書」『福島県史７』99-148号 「性山公治家記録」『伊達治家記録１』258頁 「遠藤家文書」『伊達氏重臣遠藤家文書・中島家文書』36号

		永禄9	1	10			
			1	10			
			2	1			
30	*29*	永禄7頃～天正5	5	12	相馬	伊達	岩城親隆
31追加			8	17	相馬	伊達	岩城親隆
32	*35*	(永禄10頃ヵ)	2	24	白川	岩城	佐竹義重
33	*30*	(元亀3ヵ)	5	12	蘆名盛興	石川	佐竹義重
34追加		(天正元)	⑦	4	蘆名盛氏	佐竹義重	上杉謙信
35追加	*31*	天正2	3	5	佐竹・蘆名・田村		伊達輝宗
追加			3	6			
			3	13			
追加			3	13			
追加			3	19			
36	*33*	(天正2ヵ)	3	10	田村清顕	石川昭光	伊達輝宗
			4	5			
追加			4	9			
37追加	*32*	(天正2)	4	20	畠山義継	伊達輝宗	田村清顕
			6	22			
			7	4			
						(伊達晴宗)	
38	*34*	(天正2ヵ)	11	11	佐竹義重	田村清顕	白川義親
39追加		(天正2)	⑪	7	蘆名盛氏，白川義親，佐竹義重		上杉謙信
40追加		天正3	3	4	畠山義継	伊達(実元) 田村清顕	蘆名盛隆
41追加		(天正4ヵ)	9	13			
	36	天正4	10		伊達輝宗	相馬盛胤	田村清顕
追加			10	19			
追加		(天正5)	2	22			
42	*37*	(天正5ヵ)	12	3	相馬	伊達輝宗	田村清顕
43追加		天正5～6ヵ	11	27	?	?	田村・岩城
44	*38*	天正6～7ヵ	7	26	石川昭光	田村清顕	白川義親，蘆名盛隆
45	*40*	天正6	8	19	佐竹義重	白川義親	結城晴朝
			11	13			
46追加		(天正8ヵ)	5	晦	白川	佐竹	岩城
47	*41*	天正10	3		田村清顕	蘆名盛隆， 二階堂	伊達輝宗・政宗
	42	(天正10ヵ)	4	1	田村清顕	佐竹義重， 蘆名盛隆， 二階堂	伊達輝宗
追加							
追加							
追加			4	5	(田村)	(佐竹)	(結城)
追加			4	9			
追加							(白川)
追加			4	13			
追加			4	15	(田村)	(佐竹)	

仲裁(意見)	○	「遠藤家文書」『伊達氏重臣遠藤家文書・中島家文書』37号 「遠藤家文書」『伊達氏重臣遠藤家文書・中島家文書』10号 「遠藤家文書」『伊達氏重臣遠藤家文書・中島家文書』24号,「性山公治家記録」『伊達治家記録１』259頁 「伊達家文書」『福島県史７』99-149〜152号,「性山公治家記録」『伊達治家記録１』260頁 「秋田藩家蔵文書参拾奥州文書二」『福島県史７』34-15号
仲裁(籌策)	○	「小川家文書」『いわき市史１』4-7号
仲裁(仰越)	?	「佐竹文書」『福島県史７』143-25号
仲裁(籌策)	○	「鈴木惣栄門氏所蔵文書」『古川市史７』365号
仲裁(籌策)	?	「新編会津風土記所収文書」『福島県史７』126-8号 「性山公治家記録」『伊達治家記録１』267頁 「伊達家文書」『いわき市史８』102-12号,「性山公治家記録」『伊達治家記録１』267頁 「伊達家文書」『いわき市史８』102-11号,「性山公治家記録」『伊達治家記録１』267頁
仲裁(籌策)	×	『歴代古案』398
仲裁(扱)	○	「性山公治家記録」『伊達治家記録１』268頁 「性山公治家記録」『伊達治家記録１』268頁 「性山公治家記録」『伊達治家記録１』269頁 「伊達家文書」『福島県史７』99-160号,「性山公治家記録」『伊達治家記録１』269頁 「楓軒文書纂合編白河石川文書」『石川町史３』398号
仲裁(窮屈)	?	「蓬田文書」『福島県史７』70-6号
仲裁(裁許)	○ ○	「遠藤家文書」『伊達氏重臣遠藤家文書・中島家文書』33号 「伊達家文書」『福島県史７』99-142〜144号
依頼(侘言→異見)	?	「伊達家文書」『福島県史７』99-164号
? 仲裁(取合・媒介)	○ ○	「早稲田大学白川文書」『白河市史５』961・962号
仲裁(走廻)	?	「白川古事考所収文書二」『福島県史７』56-4
仲裁	?	「佐竹文書」『福島県史７』143-13号
仲裁(媒介)	○	『歴代古案』1273号 「瀬谷文書」」『白河市史５』968号 「東京大学白川文書」『白河市史５』994号 「登米伊達家文書」『仙台市史10』41号,「貞山公治家記録」『伊達治家記録１』312頁 「貞山公治家記録」『伊達治家記録１』312頁 「引証記」『仙台市史10』42号,「貞山公治家記録」『伊達治家記録１』312頁 「合編白河石川文書」『白河市史５』972号 「貞山公治家記録」『伊達治家記録１』313頁 「遠藤家文書」『伊達氏重臣遠藤家文書・中島家文書』５号 「新編会津風土記巻之七」『白河市史５』974号 「新編会津風土記巻之七」『白河市史５』976号 「新編会津風土記巻之七」『白河市史５』977号 「新編会津風土記巻之七」『白河市史５』978号 「引証記」『仙台市史10』88号 「新編会津風土記」『福島県史７』126-22号
依頼(仰含→取計)	?	「貞山公治家記録」『伊達治家記録１』325頁 「貞山公治家記録」『伊達治家記録１』328頁 「貞山公治家記録」『伊達治家記録１』331頁

追加			4	17	(田村)	(佐竹)	
追加			4	18			
追加							
			5	11	田村清顕	佐竹義重，蘆名盛隆	伊達輝宗(，結城，白川)
追加		(天正12ヵ)	2	1			
48	*39*	天正 6 ～	5	晦	田村清顕	岩城常隆	相馬
49追加		(天正10)	6	1	伊達輝宗	相馬	佐竹義重
50	*43*	(天正10ヵ)	8	7	最上義光	(伊達輝宗ヵ)	田村清顕
51	*44*	(天正12)	3	25	伊達輝宗	相馬	岩城常隆
追加			4	9			
			4	10			
			4	12			
52	*45*	(天正12ヵ)	3	28	伊達輝宗	相馬ヵ	佐竹・岩城・田村
53	*45*	天正12	5	下	伊達輝宗	相馬義胤	田村清顕・佐竹・岩城
			5	27			
			7	上			
追加			7	10			
追加			8	24			
54	*46*	(天正13以降ヵ)	3	13	田村	蘆名	伊達輝宗
55追加	*47*	(天正13)	3	13	蘆名・岩城・田村		伊達政宗，佐竹義重
			3	14			
56	*48*	(天正年間ヵ)	8	14	田村清顕	岩城	畠山義継
57	*49*	(天正年間ヵ)	4	13	白川	石川昭光	？(佐竹義重ヵ)
					石川昭光	佐竹義重	白川
58	*50*	(天正年間ヵ)	3	9	田村清顕	白川	？
59追加		(天正年間ヵ)	1	23	田村	佐竹	結城晴朝，白川義親
60	*51*	(天正14)	2	8	畠山国王丸	伊達政宗	相馬義胤(，白川義親)
			5	19			
			6	8			
			7	4			(伊達実元・亘理元宗・白石宗実)
追加			7	5			
			7	7			
			7	12			
追加			7	16			
追加			7	24			
			7	28			
追加			7	29			
追加			8	5			
追加			8	5			
追加			12	5	佐竹・蘆名	伊達政宗	田村・相馬
		(天正15)	4	17			
61追加		天正15	4		岩城	相馬	伊達政宗
追加			4	25			
追加			6	7			

仲裁(取刷)	○	「柴田家文書」「伊達家文書」「引証記二」『仙台市史10』113〜115号
仲裁(媒介)		「貞山公治家記録」『伊達治家記録１』433頁
		「郡山家文書」『仙台市史10』297号, 「貞山公治家記録」『伊達治家記録１』433頁
		「貞山公治家記録」『伊達治家記録１』436頁
		「貞山公治家記録」『伊達治家記録１』437頁
		「貞山公治家記録」『伊達治家記録１』437頁
		「貞山公治家記録」『伊達治家記録１』441頁
	○	「伊達家文書」『石川町史３』439号
		「貞山公治家記録」『伊達治家記録１』441頁
		「貞山公治家記録」『伊達治家記録１』442頁
		「伊達家文書」『石川町史３』440号
		「貞山公治家記録」『伊達治家記録１』443頁
		「貞山公治家記録」『伊達治家記録１』443頁
		「伊達家文書」『いわき市史８』102-14号
		「貞山公治家記録」『伊達治家記録１』444頁
		「新編会津風土記所収文書」『いわき市史８』94-1号
		「貞山公治家記録」『伊達治家記録１』445頁
		「歴代古案」762号
		「貞山公治家記録」『伊達治家記録１』446頁
		「蓬田家文書」『石川町史３』444号
		「新編会津風土記巻之六」『福島県史７』126-211号
		「伊達日記」『群書類従』第21輯　224頁
		「引証記」八『仙台市史10』378号, 「貞山公治家記録」『伊達治家記録１』489頁
		「引証記」八『仙台市史10』379号, 「貞山公治家記録」『伊達治家記録１』489頁
		「引証記」八『仙台市史10』380号, 「貞山公治家記録」『伊達治家記録１』489頁
		「伊達家文書」『仙台市史10』404号, 「貞山公治家記録」『伊達治家記録１』502頁
		「宮城県図書館所蔵文書」『仙台市史』405号

＊事例48について, 岩城常隆が当主となったのは天正６年以降であるが,「惣無為」という語句が使われる政治状況や, 相馬と伊達の対立がうかがわれることから, 事例47とかかわる可能性も想定し, 順番を移した。

＊事例51について, ４月12日岩城常隆書状を『いわき市史８』は天正11年に比定,「性山公治家記録」は天正12年に項目を立てている。

＊事例52について,『仙台市史10』は天正11年か12年とする。内容的に事例51・53とかかわると思われるが, さしあたり別項に立てる。

＊表中の月の欄丸数字は閏月を示す。

62	*52*	(天正15)	6	15	蘆名義広	上杉景勝	佐竹義重
63追加	*53*	(天正16)	7	2	伊達政宗	佐竹義重，蘆名義広	岩城常隆，石川昭光
追加			7	3			
追加			7	4			
追加			7	5			
追加							
追加			7	10			
追加			7	14			
追加			7	16			
追加			7	18			
追加			7	19			
			7	20			
追加			7	21			
追加			7	23			
追加			7	25			
追加			7	26			
追加			7	27			
追加			7	28			
追加		(天正16ヵ)	8	1			
追加							
追加		(天正17)	2	21			
追加							
追加							
追加		(天正17)	4	17			
追加		(天正17)	4	18			

*事例16・17は,『白河市史5』が白川直広とし,『同』757・759号で天文11年に晴広と改名,765号で天文12年に晴綱と改名していること,菅野郁雄『戦国期の奥州白川氏』によれば天文末～永禄期に3度，佐竹義昭の南郷侵攻があること，義昭が永禄8年に没することから，さしあたり天文末～永禄8年頃とした。

*事例20について，小林清治『戦国大名伊達氏の研究』87頁は，文言から天文の乱終息を示す文書として，天文17年に推定している。

*事例32について，佐々木倫朗『戦国期権力佐竹氏の研究』239頁は，佐竹・白川間の親密な関係と，石川道堅帰住問題との関わりから，永禄10年頃とする。

*事例44について，小林清治『奥州仕置と豊臣政権』73頁注(34)は天正6～7年，おそらく6年と推定している。

よって、蘆名氏と相馬氏の縁者が中人になった」(事例43)、「(伊達)稙宗《たねむね》としては諸家に対して親疎を分けることはできないので、和平をとりなしたい」(事例12)、「骨肉のことなので、きっと事がうまく行くであろう」(事例13)とあるように、紛争当事者との姻戚関係が重視されていた。

かつて小林が諸家婚姻系図[小林 一九七八]で示したように、南奥諸氏の間では入嗣《にゅうし》・婚姻関係が複雑に取り結ばれていた。後世の編纂物ではあるが、『伊達治家記録』は「総じて当時の南奥諸家は遠国と婚姻を結び難かったため、近国隣郡との間でのみ、自らのためを考えて婚姻関係を結んでいる」と評している(「性山公治家記録」天正二年正月三十日条)。山田は中人制と婚姻関係との間に相関関係があることを指摘しているが[山田 二〇一〇]、南奥諸氏の通交では「累代重縁」「骨肉」「入魂《じっこん》」といった言葉が繰り返し強調されており、このような幾重にも結ばれた入嗣・婚姻関係こそが、中人制秩序の素地を形づくったことは確実である。南奥諸氏との積極的な入嗣・婚姻政策を推進したのは伊達稙宗であるが、その稙宗が子の晴宗《はるむね》と争った天文の乱を機に中人制が表舞台に登場してきたというのも象徴的である。

中人決定から和睦まで

紛争当事者はつねに中人による調停の申し入れを受け入れるとは限らない。事例36によれば、天正二(一五七四)年頃、伊達輝宗《てるむね》が弟石川昭光《あきみつ》のために「無事」を働きかける使者を送ったところ、田村清顕《きよあき》は「不通」すなわち通交を拒絶した。輝宗によれば、以前に二階堂氏の「無事」について申し入れたときも、佐竹氏と話を進めているとして、使者を押し返されたことがあったという。年未詳であるが、輝宗が田村と北口(大内氏)の相論を仲裁しようと種々意見におよんだが、「信用されないのであればどうしようもできない」ということもあった(「佐竹文書」『福島県史』資料編七、一四三―二四号)。

同じ頃、伊達実元《さねもと》に八丁目城を奪われた二本松城主畠山義継《よしつぐ》は五〇騎の軍役負担を条件に講和を求め、今度は田村清顕が仲裁したものの、輝宗は拒絶している(事例37)。天正七(一五七九)年の政宗と清顕女の愛姫の婚姻後も、相馬盛胤《もりたね》と伊達政宗《まさむね》の双方と姻戚関係にあった清顕が執り成そうとしても、輝宗は和睦条件が望みにかなわないとして了承しなかった(事例53)。中人制を成り立たせるためには婚姻関係だけでは不十分で、当事者同士の「信用」、和睦条件を探る交渉術といった高い外交能力など、様々な要件があったのだろう。

いったん中人が決まったのち、その要請によってさらに複数の中人が立てられることもあった(事例2・44など)。事例35では、紛争当事者の一人である蘆名氏の依頼により伊達氏が中人となり、佐竹・蘆名・田村三氏の「無事」を定め、そのあとに使者を派遣し、続いて講和条件を詰めている。講和条件が合意にいたれば、さらに起請文や神水の交換、開陣、御礼の使者の派遣などがおこなわれた〔小林 二〇〇六〕。

和平維持の努力

こうした諸手続きのもとに苦心して成立したにもかかわらず、和睦は長続きすることなく、和睦に違約したという理由で軍事的制裁が発動されることにより、大名・郡主間の合戦は絶え間なく繰り返された。それでも、当事者の間ではできる限り和平を維持しようという努力が払われていた〔粟野 一九九八・山田 二〇〇九〕。

事例2では、岩城氏と佐竹氏の紛争に伊達氏が佐竹方として加担し、蘆名氏と田村氏の仲裁によって和睦が成立した。その後、岩城氏が講和条件を破って佐竹氏と対立していた江戸氏に加担したことから、伊達稙宗は佐竹義篤《よしあつ》と相談し、岩城を攻撃するのが道理であるが、和睦が成立して間もないのに再乱となるのは世間の聞えもよくないとして、岩城・佐竹両家に使者を送って双方の和睦を促している。

事例32では、佐竹義重《よししげ》の仲裁で白川・岩城間に「無事」「一和」が成立したにもかかわらず、その後の通交がないことを危惧した佐竹家臣和田昭為《あきため》が白川家臣和知《わち》右馬助に対し、世間の風評からもいかがかと思うので、岩城と佐竹の両属の立場にあったとされる舟尾昭直〔佐々木 二〇一一a〕を介して通交を再開するよう促している。

いずれも「世間の申し事」「世間の申し唱え」「外聞奈何」という世評に訴えかけるに留まってはいるものの、いったん成立した和睦を尊重することで再乱の勃発を自制しようとする南奥諸氏の意識の表れととらえておきたい。事例63で、天正十六(一五八八)年の郡山合戦の和睦を執り持ちながら、翌年に田村領への侵攻を企てて合戦の当事者となった岩城常隆を、伊達政宗は「前代未聞」と厳しく非難していることは、戦国最終段階にいたっても、なおそうした意識が根強く残っていたといえよう。

二　戦国期南奥における「無事」の展開

前節では、戦国期南奥の中人制について、広範に展開されていた入嗣・婚姻関係を基盤としていたこと、中人の申し入れが必ずしも受け入れられるとは限らず、和睦も長続きせず破棄されることが多かったが、和睦を尊重し、再乱の勃発を自制しようとする意識もあったことなど、不安定ながらも地域社会のなかの紛争解決システムとして一定の機能を果たしていたことを論じた。今度は、戦国期の南奥社会が地域的統合に向かう最終局面において、それまでの中人制秩序がどのように変質していったのかを検証することにしたい。

先の高橋の指摘にもあるように、戦国期南奥では北から伊達氏、南から佐竹氏によって統一の動きが進められていった〔高橋 二〇一三〕。伊達氏の場合、『塵芥集《じんかいしゅう》』を制定したことで名高い稙宗が擬制的な族縁的地縁集団である家中＝「洞《うつろ》」〔市村 一九八一〕の論理の延長上に地域的統一をめざし、積極的な入嗣・婚姻政策を進めた。入嗣・婚姻による地域的統合の動きは天文の乱で挫折するが、晴宗政権を支えた実力者中野宗時《むねとき》・牧野久仲《ひさなか》父子を元亀の叛で排除した輝宗《てるむね》が遠藤基信《もとのぶ》を側近に登用し、田村氏などの和議斡旋を拒絶して相馬氏との長期にわたる抗争を繰り広げるなど、武力による拡大路線を推進していった。

一方の佐竹氏も天文年間から白川領南郷への侵攻を繰り返し、天正六（一五七八）年には結城晴朝の仲裁で白川氏と講和し、佐竹義重次男（のちの義広）を白川名跡と定めた（事例45）。佐竹氏と白川氏の講和および接近は南奥の政治秩序に多大な影響を与えたようで、それまで佐竹氏と対立していた蘆名氏は二階堂氏に対し、田村氏と合力していても程なく滅亡にいたるので、自分たちと同じように佐竹氏と結ぶよう勧める（「初瀬川文書」『福島県史』資料編七、一〇九-一号）など、佐竹氏との提携路線へと大きく転換した。そして二階堂氏から蘆名氏に養子入りした盛興の段階になると、佐竹・白川・蘆名・二階堂の入嗣・婚姻関係に基づく連合体制は明確化していった。

このような南奥の動静は、⑴天正九（一五八一）年に武田勝頼から上杉景勝に「佐竹義重が奥口を残らず望みのままにした」（「上杉家文書」『新潟県史』資料編三、七三八号）という情報として伝えられ、⑵武田氏の許では「佐竹氏が奥州を統一したとの聞えがある」（佐々木倫朗の教示、「真田家文書」『群馬県史』資料編七、三〇六五号）といった言説が流布していた。⑶佐竹義重自身も上杉景勝に「〔佐竹氏が〕奥州を統一したことをお聞きにはなっておりませんか」（「伊佐早文書」『福島県史』資料編七、一二五-二〇号）と伝えている。

ところで、菅野郁雄は(3)を天正十一(一五八三)年に年代比定し、去春の「奥州一統」とは先の天正九年に比定される(1)(2)のことであり、それは事例47にみえる、佐竹・蘆名による田村攻めと伊達輝宗らの仲裁による「惣無事」を指すものとして、天正十(一五八二)年の記事として掲載する「性山公治家記録」の記述は誤りとした[菅野 二〇一〇]。「去年」が一年前、「去春」が二年前の史実を指すという史料解釈には疑問が残るものの、佐竹氏による「奥州一統」と、事例47の佐竹・蘆名・田村・伊達らによる「惣無事」を関連づけた指摘は重要である。そこで以下、南奥の惣無事の事例を検証した戸谷穂高の研究[戸谷 二〇〇八]も踏まえつつ、検討してみよう。

南奥の惣無事史料

南奥関係の史料で「惣無事」という言葉がでてくるのは、天正五(一五七七)年に上杉謙信が佐竹氏と蘆名氏の和睦を仲裁しようとした史料(「山川文書」『新潟県史』資料編五、三七七一号)が初見とされる[戸谷 二〇〇八・菅野 二〇〇九]。謙信は佐竹と蘆名の和睦を図りつつ、白川や田村を含めて和睦させることを「一統に惣無事」と呼んでいる。

つぎに、南奥で「惣無事」が成立した事例47を検討する。すでに佐々木倫朗が事例紹介をしているが[佐々木 二〇一一b]、あらためて事実関係を整理したのが**表2**である。

経緯を要約して説明しておくと、蘆名・佐竹・二階堂氏と田村氏の間ではいったん和議が成立したものの、蘆名氏と佐竹氏が田村氏を攻め、蘆名氏は伊達氏などの仲裁を拒絶する姿勢を示した。和睦交渉は佐竹氏と田村氏の間で先行し、田村方の伊達氏と佐竹方の結城氏の使者による相談、伊達方からの田村氏への働きかけが両者の和睦に結実した。もう一つの蘆名・二階堂氏と田村氏の和睦交渉も、伊達家臣が双方の陣営に張りつき、使者や飛脚を通じて輝宗の意思が伝えられ、蘆名盛隆も不本意ながら和睦を受け入れて兵を引き上げたというものである。

佐竹氏に加勢して在陣し和平交渉にかかわった白川氏、対蘆名・二階堂氏と対佐竹氏の二つの紛争を一気に解消した田村氏は、ともに一連の和睦を「惣無事」と呼んでいる。それまでも複数の家が中人に立って仲裁にあたる例は散見されたが、蘆名・二階堂氏と田村氏、佐竹氏と田村氏という複数の対立の図式が絡み合うなかで、第三者たる伊達氏と結城氏、白川氏が仲裁役として執り成して一度に和睦を成立させ、結果として南奥の関係諸氏がほぼ一堂に介し、一統に「無事」となったこと、これこそが「惣無事」たる所以であろう。

三 「南奥惣無事体制」の成立と展開

「南奥惣無事体制」の成立

事例47の「惣無事」を機に、南奥諸氏の参画のもとで戦争の拡大が回避され、一時的ではあっても和平が生み出されることになった。紛争当事者と近隣もしくは縁故にある第三者が個々に仲裁を執り成す中人制は、おもだった南奥諸氏の参画により複数の対立の解決が同時になされ、「惣和」が実現するという新たな段階に入ったことになる。この「惣無事」は、南奥地域における紛争解決・平和秩序のあり方の一つの到達点を示すものであると理解し、本章ではこれを「南奥惣無事体制」と呼ぶことにしたい。

「南奥惣無事体制」のもとでは、南奥諸氏の友好関係が模索されるとともに、南奥統一の気運が高まることとなった。すでに武田・上杉氏の間では佐竹氏による「奥州一統」の情報が取沙汰されていたが、天

⑨			大内定綱→伊達輝宗	伊達が小斎を手中にしたことを祝し，無事の扱いが半ばで遅れていることを伝える。	「伊達家文書」『福島県史７』99‒148号
⑩			大内定綱→伊達家臣遠藤基信	伊達が相馬と戦い，小斎を手に入れたことに祝辞を述べたいが，こちらの無事の交渉が半ばなので遅れていると伝える。	「性山公治家記録」『伊達治家記録１』258頁
⑪	4	15	結城家臣松源寺・多賀谷→伊達家臣遠藤基信	田村・佐竹の無事の仲裁について，伊達家臣山誉斎が数日詰めて奔走している。田村と佐竹の和睦は伊達からの諫言にかかっている。	「遠藤家文書」『伊達氏重臣遠藤家文書・中島家文書』36号
⑫	4	17	佐竹家臣北(佐竹)賢哲→伊達家臣遠藤基信	当陣では結城がご相談を取り扱われていて，田村が一和を申しているので，仕置については味方中で相談し，まもなく撤兵することになるだろう。	「遠藤家文書」『伊達氏重臣遠藤家文書・中島家文書』37号
⑬	4	18	蘆名盛隆→伊達家臣遠藤基信	伊達からの和睦の籌策について，不本意ながらも伊達の意見に任せることにする。	「遠藤家文書」『伊達氏重臣遠藤家文書・中島家文書』10号
⑭				蘆名・二階堂と田村の和睦の扱いについて，伊達碩斎・中島宗求を両陣営におき，使者・飛脚を通じて意見を伝え，この日に和睦が成立した。	「性山公治家記録」『伊達治家記録１』258頁
⑮			白川義親→伊達家臣遠藤基信	惣無事について，輝宗より重ねて使者の派遣と意見があり，落着した。伊達使者山誉斎はとくに長々と在留し，結城からも家臣多賀谷たちが和議にかかわった。今後は結城とも通交するよう，輝宗に取り成してほしい。田村清顕には月斎への処遇について意見しているが，なかなか合意にいたらないので，この１カ条について使者を立てて助言してほしい。	「遠藤家文書」『伊達氏重臣遠藤家文書・中島家文書』24号，「性山公治家記録」『伊達治家記録１』259頁
⑯			蘆名家臣金上盛満→伊達家臣遠藤基信	御代田方をでて，新田も17日に明け渡し，残る城からも兵を引く。交渉にあたった中島から聞いてほしい。	「性山公治家記録」『伊達治家記録１』259頁
⑰	5	11	田村清顕，田村家臣勝光寺正寿→伊達輝宗・政宗	佐竹・蘆名・田村の惣無事の件で，伊達が中途まで出兵する。伊達碩斎を通じての意見を受けて，清顕もそれに従い，無事が落着したことを謝す。	「伊達家文書」『福島県史７』99‒149～152号，「性山公治家記録」『伊達治家記録１』260頁
⑱	2	1	田村清顕→結城家臣	蘆名と新国の問題で，こちらに攻め寄せてくることが必至となったいま，以前の惣無事で起請文を交わした証跡すらなくなっており，思ってもみなかったことだが，その有効性を確認して何とか調停してほしいと求めているようである。	「秋田藩家蔵文書参拾奥州文書二」『福島県史７』34‒15号

表2　事例47

	月	日	差出人→受取人	概　要	出　典
参考				田村と二階堂の対立，二階堂盛義没，盛義子の蘆名盛隆が二階堂に加担し，佐竹と相談する。長沼で田村と争う。伊達は心もとなく思い，佐竹義重に内談し，結城晴朝や水谷勝俊へも同意を得て，三家の和睦の使者を送る。蘆名・磐瀬には中島，田村へは伊達碩斎，また山誉斎を佐竹へ遣わし，結城へも遣わす。	「性山公治家記録」『伊達治家記録1』254頁（天正十年条に掲載）
①	4	1	蘆名盛隆→伊達家臣遠藤基信ほか3名	蘆名は佐竹と相談して田村領の御代田を攻める。輝宗および伊達家臣からの「無事」の使者については拒絶の意思を伝える。それ以外にも「無事」の裁許の申し出があったが拒絶する。	「伊達家文書」『福島県史7』99-146号，「性山公治家記録」『伊達治家記録1』256頁
②			蘆名家臣金上盛満→伊達家臣遠藤基信	以前，長沼出陣時に三四家が同意し，伊達にも無事の件を仰せ届けたが，その後佐竹と相談して御代田を攻めた。こちらの様子は伊達使者の山誉斎が報告する。	「性山公治家記録」『伊達治家記録1』256頁
③			蘆名家臣須江実光→伊達家臣遠藤基信	佐竹と談合して田村領の御代田を攻め，近く落着する。伊達使者山誉斎は「無事」のことで来たが当陣に在宿がなかったため，執成におよばなかった。	「遠藤家文書」『伊達氏重臣遠藤家文書・中島家文書』7号
④	4	5	結城家臣松源寺祥意・多賀谷持宏→伊達家臣遠藤基信	先日伊達使者山誉斎が来たが，結城家臣の両名も当陣中において，佐竹と田村の一和に努力しており，条件をととのえるのが一方ならず遅延しているが，大方落着する。	「遠藤家文書」『伊達氏重臣遠藤家文書・中島家文書』35号
⑤	4	9	伊達政宗→伊達家臣桜田・大和田	桜田と大和田が長期間滞留しているところへ国井丹波を遣わす。石川にもかかわることなので，今後も滞留してほしい。会津に送った内馬場は，田村と同前とみなされて宿まで払われたので，戻るように伝えた。二人は格別なので今後もいてもらおうと思っている（『治家記録』は田村に滞留と解する）。	「性山公治家記録」『伊達治家記録1』256頁
⑥			白川義親→伊達家臣遠藤基信	田村領の御代田に二三家で出陣している。伊達氏からは山誉斎を使者に「無事」についての意見におよんだ。一和が事切れたのは残念である。そのままでは捨てがたいので，山誉斎と結城・相馬の使者が相談し，田村清顕に諫言した。	「遠藤家文書」『伊達氏重臣遠藤家文書・中島家文書』25号，「性山公治家記録」『伊達治家記録1』257頁
⑦	4	13	蘆名家臣中目盛常→伊達家臣遠藤基信	相馬筋で伊達が勝利を収めていることを喜ぶ。蘆名盛隆の出陣にあたり，輝宗から一和の裁許があり，使者たちの間で交渉半ばである。	「遠藤家文書」『伊達氏重臣遠藤家文書・中島家文書』19号
⑧			蘆名家臣金上盛満・佐瀬氏常→伊達家臣遠藤基信	伊達輝宗が「無事」のことについて書状で申し入れ，使者を派遣しているが，盛隆が聞かないので，できるだけ諫言する。	「性山公治家記録」『伊達治家記録1』258頁

正十年の織田信長による武田勝頼滅亡と関東侵入によってもたらされた対外的緊張は、伊達氏にも南奥の連合と盟主としての自覚を呼び起こすことになった。伊達輝宗《てるむね》は甥にあたる岩城常隆《つねたか》に、蘆名・最上をはじめ、奥口の諸家が伊達に同調すべきとする相談をもちかけ、そのためにも常隆が骨肉の間柄でもあり、同国の関係にもあるのでまず同心すべきだと説いている(「性山公治家記録」天正十一年〈年次比定は天正十年に修正〉)。小林は、関東にまで侵入し始めた信長権力への対応を東北・北関東の諸大名・国人が一体となって考えるべきことを伊達氏が主張しつつ、その連合の主導権を掌握しようとする意図を読み取り、それは奥州探題家の自覚と主張からでたものと指摘している〔小林 二〇〇八〕。

同じ頃、伊達家臣遠藤基信は佐竹義重に対し、今後は遠国同士であっても連携すれば万一の際にも役立つのではないかと伝えている(「佐竹文書」『福島県史』資料編七、一四三―二五号)。天正十三(一五八五)年三月には伊達氏が佐竹氏を誘い、中人として蘆名・岩城・田村の調停を図っているが、そこでも伊達と佐竹の友好関係が強調されている(事例55)。つづく四月の『伊達治家記録』の記事では、前年末に米沢の屋敷を引き払って勝手に塩松に帰ってしまった大内定綱《さだつな》の追討が取沙汰されたところ、輝宗は佐竹・蘆名・岩城・石川・白川が同調していることを理由に穏便な解決を図ろうとしたと記している。

この間、天正十〜十二(一五八二〜八四)年頃までは、伊達氏と相馬氏の間で戦闘状態が続いていた。田村氏による長年の調停は実らなかったものの、天正十二年五月に白川を通じて佐竹・岩城が中人に加わり、「一同ニ取扱」われたことで輝宗もその裁定に任せ、和睦にいたっている(事例53)ことも、「南奥惣無事体制」のもとでの成果の一つといえよう。

「南奥惣無事体制」の展開

こののち、南奥地域では天正十四(一五八六)年と十六年に「惣無事」があったが、いずれも伊達政宗の南下政策に、佐竹・蘆名を中心とする諸氏連合が対抗し、中人の仲裁のもとに「惣無事」が実現するという構図は基本的に同じであった。

天正十四年の「惣無事」(事例60)は、前年十月に畠山義継が伊達輝宗を巻添えに横死したことで、畠山氏を援護しようとする佐竹・蘆名・岩城・石川・白川氏の連合軍が伊達氏と対峙したものであった。天正十四年五月頃から相馬氏が仲裁に乗り出し、白川氏とともに佐竹氏に「惣和」を働きかけた。和睦は直接の当事者たる伊達・畠山間で実現し、ついで伊達と蘆名・佐竹の講和が実現するという二段階をとった〔小林 二〇〇六〕。紛争当事者である伊達氏から家老の伊達実元らが中人に加えられ、しかも紛争当事者の滅亡が回避されることなく、二本松畠山氏が滅亡に追い込まれるなどの異例の措置がとられたことから、中人制の限界をみる意見もあるが〔山田 二〇〇九〕、ここは田村・相馬・伊達などの使者が一堂に会し、最終的に南奥諸氏の「惣和」が成立したことを重視しておきたい。

天正十六年の郡山合戦(事例63)についての詳細は、小林〔小林 二〇〇六〕・戸谷〔戸谷 二〇〇八〕・山田〔山田 二〇一〇〕の研究に委ねたいが、岩城常隆が伊達・蘆名・佐竹の三家と姻戚関係にあった(「貞山公治家記録」天正十六年七月二日条)石川昭光を中人に誘って和睦がおこなわれ、所定の手続きのもとに「惣和」が成立した。政宗は争乱の発端となった田村家中の混乱の収拾にあたり、反伊達派の小野・大越氏の帰参を認めるかどうかについて、中人たる岩城氏の意見を尊重する姿勢を示している(「片倉代々記」『仙台市史』一〇、三四五号)。これも「南奥惣無事体制」の所産とみてよいであろう。

こうして、「南奥惣無事体制」のもとで南奥諸氏の「惣無事」「惣和」が繰り返されたが、この状況は天正十七(一五八九)年になって急展開する。岩城氏の「惣和」破棄に対し、田村領の保護に乗り出した政宗は相馬・岩城の動きを牽制し、さらに佐竹が出兵しない情勢をみて会津に攻め込み、磨上原《すりあげはら》の合戦で大敗した蘆名氏は滅亡に追い込まれた。さらに二階堂氏、白川氏、石川氏もつぎつぎに政宗の軍門に降った。中人が存在しえなくなったことで、岩城氏との講和は単独交渉でおこなわれた(「貞山公治家記録」天正十七年十二月朔日条)。「南奥惣無事体制」のもとで二度にわたる全面戦争での決定的打撃を回避した伊達氏が結果として南奥統一を実現することにより、南奥の中人制はその歴史的役割を終えることとなった。南奥地域は「惣和」から伊達氏の「無事」のもとで、豊臣政権と本格的に対峙する段階を迎えるにいたったのである。

おわりに

本章では、戦国期の南奥・北関東地域で広範に展開された「中人制」に基づく紛争解決システムが、天正期段階にいたって「南奥惣無事体制」へと結実し、戦国の最終段階にいたるまで南奥諸氏の併存状況を現出する役割を果たしたことを展望した。雑駁な整理ではあるが、最後に二つの点に触れることで結びに代えたい。

一つは「惣無事」というキーワードを取り上げた以上、藤木久志の提起した、豊臣政権の「惣無事令」[藤木 一九八五]との関係に触れざるをえない。本章では惣無事令の問題を正面から議論する準備は持ち合わせていないため、惣無事令の年代比定をはじめとするこれまでの研究史や論点、議論の推移などについての詳細は、最近の竹井英文の著作〔竹井 二〇一二〕に委ねたい。ただ、南奥の地域的特質を重視する立場からすれば、「惣無事」令論では各地域の特性・実情に対する考慮が希薄であるという問題点を指摘し、東国における「惣無事」を再検討した戸谷〔戸谷 二〇〇八〕の提言が重要と考える。戸谷は、本章で取り上げた「惣無事」を、豊臣政権以前からすでに東国で通用していた和睦の一形態と位置づけ、豊臣政権は「惣無事」実績の十分な南奥に対しては、地域内で成立した和睦をあとから追認していると評価するなど、豊臣政権の惣無事令の相対化を図る議論を展開している。藤井讓治による広域的・持続的性格をもつ「惣無事令」の否定〔藤井 二〇一〇〕、竹井による「東国政策としての惣無事」論が提起され、豊臣政権の「惣無事」のあり方自体の再検討が求められている現段階だからこそ、豊臣政権の成立以前から「惣無事」という和睦形態を独自に発展させていた東国、より正確にいえば本章で取り上げた南奥地域の歴史的意義があらためて問われるべきであろう。

もう一つは南奥の地域性という問題である。本章では南奥での中人制秩序、「惣無事」のあり方を追究するに留まり、そこから全国的視野からの比較検討にいたらなかったため、地域性を浮彫りにするまでにはいたらなかった。ただ、小林の構想した、南奥州から北関東を一つの政治的世界ととらえる視点の有効性[3]は再確認することができた。近年の古文書研究においては、南奥から北関東・越後におよぶ地域で大名間の外交文書として竪切紙《たてきりがみ》・横内折《よこうちおり》という独特な書状の形式が使用され、ある程度標準的なタイプであった可能性が指摘されている〔柳原敏昭の教示〕。十六世紀に擬制的地縁集団としての領主結合を意味する「洞」が北関東・奥羽・越後に集中して登場するという市村高男の指摘〔市村 一九八一〕なども踏まえると、南奥を奥羽・東北史の枠組みからいったん解き放ち、北関東・越後との親近性からとらえなおすことで、その独自の地域性がさらに浮彫りになってくるだろう。南奥地域史がより多くの研究者の関心を惹きつけ、さらなる研究の活況を生み出す一助となれば幸いである。

◆註

1 「伊達日記」中(『群書類従』第廿一輯、二二四頁)には「奥州の作法にて御無事御扱候衆へ双方より御禮仰られ候に付、片倉小十郎を岩城へ御禮のため指し越され候」(奥州の作法によって、和平を仲介した諸氏へ双方から御礼を伝えるにあたり、〔伊達氏は〕片倉小十郎を岩城氏への御礼のために遣わした)とある。

2 天文十一(一五四二)年、伊達稙宗と晴宗の父子の対立を発端として、家中を二分し、南奥諸氏を巻き込んでの大乱となった。晴宗方の勝利に終わり、晴宗は家督を継いで米沢に本拠を移した。

3 泉田邦彦「佐竹天文の乱における常陸江戸氏と南奥領主」(二〇一四年度東北史学会日本古代中世史部会報告)も、南奥と北関東をつなぐ研究視角の重要性を提起しており、戦国期南奥の中人制の新事例を紹介した点でも注目される。

◆参考文献

［粟野　一九九八］　粟野俊之「戦国期における合戦と和与」(中世東国史研究会編『中世東国史の研究』東京大学出版会)

［市村　一九八一］　市村高男「東国における戦国期在地領主の結合形態」(『歴史学研究』第四九九号、のち市村『戦国期東国の都市と権力』思文閣出版、一九九四年所収)

［伊藤　一九七八］　伊藤喜良「国人の連合と角逐の時代」(小林清治・大石直正編『中世奥羽の世界』東京大学出版会、のち伊藤喜良『中世国家と東国・奥羽』校倉書房、一九九九年所収)

［入間田　二〇一二］　入間田宣夫「総論　東北史の枠組みを捉え直す」(安達宏昭・河西晃祐編『講座東北の歴史　第1巻

争いと人の移動』清文堂出版）
［垣内 二〇〇六］ 垣内和孝『室町期南奥の政治秩序と抗争』岩田書院
［勝俣 一九七六］ 勝俣鎮夫「戦国法」（『岩波講座日本歴史』中世四、岩波書店、のち勝俣『戦国法成立史論』東京大学出版会、一九七九年所収）
［菅野 二〇〇九］ 菅野郁雄「天正五～七年頃の南奥地方史料文書の編年」（『福島史学研究』第六八号）
［菅野 二〇一〇］ 菅野郁雄「「十月五日付山内殿宛佐竹義重書状」考」（『福島史学研究』第七〇号）
［小林 一九七八］ 小林清治「大名権力の形成」（前掲『中世奥羽の世界』）
［小林 二〇〇一］ 小林清治「戦国期南奥の武士と芸能」（小林清治編『中世南奥の地域権力と社会』岩田書院）
［小林 二〇〇三a］ 小林清治『戦国期の南奥州』歴史春秋社
［小林 二〇〇三b］ 小林清治『奥羽仕置と豊臣政権』吉川弘文館
［小林 二〇〇四］ 小林清治「南と北の戦国争乱」（大石直正・小林清治編『陸奥国の戦国社会』高志書院）
［小林 二〇〇六］ 小林清治「伊達政宗の和戦」（『東北学院大学東北文化研究所研究紀要』第三八号、のち小林清治『伊達政宗の研究』吉川弘文館、二〇〇八年所収）
［小林 二〇〇八］ 小林清治『戦国大名伊達氏の研究』高志書院
［佐々木 二〇一一a］ 佐々木倫朗『戦国期権力佐竹氏の研究』思文閣出版
［佐々木 二〇一一b］ 佐々木倫朗「大名・国衆と伊達氏 佐竹」（歴史シンポジウム in 白石 南奥羽の戦国世界、報告資料）
［白石市 二〇一一］ 白石市教育委員会『白石市文化財報告書第四〇集 伊達氏重臣 遠藤家文書・中島家文書 戦国編』
［高橋 二〇一三］ 高橋充「奥羽と関東のはざまにて 戦国期南奥の地域権力」（熊谷公男・柳原敏昭編『講座東北の歴史 第3巻 境界と自他の認識』清文堂出版）
［竹井 二〇一二］ 竹井英文『織豊政権と東国社会』吉川弘文館

〔戸谷 二〇〇八〕 戸谷穂高「関東・奥両国「惣無事」と白川義親」(村井章介編『中世東国武家文書の研究――白河結城家文書の成立と伝来』高志書院)
〔藤井 二〇一〇〕 藤井譲治「「惣無事」はあれど「惣無事令」はなし」(『史林』第九三巻第三号)
〔藤木 一九八五〕 藤木久志『豊臣平和令と戦国社会』東京大学出版会
〔山田 二〇〇九〕 山田将之「中人制における「戦国ノ作法」――戦国期の中人制と伊達氏の統一戦争」(『戦国史研究』第五七号)
〔山田 二〇一〇〕 山田将之「戦国期岩城氏にみる婚姻関係と中人秩序」(『学習院大学人文科学論集』第一九号)

「県域」の形成過程

——東蒲原郡の移管問題

徳竹　剛

はじめに

本章は、一八八六(明治十九)年に福島県から新潟県に移管された東蒲原《かんばら》郡を事例に、県域が住民にとって一定の重みをもつものとなっていく過程(「県域」の形成過程)を描き出そうとするものである。そのことを通じて、東北六県からなる東北という枠組みについても言及してみたい。

東北史は、東北の視点から過去を見直すことで新たな歴史像を構築してきた。近現代史を例にとれば、岩本由輝『東北開発一二〇年』[岩本 一九九四]に代表されるように、近代日本という国家のなかで、東北は、人や食糧、エネルギーの供給地として位置づけられ、そのうえに日本の工業化・産業革命があり、さらには帝国主義的膨張や戦後の経済成長があることが示されている。

その一方で、東北と一括されつつも、その内部を仔細にみれば豊かな多様性があり、地域差も当然存在すること、東北の外部とも密接な関係や交流をもっていたことも指摘されている。近年公刊された『講座東北の歴史』[入間田監修 二〇一二〜一四]には、そのような多様な東北の姿が数多く提示されている。

こうした研究状況を踏まえて菊池勇夫は、「東北をいくつもの地域に際限なく細分化していき、結局東北は実態ではない、という論法には陥りたくないが」と断ったうえで、東北という括りとは異なる地域圏が存在し、またそのような地域圏が形成される可能性がつねにありうることを指摘し、「東北という視座は、そのような東北の解体をも内包しているものと考えなければならない」と述べている［菊池 二〇一二、三五一頁］。東北の多様性を突き詰めていけば、東北という枠で括ること、東北史という問いの有用性が不分明となりうる。しかし、そのことによって従来指摘されてきたような中央による統合の歴史、中央への資源供給地としての歴史が遠景に退くとするならば、歴史認識としてのバランスを失することにもなるだろう。近年の東北という地域的枠組みを相対化する研究潮流は大きな成果を収めてきたが、あらためて東北とは何かということが問い直されているのではなかろうか。

東北という地域的枠組みは、古代において、現在の東北地方に陸奥《むつ》国・出羽《でわ》国がおかれ、両者を一括して「奥羽」と呼ぶようになって以来の歴史がある。「東北」という呼称は、明治維新後に現在の東北地方よりも広い範囲を指す言葉として用いられるようになったが、二十世紀初頭には「奥羽」と重なる東北六県を指す言葉として一般に普及していく［河西 二〇〇一・米地ほか 一九九五・一九九六］。陸奥国と出羽国を一括して「奥羽」と呼び、十九世紀後半に「奥羽」とは異なる地域を指して「東北」と呼ぶ事例がみられたが、そのことによって新たな地域的枠組みが確立するということはなく、二十世紀初頭までに「奥羽」から「東北」への言換えに結果し、現在にいたるのである。

近年では、とくに東日本大震災以降、「東北」の語を目にしない日はない。町には「がんばろう東北」の言葉があふれ、メディアにおいても、被災地としての東北、復興に向けて歩む東北の姿が、風化・忘却への警鐘とともに連日報じられている。震災被害が、東北内部および同一県内においても一様でないことは自明であるし、東北以外にもおよんだということは忘れ去られたかのようであるが、震災を経て、東北という枠組みは一層強まっているように感じられる。

東北を相対化する研究成果が蓄積され、その解体すら示唆されている一方で、現実の社会においては東北という枠組みは根強く、ますます強固になっている。この落差は、いったい何を意味しているのだろうか。本章では、この問いに答えるための試みとして、東北六県を形づくる「県域」について考えてみたい。

一　東蒲原郡について

越後国東蒲原郡の成立ち

まず、本章で取り上げる東蒲原郡の歴史について、『東蒲原郡史』通史編一・二〔東蒲原郡史編さん委員会二〇一一～一三〕に基づいて簡単に紹介しておこう。

大化年間以降、「高志国」と呼ばれていた北陸地方一帯は、持統天皇六(六九二)年までに、越前・越中・越後・佐渡に分割された。阿賀野《あがの》川以北が越後、阿賀野川以南が越中であった。大宝二(七〇二)年には、越中国の頸城《くびき》・魚沼《うおぬま》・古志《こし》・蒲原の四郡が越後国に編入され、さらに和銅五(七一二)年に出羽国が建国されたことで、現在の新潟県の領域につながる越後国の国域が定まることになる。

十二世紀後半になると、越後国の北部には複数の荘園がみられるようになる。そのなかの一つである小《こ》川《がわ》荘は、東蒲原郡全域と赤谷・滝谷地区(新発田《しばた》市)、佐取地区(五泉《ごせん》市)、小松地区(阿賀野市)、宝坂地区(西会津町)に広がる荘園で、十二世紀前半に成立したとされている。

小川荘が史料上にはじめて登場するのは、承安二(一一七二)年に、越後国で大きな勢力を有していた城《じょう》四郎《しろう》長茂《ながもち》が、越後国蒲原郡小川荘七五カ村を会津恵日寺の乗丹坊《じょうたんぼう》に寄進したというものである。その後、会津の領主は、中世には蘆名《あしな》氏・伊達《だて》氏、近世には蒲生《がもう》氏・上杉氏・加藤氏と変遷していき、会津藩松平氏へといたることとなるが、この間、およそ七〇〇年にわたって、小川荘は会津の領主の統治下にあった。

明治維新後、廃藩置県によって旧会津藩領は若松県の管轄下に入った。そして一八七六年の若松県・福島県・磐前《いわさき》県の合併によって成立した福島県の管下となる。なお、一八七九年の「郡区町村編制法」の施行にともなって、越後国蒲原郡のうち、福島県域に含まれる地域が東蒲原郡となった。

一八七六年の三県合併後、八一年には旧若松県の住民から、福島県からの分離独立を求める分県運動が発生した。また福島県庁が県域の北隅にあ

▲図1　越後国東蒲原郡

る福島におかれていたことから、一八八二年には県庁移転運動も発生した。県庁移転運動は、県会において賛成多数を得、政府に県庁移転を建議するにいたったが、政府はそれを不許可とし、県庁から最も遠い東蒲原郡を新潟県に移管すると決定した。こうして東蒲原郡は、一八八六年五月二十七日に、新潟県の管轄下に入るのである。

郷土史家・赤城源三郎の「両属論」

この東蒲原郡の移管問題については、地元の郷土史家である赤城源三郎(一九〇四〜二〇〇〇)が繰り返し発言してきた。赤城は、東蒲原郡津川町(現阿賀町)に生まれ、会津中学校を卒業し、早稲田大学第二高等学院に入学、卒業後は帰郷して木炭集荷業を営んだ。一九四一年から四三年まで新潟県の商業組合中央会に勤め、つづいて四三年からは福島県商工経済会若松支部に勤務した。一九四八年に津川町助役、五四年からは津川高校の講師を勤めた。一九四五年に『小川のせせらぎ――東蒲原郡郷土読本』を執筆し、五六年には東蒲原郡の郷土雑誌『阿賀路』を主宰して第一集を発行、七二年には東蒲原郡史編纂委員として『図説・東蒲原郡史　阿賀の里』上・下巻の編纂・執筆に携わっている〔赤城　一九九三・神田　一九八〇〕。

この間、赤城は数多くの論説を発表しており、それらをまとめた『阿賀の路――赤城源三郎著作集』〔赤城　一九九三〕が刊行されている。赤城は、東蒲原郡の移管問題にたびたび言及しているが、一九七六年十一月二日付『新潟日報』に掲載された「文化　分離と復帰」(著作集収載)に、その要点が示されている。

赤城は、一八七六年を起点にして新潟立県百年の記念行事が計画されていることについて、東蒲原郡が新潟県に編入されたのは一八八六年であることを指摘し、「東蒲が白らのすがたをよく知り、また県民一般に理解してもらう機会であると思う」と述べている。日露戦争開戦の年に生まれた赤城は、自らの世代の感覚として「会津は母国、越後は隣国」という感情が根強いが、編入後九〇年を経た今では、東蒲原郡民に新潟県民としての意識が根づいてきていると述べるとともに、東蒲原郡の新潟県への編入は、越後国への復帰であると述べている。赤城は、自らの世代にはある種の抵抗感があることを表明しつつも、越後国への復帰という捉え方をすることで、折合いをつけていることが読み取れよう。

このような、自らのアイデンティティと新潟県民という属性との間で揺れ動く胸中は、一九八四年に発表された「私の東蒲学(トーカンロジー)――両属の理論は成り立つか」(著作集収載)において吐露されることとなる。ここでは、自らの半生を振り返りながら、福島県と新潟県の間で揺れ動きながら生きてきたことを記し、「越後と会津のはざまに、へばりついたような東蒲の歴史をふまえた住民感情を研究対象にする学問があってもいいのではないか」と、移管の歴史に翻弄された地域の歴史、そこに生きた人々の葛藤を検討対象としたいという姿勢を打ち出している。

これ以後、新潟県への編入を肯定的にとらえようとする姿勢は退き、移管がもたらした負の側面への言及が多くなっていく。

赤城は「両属の理論の提唱」〔赤城　一九八六〕において「県境の壁は厚い。行政に伴って産業も文化も分断される。断絶である」と述べ、新潟県への編入によって、それまでの福島県とのつながりがあらゆる面において断絶してしまったとする。さらに「地域形成と交流」〔赤城　一九八九〕では、「管轄替え以後、旧属との人間関係は、ゼロになった。新属への人間関係の構築は、長い年月を要する。虚脱、空白の状態がうまれたのは当然である」と述べたうえで、「その回復には、旧属「会津」にかわって新属「越後」の歴史的な自覚とほこりをもつことであるが、「越後」の歴史には、参加してないし、寡黙にならざるをえない」と、会津領であった東蒲原郡は「越後」の歴史を共有しえないことを指摘する。一九七〇年代までの、越後国への復帰という前向きな捉え方は、『図説・東蒲原郡史　阿賀の里』の編纂などを通じて、それが困難な道であることを痛感することとなったように思われる。

以上のような赤城の議論に対しては、つぎのように意見を述べることも可能であろう。「どちらの県に属そうとも、東蒲原郡には両県民が日々往来していたはずであり、交流が途絶えることはなかっただろう。福島県にしろ新潟県にしろ、一つの県内が一色で塗りつぶされるはずもなく、両県の接点にあって双方と深くかかわり合いながら独自の歴史を歩んできたことを提示し、県境を相対化するような地域像・歴史像を描く道もあるのではないか」。近年の東北史研究は、このような発想のもとで展開されてきたと思われるし、今後も行政区画をはじめとする既存の地域的枠組みを相対化していくことは意味のあることである。しかし、これでは赤城の抱える実感との落差はどうにも埋めようがない。そして、この落差は、現在の東北史研究の状況と、東北という地域的枠組みの強固さとの落差と同根のようにも思われるのである。

そこで私は、赤城がなぜここまで県境に規定されているのかという点について考えてみたい。「はじめに」で述べた、「県域」の重みという問題である。以下、県境が引かれ県域が成立する一八八六年までの動きを検討してみることとしよう。

二　福島県から新潟県へ

維新期の小川荘の帰属問題

慶応四(一八六八)年一月、戊辰《ぼしん》戦争が始まり、新政府軍は江戸、そして東北に進軍する。八月には「朝敵」とされた会津藩の城下に迫り、二十五日には小川荘一帯は新政府軍によって掌握された。新政府軍は小川荘の中心地である津川に民政局を設置し、統治を開始した。東北戦争終結後、十二月には陸奥・出羽両国が陸奥・陸中・陸前・磐城《いわき》・岩代《いわしろ》・羽前《うぜん》・羽後《うご》に分割された。翌一八六九年二月に新潟県が設置され、五月には若松県が設置された。津川民政局の統治下に入って以降、新政府の直轄地となっていた小川荘は、新潟県の管下に入ることとなる。

しかし、この新潟県管下の時期は長くは続かない。新政府は五月に岩代国巡察使を設置し、七月にかけて管内視察をおこなった。その報告書において巡察使は、津川は岩代国の運輸の要衝であるので、新潟県の管轄では不都合が多いことを指摘し、若松県への移管を建言した（『若松県誌稿』）。これを受けた政府は、八月に小川荘を若松県に移管した。戊辰戦争後、いったん会津領を離れた小川荘であったが、一年後には旧来通り会津を統治する若松県の管下に戻ったのである。

一八七一年七月、廃藩置県が断行された。これによって、それまでの府・藩・県の三治体制から藩が消滅し三府三〇二県一開拓使となった。十一月までにさらに整理統合がおこなわれ三府七二県一開拓使となるが、この過程で、若松県に属していた小川荘は再び新潟県の管轄下となり、同時に旧会津藩領で若松県に属していた安積郡《あさか》一一カ村は、安積郡の大部分を預かる福島県の管轄下となった。会津藩領であったという歴史よりも「国」境および郡境が優先されたということを意味していよう。

これに対して若松県庁は、両地域の人々が「新附ノ県ニ隔絶シ百般困難」であるので元に戻してほしいと求めているとして管轄替えに反対した。小川荘については、米や塩の輸出入の拠点であって他県の管轄になっては不都合が多く住民も困る、安積郡一一カ村については、福島県庁まで二〇里ほどの道のりとなるため旅費がかさみ住民が難渋するというのが理由である。政府からは新潟・福島両県庁と協議するようにとの回答があり、三県で協議をおこなった結果、旧に復することとなった(『若松県誌稿』)。このように、明治維新から廃藩置県の過程で若干の紆余曲折はあるものの、会津藩領であったという歴史を背景に従来の統治領域が維持された。

新潟県への移管経緯

一八七六年八月、府県統合がおこなわれ三府三五県一開拓使となった。この際に若松県・福島県・磐前県が合併し、福島県となった。県庁は福島におかれ、若松県庁・磐前県庁は支庁となった。それにともなって、若松県津川支庁は廃止され、警察出張所が設置された。

この際、津川支庁管下において、以下のような区内達(『東蒲原郡史』資料編六、五七頁)が廻達されている。ここには、若松県と福島県が合併し、津川支庁が廃止になったため、「本庁遠隔」となり何かと不便になる、警察出張所は区戸長の事務には関与しないので、細大問わず若松支庁まで問い合わせなければならない、これまで以上に入念に区戸長事務を進める必要がある、と記されている。合併にともなう津川支庁の廃止によって、区戸長事務に大きな支障が生じることを懸念していることがうかがわれる。

また県レベルにおいては、一八八一年に、福島県からの分離独立を求める若松分県運動が発生した。若松分県の主張は、広大な福島県域では地域によって事情が異なっており、県政が旧若松県域においては適合的でないこともある、山に囲まれている土地柄であるから、県庁との意思疎通に何かと不便が多い、地方税として一〇万円余りを納税しているが旧若松県域に支出されているのは八万円ほどであり、福島県会において旧若松県域の利害を主張しても賛同が得られず、県政に反映させることができない、というものである。つまり、福島県から分離独立し、独自の議会と財政をもちたいというのが若松分県論の骨子ということになる［大内 二〇〇三］。

しかしこの要求は実を結ばない。そして、これと時期を重ねるようにして、福島県庁移転運動も発生した。

福島県庁移転運動は、一八八二年に福島県令に対して建言書が提出されたのを端緒とし、翌年には福島県会に建議が提出された。福島県域の北隅に県庁があるために、県庁から遠い地域に不利益が生じている、県域の中心である安積郡に県庁を移転すべきである、というものである。一八八四年には移転を主張する安積郡郡山の有力者らが上京して政府要人への陳情をおこない、福島県会での建議可決をめざして多数派工作にも取り組むことになる。

この一八八四年の上京運動の際、面会した福島県令三島通庸《みちつね》は若松分県運動に言及し、分県派が県令のもとを訪れたこと、分県が実現する見込みはないと返答して帰したこと、彼らが持参した請願書のなかには、県庁移転を拒む一文が入っていたことを述べている。一八八一年に始まった若松分県運動は、この時期においても継続しており、県庁移転運動と競合するような状況となっていたのである［徳竹 二〇〇九］。

前述のとおり、若松分県運動が求めるのは独自の議会と財政であり、県庁との距離を問題にするものではなかった。安積郡を中心とする県庁移転派は分県派に妥協を求めたが、その隔たりは大きかった。しかし、翌年の県会までに多数派工作は実を結び、福島県会で県庁移転建議が可決され、県会から内務卿宛に建言書が提出されるにいたった。

これに対して政府は、一八八六年四月二十七日の閣議で、同建議を不許可とすることを決めた。このことについて内務卿山県有朋《ありとも》は、不許可にすれば請願書が続々と提出されることとなり不穏な状況となると指摘し、何らかの対応が必要であるとして、以下のように述べている。「前年から東蒲原郡の人々が管轄替えを希望しており、それは分県論に起因している。このたび、分県も県庁移転も同郡の管轄替えも行われないとなれば、さらなる混乱を招くことになる。東蒲原郡は越後国の一郡であり、地勢上・施政上からみて新潟県に属するのが適当である。早晩管轄替えを実行しなければならないのであるから、これを機に新潟県への移管を実行し、あわせて民心の激昂が抑えられれば好都合である」〔『公文類聚』〕というものである。

残念ながら、東蒲原郡が管轄替えを希望していたという事実を他の史料で裏づけることはできないのであるが、山県は越後国の一部である東蒲原郡の移管を実行に移すことで、県庁移転建言書の不許可にともなう混乱を抑えようとした。

この山県の提案は、五月十日の元老院会議に付された。議案の説明に立った法制局参事官水野遵《じゅん》は、「東蒲原郡は県庁までの距離が甚だ遠く、郡民は不便を感じている。また福島県は旧若松県を併合したものであるので、その弊害が生じており、旧若松県の人々は苦情を訴え、県会でも紛議を生じ、県庁を便宜の土地に移すことを望むに至っている。しかし、県庁の移転は影響が大きいことから、もっとも県庁から離れている東蒲原郡を新潟県の管轄にしたい。同郡から新潟県庁までは一二里であり、福島県庁までの半分になる」と述べた。この説明に対して議官の林友幸は「東蒲原郡を新潟県の管轄にしなかったのは、若松県の旧慣に沿ったためである。すでに若松県は存在しないのであるから、新潟県に属するのが至当である」と述べて賛意を示し、そのままこの議案は可決された〔『元老院議事筆記』〕。

こうして東蒲原郡は新潟県に移管されることとなった。これに際して、東蒲原郡では移管に反対する動きは確認されていない。確認されているのは、東蒲原郡人民惣代から新潟県令に対して出された郡役所存置請願である〔『東蒲原郡史』資料編六、一六〇頁〕。東蒲原郡の人々は、隣国との境界にあたる要衝の地として、七〇〇年にわたって官庁がおかれてきた土地であると訴えて、郡役所の存続を求めた。

五月十四日付『新潟新聞』は社説で、地方行政の要は人々の便宜を図ることにあるとしたうえで、

抑《そもそ》も該郡の地勢たる、本県の東部に僻在し、其の福島県に於ける距離ハ、之を本県に於ける距離に比して、遙かに遠きのみならず、本県へ通ずるにハ舟筏の便の頼るべきあり、固とより険路を冒かして福島県に至るが如く、不便あるに非ず

とし、移管によって郡民の便益が増進すると賛意を示している〔『東蒲原郡史』資料編六、一五八頁〕。

「県域」形成の端緒

ここまでに紹介してきた東蒲原郡の人々の発言をあらためて拾ってみると、三県合併時の津川支庁廃止の際には、「本庁」(若松支庁)が「遠隔」になることを懸念している。一八八六年の新潟県への移管の際には、移管そのものについては問題にせず、移管後も郡役所を存続させてほしいと願っている。このように、東蒲原郡の人々が気にかけているのは、支庁や郡役所といった官庁との距離であった。

官庁との距離を重要なことととらえていたのは東蒲原郡の人々に特有のものではない。県庁移転運動はまさにそれを問題とする運動であったし、元老院会議で説明に立った水野や賛意を示した林も県庁との距離を問題にしている。『新潟新聞』もまた、険しい道を通って福島県庁に行くよりも舟運を用いて新潟県庁に来るほうが便利であるというように、県庁と行き来することの利便性を指摘しているのである。

このようななかにあって、若松分県運動の主張は別の位置にある。若松分県派は、三県合併後の福島県会において、旧若松県の利害が通らず、旧若松県からの納税分が旧若松県域に環流していないことを問題視した。県会の場で県政について議論し、その具体的な現れである予算を議論するなかで、県域の重要性を認識し、分離独立して自前の議会と財政をもちたいと要求したのである。分県派にとっては、官庁との距離ではなく県域が重要であり、それは利害を共有できる「我々」の領域でなければならないものだったのである。

若松分県運動にみられるように、一八七八年の「府県会規則」に基づく府県会の設置は、県域に対する認識を変えていくきっかけとなった。一八七六年の府県統合ののち、八八年までに徳島県・福井県・鳥取県・佐賀県・宮崎県・富山県・奈良県・香川県が分離独立して成立するが、その際には、ほぼすべての事例で分県運動が発生していることが確認されている［長井 一九九八］。県域の重要性に対する認識が広がり始めているといっていいだろう。明治十年代後半は、県域が、統治主体である県庁の管轄下という意味から、利害を共有できる「我々」の領域へと変わっていく、その過渡期として位置づけることができる。以後、毎年度の府県会の開催、議論、利害調整を繰り返すなかで、県域の一体性と独立性が高まっていったことは想像に難くない。

三　中央集権化と府県

再度、郷土史家・赤城源三郎の発言に戻ろう。赤城は前掲の「私の東蒲学（トーカンロジー）」において、新潟県への「編入までは、郡民は修行する時は若松の学校へ入り、役人や先生になってからの任地は会津全体のどこかであった。その間に人間関係が密着した形になっていた。村の指導層は「キモイリエングミ」で会津全体がつながるような形になってい」たという。しかし「編入以後それが断絶され、だんだん疎遠になった」としている。会津内部で人々のライフサイクルが回り、そこに深い人間関係が形成されていたが、それが新潟県への移管によって断絶されたという。

そしてその後の展開は、移管後に生まれた赤城の経験に即して以下のように語られる。

中年からの職場は、昭和十六年から商業組合の指導機関、昭和二十三年から津川町役場、昭和二十九年から津川高等学校であるが、すべて県単位に動いている。自然に新潟県単位の人間関係も出来た。

このことは、全国的な会合に出た場合、ことさらにそれを意識する。

近現代の地域社会に存在した各種の団体の多くが、国—府県—郡(市)—町村という形で、重層的に組織された。町村役場は当然のこと、教育機関や産業組合も同様である。系統農会と称される耕地所有者・農業者の組織はその典型例を示すし、日露戦後の地方改良運動において府県—郡(市)—町村という系統的な指導・監督体制が強められていったことは周知の事柄に属すであろう〔宮地 一九七三〕。府県から町村にいたる行政区画は、住民の生活や生産に密接にかかわる組織の区画としても機能していくことになるのである。

また赤城は、「物心つくころから「新潟県東蒲原郡津川町」ととなえたのは口先だけではない。小学校で大好きな学科は地理であったが、すべての地理的発想は「新潟県」からひろがった」と述べている。先に引用した部分では、会津人としてのアイデンティティをもっており、新潟県民であることへの違和感を表明していたが、赤城が「両属」という言葉を用いていることに示されているように、新潟県民としての意識もまた、小さい頃から染みついていたということであろう。「編入以後、新潟の方から役人も先生も任命されて来たのに、郡民が違和感を持ち、親しみにくかったことは想像に難くない」と述べ、別の論考では、「推定をあらわす「○○だべー」やその他の方言は、小学校で禁止された。新潟には、その方言がないからである」〔赤城 一九八九〕とも述べている。新潟県民との同化は、教育の場を通じて強制された面があったこともうかがわれよう。新潟県への移管は、政治や行政に留まらず、人間関係や言語といった面まで規定することになったのである。

会津人であり新潟県民であるという自己認識は、東蒲原郡という地域において不自然なことではなく、むしろ歴史的経緯に即した、自然なアイデンティティであろう。しかし赤城は、会津人と新潟県民を二者択一的にとらえており、会津人であることと新潟県民であることが両立可能であるという認識にはいたらなかった。こうした赤城のアイデンティティをめぐる困惑は、彼が人生を通じて経験した日本の中央集権化、それによって形成された「県域」の重みに起因しているといえよう。さらに、新潟県に遅れて加わった、いわば新潟県民のなかのマイノリティという意識が、「県域」に一層の重みを加えて、赤城の発想を規定したのである。

おわりに

維新政権の成立、廃藩置県、一八七六年の府県統合、八八年までの分離独立などを経て現在の都道府県域が成立した。当初の県域は、県庁の管轄下という程度であり、いわば領主と領民の関係にすぎなかった。地域社会には様々な横のつながりがあり、その面的な広がりが存在するが、それと県域とは無関係であった。そのため、県域ではなく県庁との距離が問題となるのである。

維新期において東蒲原郡は、若松県と新潟県の間で二度にわたって管轄替えが発生した。いずれも若松県における運輸の要衝としての重要性が指摘されて、旧に復することになるが、それも一八七六年の府県統合で若松県が消滅したことによって顧みられなくなる。元老院会議における林の、すでに若松県がないのだから新潟県に属するのが自然だという発言は、若松県がなくなっても旧若松県＝旧会津藩領には社会的なつながりが存在するということは考慮されずに、たんなる県庁の管轄領域として県境が引かれたことを象徴的に示している（［松沢 二〇一三］も参照されたい）。

しかし府県会の設置を端緒として、県域が住民の利害に深くかかわるものであるという認識が浸透し始めていた。利害を共有できる「我々」の領域を求める運動が発生し、そしてそれが一段落したあとは、県域を、利害を共有できる「我々」の領域にしていくこととなる。毎年度の府県会での利害調整の繰返しは、県域を「我々」のものにしていく過程であり、それは否応なく県域に一定の重みを与えることになるであろう。

そして、中央集権化の過程において、様々な団体が町村を単位に組織され、それが郡単位で束ねられ、さらに府県単位で束ねられていくこととなる。こうして府県単位にまとまることが自然な社会ができあがり、県域は、たんなる行政区画に留まらない、住民生活に密接な領域として機能することになるのである。

このような「県域」の形成過程を踏まえれば、県域をたんなる行政区画にすぎないと考えるのは、やはり実態にそぐわないといえよう。その規定性・拘束力を認めないわけにはいかない。問題なのは、それがどのようにして形成されてきたのか、その規定性を根拠づけているものは何かということであり、それを知ることができれば、不必要に県域にとらわれることも避けることができるはずである。

このことは、東北という地域的枠組みにもあてはまるのではないだろうか。東北という枠組みに重みをもたせているのは、例えば奥羽以来の歴史であり、おそらくは本章で明らかにした「県域」の形成もそれに一役かっていると思われる。さらには近現代における東北イメージの形成と再生産も、東北の規定性を根拠づけている要素であろう。いかなる場合において東北という地域的枠組みは有効であり、あるいは無意味なのか。それを知るためにも、東北という枠組みの実態とその形成過程の解明が今なお必要であると思われる。

◆参考文献

[赤城　一九八六]　赤城源三郎「両属の理論の提唱」（『地方史研究』第三六巻第四号）二四〜二七頁
[赤城　一九八九]　赤城源三郎「地域形成と交流」（『地方史研究』第三九巻第四号）七八〜八三頁
[赤城　一九九三]　赤城源三郎『阿賀の路――赤城源三郎著作集』歴史春秋出版
[入間田監修　二〇一二〜一四]　入間田宣夫監修『講座　東北の歴史』全六巻、清文堂出版
[岩本　一九九四]　岩本由輝『東北開発一二〇年』刀水書房
[大内　二〇〇三]　大内雅人「福島県域の成立と会津若松分県問題」（『学習院史学』第四一号）七〇〜八三頁
[河西　二〇〇一]　河西英通『東北――つくられた異境』中公新書
[神田　一九八〇]　神田竹雄『増補改訂版　東蒲原郡人物志』現代思想社
[菊池　二〇一二]　菊池勇夫『東北から考える近世史――環境・災害・食料、そして東北史像』清文堂出版
[徳竹　二〇〇九]　徳竹剛「三新法体制下における地域振興――福島県庁移転運動を事例に」（『日本歴史』第七三八号）七六〜九三頁

［長井　一九九八］　長井純市「分県に関する一考察」（安岡昭男編『近代日本の形成と展開』巌南堂書店）二五〜四一頁
［東蒲原郡史編さん委員会　二〇一二〜一三］『東蒲原郡史』通史編一・通史編二、東蒲原郡史編さん委員会
［松沢　二〇一三］　松沢裕作『町村合併から生まれた日本近代——明治の経験』講談社
［宮地　一九七三］　宮地正人『日露戦後政治史の研究』東京大学出版会
［米地ほか　一九九五］　米地文夫・藤原隆男・今泉芳邦「近代国家形成過程における地名「東北」——明治中期の用例とその社会科教育との関係」（『岩手大学教育学部研究年報』第五五巻第一号）一四五〜一六三頁
［米地ほか　一九九六］　米地文夫・藤原隆男・今泉芳邦「地名「東北」と東北振興論および郷土教育——明治後期〜昭和前期の用例をめぐって」（『岩手大学教育学部附属教育実践研究指導センター研究紀要』第六号）一〜一八頁

史料

『若松県誌稿』若松県庁、一八七五年、福島県立図書館蔵
『公文類聚』第一〇編明治一九年第五巻官職四官省廃置、国立公文書館デジタルアーカイブ、本館 2A–011–00・類 00251100
『元老院議事筆記』自第五百一号至第五百十五号、ＪＡＣＡＲ（アジア歴史資料センター）Ref. A07090150400, 福島県下東蒲原郡管轄替ノ件（国立公文書館）
『東蒲原郡史』資料編六、東蒲原郡史編さん委員会、二〇〇三年

東北地方と新潟県

――昭和戦前期における地域振興と地域区分

伊藤　大介

はじめに

東北地方とは何か。その区域と歴史を知ることは、この問いに答える方法の一つである。

一九九〇年代に、米地文夫らによる研究チームは、地名「東北」の歴史的経緯を調査した。その結果、近世までは「奥羽」という陸奥《むつ》国と出羽《でわ》国を合わせた名前で呼ばれていたが、近代以降に「東北」という地名へと移り変わったことを明らかにした。また「東北」には、明治初期には北陸地方や北関東、場合によっては北海道が含まれることもあったが、明治三十年代から四十年代にかけて、現在の東北六県(青森・岩手・宮城・秋田・山形・福島)を指すようになったと指摘した〔米地ほか 一九九五〕。

さらに、米地らの研究によると、明治中期まで「奥羽」に戊辰《ぼしん》戦争の賊軍イメージがあった一方で、「東北」には自由や清新というイメージが投影されていたという。地名「東北」は、新しい時代の希望に満ちた言葉であった。しかし、そのような明るい印象は暗転していく。一八八八年七月に福島県の磐梯山《ばんだいさん》が噴火し、九六年六月には明治三陸津波が発生した。それに加えて、東北地方では冷害による凶作がしばしばしば起こり、なかでも一九〇五年の大凶作は記録的な被害をもたらした。そのような災害が相次いだこともあって、明治後期から「東北」は、日本の「北東隅に位置する寒冷な後進地域」として認識されるようになったとされている[米地ほか 一九九六]。

つまり、近代になって使用されるようになった地名「東北」は、明治初期には新潟県や北海道などを含む場合もあったが、徐々に六県に限定されるようになっていった。また、当初は明るいイメージをもっていたが、度重なる災害や冷害を経て、救済すべき「後進地」イメージに変化していったのである。

本章の課題は、東北地方の区域と歴史について、新潟県の視点からみていくことである。新潟県は、現在でも「東北七県」と称される場合もあるが、北陸地方・甲信越地方・中部地方などに分類されることのほうが多い。例えば気象庁は、全国を一一の地方予報区に区分しているが、新潟県は富山・石川・福井とともに「北陸地方」に含まれている。また、新潟県の高校が春のセンバツ甲子園(選抜高等学校野球大会)に出場するためには、北陸四県に長野県を加えた「北信越大会」を勝ち抜かなければならない。その一方で、仙台に本社がある東北電力株式会社は、東北六県と新潟県を営業区域としている。新潟県は、今なお独特な位置付けにある県ということができる。

日本海に沿って細長く広がっている新潟県は、面積も都道府県のなかで五番目という大きさである。また、明治初期には全国で一番人口が多かった県であり、その歴史は様々な観点から描くことが可能である。河西英通は新潟の近代史を、「東北」と「北陸」と「裏日本」が「複合する世界」であったと指摘し、その多様性について言及している[河西 二〇〇一]。

本章では、東北振興が国策として展開された一九三五年前後における、新潟県の動向について検討を加える。東北六県に隣接する新潟県が、国家プロジェクトとして進められていた東北振興に、どのように対応したのか。その動きをみていくことで、東北地方の歴史について、あらためて考察することとする。

資料としては、『新潟新聞』や『東京朝日新聞』のような新聞のほか、必要に応じて各種の公文書を用いる。また、資料を引用する際には、原則として常用漢字を使用し、読みやすくするために句読点を加える場合もある。

一　雪害運動と新潟県

東北振興と雪害運動

一九一三年、再び東北地方を中心に大凶作が発生した。その結果、各地で「東北救済」や「東北振興」が主張された。そうした世論を受けて、岩手県出身で内務大臣であった原敬《たかし》が実業家の渋沢栄一らに働きかけ、東北振興会という民間団体が組織された。

東北振興会は、東北各地で演説会を開催したほか、『東北日本』という機関誌を発行するなど、様々な啓蒙《けいもう》活動を展開した。しかし、第一次世界大戦による混乱もあって、目立った成果をあげることはできないまま、一九二七年三月に解散した。解散後に、あらためて東北振興会(第二次)が再建されたが、しばらくは積極的な活動もみられず、「開店休業」状態であったという〔岩本 一九九四〕。

一九二七年は、新潟県をはじめ北陸地方を中心に記録的な大雪となった。新潟県選出の衆議院議員である加藤知正《ちせい》と増田義一《ぎいち》は、雪害《せつがい》への対応について衆議院で質問した。国会で雪害が問題になったのは、これがはじめてであった。この前後から、山形県選出の衆議院議員であった松岡俊三《としぞう》を中心とする雪害運動が開始され、一九二九年には「雪害調査機関設置ニ関スル建議案」が国会に提出され、衆議院を満場一致で可決された［伊藤 二〇一三］。

雪害運動の主張には、地租軽減や国有林解放といった東北振興の要求と重なる部分も多い。また構成メンバーにも重複がみられることから、東北振興と雪害運動との間に連続性があったことは否定できない。しかし、東北振興と雪害運動には大きな違いがあった。それは、東北振興が対象としていたのは東北六県であったのに対して、雪害運動は、雪による弊害が存在する広大な地域を対象としていた、ということである。

雪害運動は東北六県だけでなく、新潟県を含む北陸地方、北海道、長野県などといった地域の政治勢力とともに進められた。その結果、一九三二年八月、雪害対策調査会という調査機関が内務省に設置された。内務大臣を会長とする雪害対策調査会には、各省の次官や関係局長のほか、三人の衆議院議員が委員として加えられた。その内訳は、山形県選出の松岡俊三と、新

▶**図 1**　1927年の雪害（新潟県高田市）
軍隊が通信機関を復旧しているところ。雪害は，交通や通信といった近代化の進展にともなって拡大していく，という性質をもっている。

潟県選出の佐藤與一《よいち》と山田又司《またじ》であった。ほかに宮城県出身の貴族院議員である菅原通敬《みちたか》らも委員として加わっていたが、雪害運動において、新潟県の位置付けが重要であったことがうかがえる。

東北大凶作の発生

東北地方は、一九三四年にも大凶作にみまわれた。七月くらいから冷害の可能性が指摘されていた東北六県では、不作の実態が明らかになるにつれて、各地で東北振興の必要性が主張された。それに対して新潟県では、県全体としては冷害の影響は小さかった。しかし、山間部では記録的な凶作となったこと、また九月に水害が発生したことで、東北地方と同じような救済策を要求するようになっていく。

十月十四日付第二夕刊の『新潟毎日新聞』には、新潟県の内務部長や県議らが上京して「東北六県其他の地方と同列に、救済地として認められたい旨」を政府に陳情したことが記されている。[1] ただし、十月十六日付第二夕刊の『新潟毎日新聞』で、新潟県知事の千葉了《りょう》が「東北六県の仲間入りをしたいといふ運動だから一寸面倒だ」というコメントを残していることからも明らかなように、状況は簡単なものではなかった。十月二十四日の『新潟毎日新聞』によると、新潟県は、十月二十三日に県雪害対策連盟の理事会を開催し、十月二十五日に開催される雪害対策調査会において「佐藤、松岡の両代議士」に対して「本県を東北諸県と同様に見做さるゝ様」に依頼することを決議した。

十月二十五日、内務省の第一会議室において雪害対策調査会の第四回総会が開催された。その会議では、新潟県の要望に沿った形で、松岡が「東北六県及ビ新潟県」を「第一雪害地」とするよう発言し、つづいて佐藤も「東北六県ト新潟県」が「同様ノ状況」にあることを認めるよう求めた。[2] この時期の雪害対策調査会においては、東北六県と新潟県は、同じように扱われていたといえる。

しかし、東北大凶作がセンセーショナルに報道され、各方面から東北振興が主張されるようになると、徐々に風向きが変わっていく。十一月二十一日に開かれた雪害対策調査会の特別委員会では、審議される答申案(四の「(一)工芸指導所ノ整備充実ヲ図ルコト」の「理由」部分)に「雪国地方ノ大部分ヲ含ム東北地方」という語句があったほか、松岡も「東北ノ各県」「東北六県ヲ一団トシテ」「東北方面」という発言を繰り返した。このように「東北」を前面にだす表現が相次いだことに対して、佐藤は「東北六県ト限ラズニ雪国地方一般ニ関スルコト」ではないか、などと反発するが、議論の流れに影響を与えることはできなかった。

十一月二十六日の特別委員会では、凶作への義捐金《ぎえん》が「東北六県」のために使用されるのかについて、佐藤から質問があった。しばらくの間、担当者が不在であったために、各委員が義捐金の用途などに関する要望を述べたが、それらの発言においても佐藤の質問や新潟県に関係する内容は皆無であった。東北振興の世論が盛り上がっていくのにつれて、東北六県と新潟県の間に一線が引かれていったことがわかる。

十二月二十六日、内閣に東北振興調査会が設置されることが発表された。内務省に設置されている雪害対策調査会と比べて、内閣に設置された東北振興調査会は高い権威をもっていた。そのため、当時の新聞には、雪害対策調査会が東北振興調査会に「吸収」または「合併」されたと報道されることもあった。実際に、より格式の高く、雪害対策調査会の後継組織のような性質ももっていた東北振興調査会のほうに、社会的な関心が集まっただけでなく、政府も重心を移していく[3]。

東北振興調査会と新潟県

新たに設置された東北振興調査会は、一九三五年の一月十日に第一回総会、一月十二日に第二回総会を開催した。また第二回総会で設置することが決定された特別委員会は、一月十六日に最初の会合を開いている[4]。

東北振興調査会が精力的に活動を開始した一方で、雪害対策調査会は、二月六日に第五回総会を開催した。この調査会の冒頭で、会長の後藤文夫内相は、「雪害地」の「主要ナ部分ヲ占メテ居リマス東北地方ノ振興」について審議が進められているので「本調査会ノ結論」を急ぐ必要がある、と述べている。この時期に雪害対策調査会が開かれたのは、東北振興調査会のスケジュールに配慮したためであった。

また、後藤の発言に「雪害地」と「東北地方」を重ねるような表現があったことも、当時の東北振興に関するイメージが反映されている。それは、その日の調査会で菅原通敬が、雪害対策調査会と東北振興調査会という二つの調査会が「東北地方ヲ中心トシテ振興ヲ図ラウト云フ趣旨」を共有している、と述べていることからもうかがえる。

佐藤與一は、こうした空気に反発して、つぎのように発言した。

新潟県及ビ北海道ハ東北六県ト同ジヤウナ状況ニアルノデアリマシテ、東北六県ヲ振興スル必要ガアリマスナラバ、新潟県及ビ北海道ノ大部分ハ是ト同様ニ振興スベキ必要ガアルト思フノデアリマス、北海道ニ対シマシテハ別ニ振興ノ方策ガ講ゼラレテ居ルノデアリマスガ、新潟県ニ対シテハ更ニ講ゼラレテ居リマセヌ。

東北六県と同じような状況にあり、独自の拓殖計画が展開されている北海道とも状況が異なる新潟県は、東北六県と同様の振興策を考える必要がある、と主張している。しかし現状では東北六県のみの対策が検討されており、「新潟県ヲ除外セラレテ」東北振興調査会を設置したのではないか、と批判している。

さらに佐藤は、東北六県と同じように「振興ヲ要スベキ所」があれば、東北六県以外の「府県ニ対シテモ、振興ヲ御図リニナル」かについて後藤内相に質問した。しかし後藤の答弁は「モノニ依リマシテハ、左様ナモノモアルダラウト思ヒマスガ、サウ云フ今御答ヲスルヨリ外ニハ、是レ以上御答致シ兼ネマス」という、きわめて事務的なものであった。

ある調査会の場で、別の調査会のあり方について質疑をすることは異例なことであり、佐藤が必死のアピールをしていたことがわかる。しかし、ここで展開されていた佐藤と後藤のやりとりに介入する委員はおらず、佐藤の発言が一段落した直後に調査会は閉会した。このやりとりからも、雪害対策調査会において、新潟県に関心を抱く者がほとんどいなくなっていた様子がうかがえる。

一九八八年に発行された『新潟県史』(通史編8近代三)では、当時の状況を「雪害対策に同一歩調をとってきた北陸四県は置き去りにされてしまった」と記している。「置き去り」という強い表現が用いられることになったのは、以上のような経緯が影響したのだと思われる。

東北振興調査会は、二月二十一日に第三回総会、二十六日に第四回総会、二十八日に第五回総会を開催して、応急対策に関する審議を一段落させた。ここまで審議を重ねた結果、冷害対策や農村工業問題についての対策案が答申されたが、新潟県への対応が議題とされることはないまま、暫定対策の検討へと移行していく。

二　中部八県運動と新潟県

地方長官会議と中部八県運動

一九三五年の五月三日から九日まで、東京で地方長官会議が開催された。地方長官会議とは、政府が各府県の知事を集めて実施する会議のことである。五月十四日の『新潟新聞』では、この年の一月から新潟県知事を務めている宮脇梅吉が、地方長官会議の様子について、つぎのように述べている。

東北六県は東北振興調査会が出来たので、すつかり落ちつき、東北六県の知事は第二予備金の支出に対する諮問については何等意見を吐いてゐない、これはなまじつか下手のことを云ふと東北六県振興調査会費の減額を来たす虞《おそ》れがあるためだ

一週間にわたって開催された地方長官会議において、東北六県の知事は「下手のこと」を発言して東北振興調査会の運営に悪影響がでないよう、「何等意見を吐」かなかったという。

地方長官会議では、東北六県の知事たちが消極的な姿をみせた一方で、他県の知事たちが新しい動向を生み出していた。五月十一日の『新潟新聞』には、会議が終了した翌日の五月十日、茨城・栃木・群馬・埼玉・新潟・山梨・長野・岐阜の県知事が、「養蚕並に農山漁村救済に関する」申請状を、内務省と農林省に提出したことが記されている。

こうした動きについて、五月二十二日の『新潟新聞』では、「救済具体案を東京で協議」というタイトルで、つぎのように報じている。

過般開会の地方長官会議の際、宮脇本県知事の提唱により、新潟、長野、群馬、栃木、茨城、埼玉、

山梨、岐阜の八県は、東北六県についでの凶作を被つたのみならず、養蚕不況のため疲弊してゐるので、東北六県についで救済してほしいと、内務、農林両省に対して八県知事の名をもつて上申書を提出し、これが救済具体案は、二十六日東京近県の各知事が東京に集合協議し、二十七日内務、農林両省に対して更に陳情をすることになつたが、本県からは知事代理として安原総務部長が出席することになつた。

この記事には、新潟県知事の「提唱」によって八県の運動が開始されたこと、「東北六県についで救済してほしい」と要求していること、などが記されている。また五月二十六日に「東京に集合協議」する予定も報じられている。こうして凶作と養蚕不況に苦しむ中部八県による運動が本格化していく。

五月二十七日の『新潟新聞』によると、五月二十六日の午前九時から、内務省の社会局参与室において、中部八県の関係者による会議が開催された。記事には「養蚕不況により窮乏、特に甚だしき中部八県」という説明がある一方で、現状については「東北地方がすでに一歩を先んじて調査局設置により実行具体化に乗出した」という表現がみられる。養蚕不況に苦しむ中部八県が、東北六県の振興政策を追走するようなイメージが描かれていたことがわかる。

この日の会合では、各県から知事や総務部長たちが出席して、つぎのような「中部八県協議会決定事項」を決定した。

中部八県協議会決定事項

一、常設協議会を設け、差し当り群馬県が当番幹事となる。

二、具体的方策については、各県とも総務、経済部長を委員として立案し、六月下旬第二回協議会を開催す。

三、具体的方策として、第一期五ケ年継続、総額約五億円の更生計画を樹立し、事業要項、予算額については、各府県試案を持ち寄り協議の上、総合的にこれを決定す。

群馬県を「当番幹事」として、各県で具体的な対策案を検討したうえで、それらの計画を総合して五億円の「五ケ年」計画を樹立する、という見通しが示されている。

五月二十七日の『東京朝日新聞』によると、この協議会には「君島群馬、土屋山梨、大村長野各知事」のほか、各県の総務部長や経済部長が参加している。また同じ記事には「養蚕不況」の群馬・山梨・長野、「東北地方に類似」した新潟・埼玉・茨城・栃木・岐阜、というように区分している表現がみられる。これは、知事が参加した三県と、それ以外の五県という分類と一致している。中部八県運動を提唱したのは新潟県知事の宮脇であったことは先述したとおりであるが、幹事である群馬県を含む「養蚕不況」三県を中心とする活動であった可能性を考えることもできる。

六月七日付夕刊の『新潟新聞』には、「各県ともその事情を異にして」いる八県の救済策をまとめるために、六月下旬までに各県の要望を「幹事である群馬県」に報告すること、および七月上旬に会合を開いて「救済具体案」を決定する、という予定が記されている。こうして中部八県運動は、各県で対策案を検討する段階へと移行していく。

中部八県運動と東北振興

一九三五年二月に応急対策に関する審議を一段落させた東北振興調査会は、六月十三日に開催された第四回第一特別委員会から、暫定対策に関する審議を開始した。

六月十三日から十九日まで上京していた宮脇は、六月二十日の『新潟新聞』に、つぎのようなコメントを残している。

内務省農林省に対して僕は、新潟県を東北六県並と看做し救済せよと主唱して来たが、東北振興調査会委員も僕の意見と大体同意見で、東北六県を視察するならば新潟県から始めよ、という傾向になつて来てゐる。東北振興調査会の臨時委員として、我々を始め本県選出代議士が会議に参加することになりはしないかと思ふ。この話は本県にとつては耳寄りの話だね。

東北振興調査会の審議が再開されたこともあってか、新潟県を東北振興政策に組み入れることに意欲をみせている。東北六県の知事は、東北振興調査会が設置された当初から「臨時委員」として参加しており、自分たちも同じ形式で任命されることを期待していたのだと思われる。宮脇は提唱者として中部八県運動を展開する一方で、東北振興への加入についても断念していなかった。なお、談話にある、宮脇と「大体同意見」という「東北振興調査会委員」が何

▶**図2**　宮脇梅吉知事(『新潟毎日新聞』1935年2月25日朝刊，新潟日報社提供)　1935年1月から36年4月まで新潟県知事を務めた宮脇は，中部8県の知事のなかで最年長であった。

者を指すのかは不明である。

七月二日、中部八県運動にかかわる知事たちは政府に陳情する予定となっていた。その日の『新潟新聞』は、そうした動向について、つぎのように報じている。

中部疲弊八県救済陳情のため、二日各県知事が上京、政府に向つて陳情し、各県経済部長は三日各県の計画を持参して、救済具体案を協議することになつたが、繭の値上がりのため関係各県でも幾分気乗り薄であり、一方関西、九州の風水害救済のため、政府もこの方面の救済に乗出すので、八県の救済陳情があつても見込み薄と見られてゐる、本県としては中部疲弊八県救済の運動をなすと共に、東北振興計画の中に割込むべく、宮脇知事は過般上京した際、内務、農林省と折衝したところ、内務、農林両省当局でも、宮脇知事の提唱に賛意を表し、新潟県が東北各県下と同じ案件を認めてゐるので、中部八県救済運動をなすと共に、東北並の救済を受けるべく猛運動をなすことになつてゐる。

前年(一九三四年)まで下落を続けていた繭価は、この時期から安定していく。六月一十二日の『東京朝日新聞』では「繭市場に湧く歓喜」というタイトルで、新潟県の農村に「幾月振りかで家内中に明るい張合のある微笑の六月が訪れた」ことを紹介している。養蚕不況は、この時期に回復の兆しをみせていた。また六月末に、九州から関西地方にかけて発生した風水害は一〇〇人以上の死者をだす大災害となり、緊急の対応が求められていた。

以上のような事情のために、関係各県は「幾分気乗り薄」になるとともに、中部八県運動は「見込み薄」になってきたと記されている。このように状況が変化したことによって、宮脇は「東北振興計画の中に割込む」ための活動を本格化していく。

三　東北振興と新潟県

東北振興への「割込み」

一九三五年の七月二日から三日にかけて、中部八県運動の関係者は内相と農相に面会するなど陳情活動を展開した。七月五日付夕刊の『新潟新聞』には、新潟に帰ってきた宮脇の談話が掲載されている。

三日は各県経済部長と共に農林省を訪問し、東北振興調査会に準ずる中部八県振興調査会を設置するやう、次官以下各局長と懇談したが、守屋政務次官は東北の出身であるので、振興調査会の設置には反対の意向を洩らしてゐたが、八県としては運動に乗出した以上、飽くまでも徹底を期する考へで、折衝の結果、調査会の設置は不可能であるが、小平経済更生部長及び八名の調査官が、八県打揃つて陳情をきくところまで話は進んだ。今日、各県経済部長は、小平経済更生部長以下調査官と救済の具体案について懇談をする筈だ、本県としては、中部八県救済ブロックにあつて救済をなすと同時に、東北振興の方へも割込み運動をなしてゐるが、調査官はこれを認めてゐるが、調査委員は本県へ割込をあまり歓迎してゐないやうである

ここでは、中部八県運動が「東北振興調査会に準ずる中部八県振興調査会」の設置を求めたが、「守屋政務次官」が「東北の出身であるので」反対された、と記されている。この「守屋政務次官」とは、宮城県選出の衆議院議員であり、この当時は農林政務次官を務めていた守屋栄夫《えいふ》のことである。宮脇のコメントによれば、守屋は東北六県の権益を守るために中部八県運動に反対した、ということになる。

また、新潟県の東北振興への「割込み運動」について、東北振興調査会の「調査官」が理解を示す一方

で、「調査委員」が「割込をあまり歓迎してゐない」という状況分析も興味深い。六月二十日の新聞談話では宮脇に賛成する「調査会委員」の詳細がわからなかったが、この記事では「調査官」と「調査委員」が使い分けられているので、それぞれを推測することができる。東北振興調査会は、会長(首相)と副会長(内相と農相)のほか、約四〇人の委員から構成されている。委員は、次官・局長クラスの官僚が約半数、東北地方に関わりのある国会議員や学識経験者が残りの半分を占めている。つまり宮脇は、「調査官」すなわち官僚が新潟県の立場に理解を示したのに対して、「調査委員」おそらくは東北地方の国会議員たちから反対を受けた、という認識を抱いていた。

雪害対策調査会において佐藤與一が孤立無援になったように、宮脇もまた、東北地方の政治勢力の抵抗に直面したのであった。

新潟県の陳情書

七月十一日、新潟県は東北振興調査会に陳情書を提出し、新潟県の「山間部」を東北振興調査会の区域に「編入」することを要求した。

国立公文書館に所蔵されている内閣東北局関係文書の『陳情書綴(三) 昭和十年』という資料には、新潟県知事の宮脇が、東北振興調査会の岡田会長に提出した「新潟県ヲ東北振興調査会ノ区域ニ編入ノ義ニ付陳情」という文書が含まれている。

陳情書の本文は、タイプ打ちで作成されている。まず東北振興調査会を設置したことに「敬意ヲ表」したうえで、調査会の対象区域は「行政区画タル東北六県」に限られていることを批判している。その理由は、東北六県と「気候、風土、窮乏程度」などが等しい新潟県、とくに「山間部」の実情が、東北六県と

「全ク其ノ軌ヲ一ニ」しているためである。また、東北地方と「新興満洲国方面」との間で輸出入をするためには、「最捷経路」である新潟港を利用する必要があることから、新潟県と東北六県の関係は「密接不離」であると記されている。以上のような理由により、「本県山間部ヲ東北振興調査会ノ区域ニ編入」するよう求めている。

陳情書の内容は、これまで新潟県サイドが主張してきた要求と大きな違いはみられない。しかし、満洲(現在の中国東北部)との関わりについては、新たに追加された要素といえる。

陳情書を提出する一カ月前の六月二日付夕刊の『新潟新聞』には、仙台駅や青森駅から「新潟から羅津《らしん》を経て一直線に北鮮、満洲方面へ海陸連絡輸送せんとする」計画が立てられていること、および「新潟北鮮間の定期航路スピードアップに拍車を加へる」大型客船「嘉義丸」が、

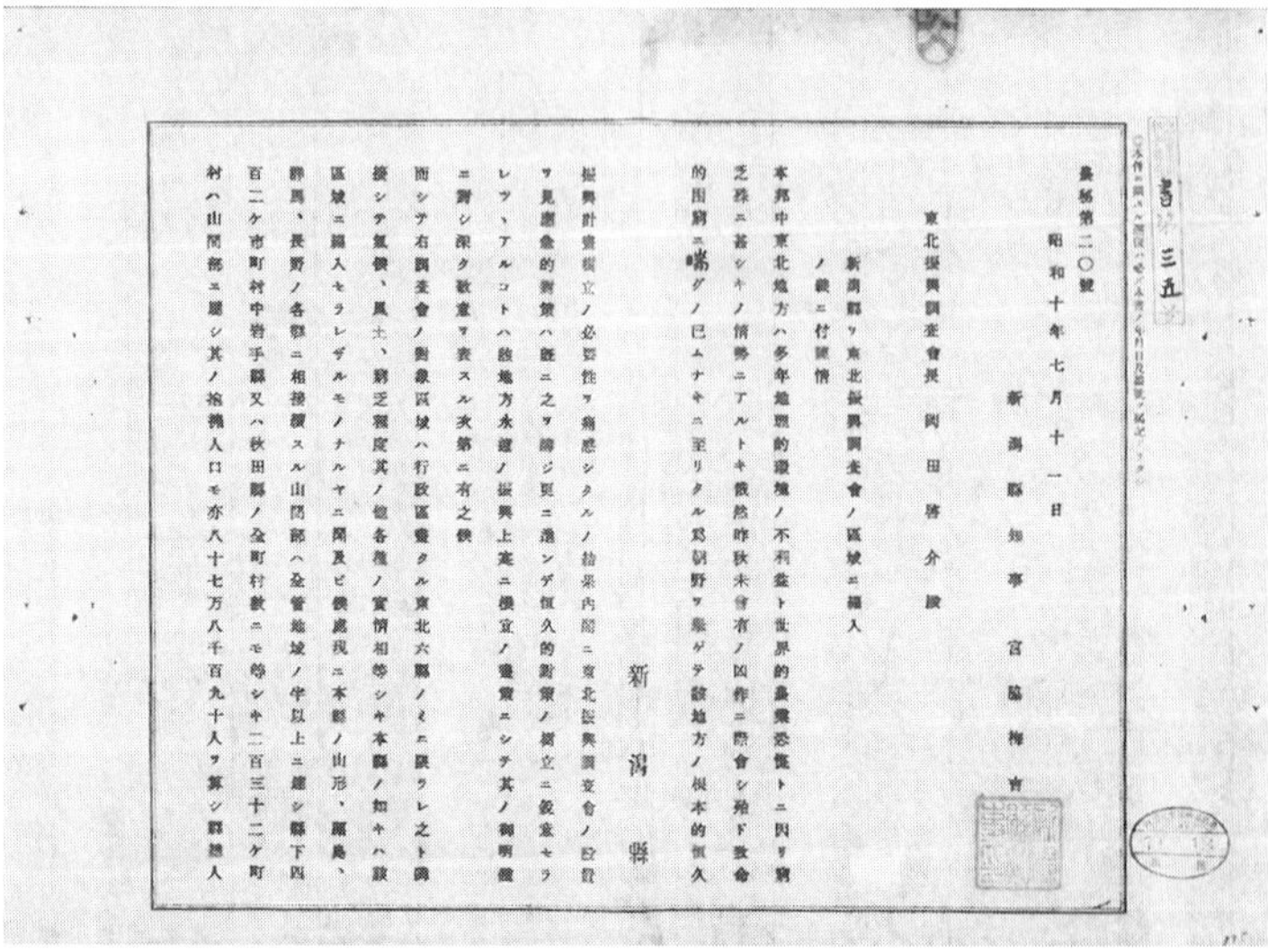
書三五

農秘第二〇號
昭和十年七月十一日
新潟縣知事 宮脇梅吉
東北振興調査會長 岡田啓介殿
新潟縣ヲ東北振興調査會ノ區域ニ編入ノ義ニ付陳情
本邦中東北地方ハ多年地理的環境ノ不利益ト世界的農業恐慌トニ因リ窮乏殊ニ甚シキノ情勢ニアルトキ偶然昨秋未曾有ノ凶作ニ際會シ殆ド致命的困窮ニ喘グノ已ムナキニ至リタル爲朝野ヲ擧ゲテ該地方ノ根本的恒久振興計畫樹立ノ必要性ヲ痛感シタルノ結果内閣ニ東北振興調査會ノ設置ヲ見應急的對策ハ既ニ之ヲ講ジ更ニ進ンデ恒久的對策ノ樹立ニ努力セラレツ、アルコトハ該地方永遠ノ振興上寔ニ機宜ノ措置ニシテ其ノ御明斷ニ對シ深ク敬意ヲ表スル次第ニ有之候
而シテ右調査會ノ對象區域ハ行政區劃タル東北六縣ノミニ限ラレ之ト隣接シテ氣候、風土、窮乏程度其ノ他各種ノ實情相等シキ本縣ノ如キハ該區域ニ編入セラレザルモノナルヤニ聞及ビ候處現ニ本縣ノ山形、福島、群馬、長野ノ各縣ニ相接續スル山間部ハ全管總域ノ半以上ニ達シ縣下四百二ケ市町村中岩手縣又ハ秋田縣ノ全町村數ニモ等シキ二百三十二ケ町村ハ山間部ニ屬シ其ノ抱擁人口モ亦八十七万八千百九十人ヲ算シ縣總人
新潟縣

▲**図3**　新潟県の陳情書(国立公文書館蔵)　新潟県知事が提出した陳情書は，アジア歴史資料センターでも閲覧できる(Ref.A11112295400)。

新たに就航することが報じられている。

また八月十一日付夕刊の『新潟新聞』は、「満洲農業移民団」「新潟港から出発」「願望通り大よろこび」という見出しで、新潟港から満洲移民が出発することが決定したと報じている。その記事によると、これまで満洲に向かう移民団が新潟港を使わなかったことに不満を感じていた新潟県と新潟市が「拓務省に対し新潟港経由を交渉」した結果、新潟県のほか「東北関東諸県」から集められた「第四次満洲農業移民団約百名」を新潟港から送り出すことになったという。

日本海を挟んで大陸と向かい合う新潟港は、朝鮮北部の羅津港を経て満洲国にいたるルートにおける重要な拠点であったが、とくに陳情書が提出された時期は、交通路が大きく整備された時期でもあった。新潟県に代表される、いわゆる「裏日本」にとって、大陸との結び付きが強くなることは大きな転機であった。大陸への進出、のちの「大東亜共栄圏」の形成と、時局が進展していくにつれて、日本海沿岸の地域が大陸との交易によって「裏」から「表」へと脱却することを夢想したことは、しばしば指摘されるところである〔古厩 一九九七〕。この陳情書には、そうした事情が反映されている。

また、陳情書には参考資料が添付されている。その資料はガリ版刷りであり、「一、新潟県全体ヨリ見タル山間地方ノ地位」「二、気候風土ノ比較(最近十ケ年ニ於テ)」「三、農業経営方面ノ比較」「四、窮乏ノ状況比較」から構成されている。「四、窮乏ノ状況比較」には東北六県と新潟県の生産額や税負担の一覧表が付されている。それぞれのタイトルからわかるように、新潟県、とりわけ「山間部」が、東北六県と同じような苦境にあると主張するためのデータといえる。

ただし、「四、窮乏ノ状況比較」部分にある「新潟県並東北六県ニ於ケル生産総額」などの付表には

「(工産及鉱産ヲ除ク)」という断り書きが記されている。新潟県は日本一の産油地域であるだけでなく、この当時は理化学研究所が進出してきて、大規模に農村工業化が進められていた〔大島ほか 一九九〇〕。新潟県が資料を作成するうえで、東北六県と異なる、あるいは条件の良い側面については表にださないよう留意していたことは明らかである。

七月十一日に提出された陳情書は、七月二十日に起案された文書で、東北振興調査会の構成員に供覧されたようである。しかし、この陳情書が、どのような効果をあげたのかについては不明である。

なお東北振興調査会は、八月十六日に開催された第六回総会で暫定対策について審議したほか、九月十九日の第七回総会では、東北興業株式会社と東北振興電力株式会社という国策会社の設立について答申した。東北振興を目的とする二つの会社は、翌一九三六年に設立され、その後の東北振興事業を牽引していくこととなる。

中部八県運動の終息

七月十六日付夕刊の『新潟新聞』によると、中部八県の経済部長たちは、七月十二日に農林省を訪れたが、「次官各局長は省議のため面会」できなかった。訪問したのが知事でなく県の部長たちだったとはいえ、局長クラスにさえ面会できなかったことは、中部八県運動の影響力が低下しつつあったことを示していると思われる。経済部長たちは、そうした状況にもかかわらず、翌七月十三日には、農林省の農産課長に面会したほか、内務省の文書課長に「内務省関係の救済事業について陳情」したという。新潟県の松崎経済部長は、今後の見通しについて、つぎのようにコメントしている。

我々の事務的運動は大体これを以て一段落ついたわけで、今後は各県知事から本省に対して運動をなし、同時に代議士の運動によつて、漸く軌道に乗つて来た運動を実行にまで導いてほしいと切望したい。

今回の陳情によって自分たちの「事務的運動」が「一段落」したのであり、これからは「知事」や「代議士」による運動に期待する、と述べている。ここで「代議士」すなわち衆議院議員への期待が述べられているのは、経済部長たちが内務省を訪問した七月十二日に、中部八県の衆議院議員たちによる団体が結成されたこととかかわっていると思われる。

七月十三日の『東京朝日新聞』では、「養蚕八県議員連盟成る」というタイトルで、中部八県の衆議院議員たちが「中部八県振興議員連盟」を結成したことを報じている。その記事によると、立憲政友会から一一人、立憲民政党から三人、国民同盟から二人が参加しており、超党派の動きであったことがわかる。七月十七日の『東京朝日新聞』では、七月十六日に開催された「第二回協議会」の様子が記されている。その会合では、中部八県の議員連盟を「東北振興会の如く」継続していくことや、七月十八日に「内務、農林、大蔵の各大臣に面会陳情」する予定が決定されたようであるが、その後の動きについては不明である。

また七月二十七日の『新潟新聞』では、七月二十五日に、中部八県の「町村長会、山林会、耕地協会、蚕糸組合、農会等の各代表二十五名」らが東京に集まり、翌七月二十六日に「内閣始め、内務、農林、大蔵など関係各省」を訪問して、「東北同様、養蚕地方にも特別の救済施設を講ぜられたき旨」を陳情したことが記されている。中部八県運動には、町村長会や農会も加わっていた。

さらに八月二日の『新潟新聞』によると、八月一日は、中部八県の知事や経済部長が、内務省の赤木次官や社会局局長たちと「中部八県養蚕窮乏地方救済対策協議会」を開催し、「東北地方に準じ、窮乏町村のために蚕業振興を図る」ことなどについて話し合っている。その記事は「今後各県より更に詳細なる振興計画について、内務各局課長に説明し、関係各省とも連絡協調し、その実現をはかることゝなつた」と結ばれている。

しかし、これ以降、『新潟新聞』や『東京朝日新聞』において、中部八県運動に関する報道はみられなくなる。中部八県運動は、この時期に終息した可能性が高い。

おわりに

新潟県は、昭和初期から展開された雪害運動において、東北六県などと共同歩調をとっていた。そうした経緯もあって、一九三四年に発生した東北大凶作に際して、新潟県は東北六県と同じような救済を要求した。しかし、その年の十二月に設置された東北振興調査会の区域に、新潟県は含まれていなかった。

一九三五年五月に開催された地方長官会議をきっかけに、中部八県運動が開始された。これは新潟県と、茨城・栃木・群馬・埼玉・山梨・長野・岐阜をあわせた八県による地域振興運動であり、養蚕不況に苦しむ地域が集結して、東北振興に「準ずる」対策を要求するものであった。新潟県は、東北振興への「割込み」運動と中部八県運動を、時期によっては同時進行で展開したが、いずれも期待したような効果は得られなかった。

これまで中部八県運動については、ほとんど着目されることがなかった。新聞紙上においては、一九三五年の五月から七月にかけて多くの記事がみられるが、その後の動向は不明な点が多い。そうした独自性の高い活動については、今後、さらに検証を加えることによって、詳細を明らかにしていく必要があると思われる。

同じ年の十二月九日には、雪害対策調査会が第六回総会を開催した。ここでも佐藤は、東北六県の「他ノ地方モ考慮」するよう要求するなど、新潟県の立場を主張した。しかし、そうした提言から議論が展開することはなく、佐藤の発言を最後に第六回総会は閉会された。そして雪害対策調査会は、この第六回総会を最後に廃止される。

翌一九三六年に発生した二・二六事件は、軍部の発言力を肥大化させるとともに、東北振興のような地域政策を縮小化させ、その内容も軍需工場の誘致や資源開発のような戦時体制にかかわる対策が優先されるようになっていく。なお、東北振興調査会は一九三八年に廃止されるが、新潟県の加入は最後まで実現しなかった。

ここまでみてきたように、六つの県から構成される東北地方という区域は、明治後期から大きな変化はなかったといえる。しかし、新潟県の動向から、条件によっては東北振興に「編入」することも可能と考えられていたことも明らかになった。ただし、新潟県知事が中部八県運動を提唱したことからも明白なように、新潟県にとって重要なのは、東北地方に加入することではなかった。問題は、どのような地域区分が自県の利益になるかであり、その選択肢として「東北」や「中部」が浮上したのであった。

東北振興に加わろうとした新潟県の動きに対して、東北六県は冷淡であった。雪害対策調査会で、新潟県の立場を主張した佐藤は徐々に孤立していった。また、地方長官会議に参加した東北六県の知事たちは、東北振興調査会に悪影響を与えることを恐れて沈黙していたという。さらに新潟県が東北振興への編入を求めた際にも、東北六県の政治家が歓迎することはなく、中部八県運動の要望にも難色を示した。

東北地方は、戊辰戦争の敗北から開始された近代において、「賊軍」としての位置付けや過酷な自然環境に苦しみながら、独自の発展を遂げてきた。東北地方の近代史については、高橋富雄をはじめとして、岩本由輝や河西英通による優れた業績がある。それらの先学によって、東北地方のおかれていた状況や、そこから生み出された東北地方の論理が明らかにされてきた［高橋 一九七三・岩本 一九九四・河西 二〇〇一］。

本章では、東北六県に隣接する新潟県に着目して、東北地方の立場と重なる、または競合する視点から検討を加えてきた。東北六県は、「東北振興」を独占するために、加入しようとする新潟県の動きを許容することはなかった。外側から東北地方をみることによって浮かび上がるのは、独善的な東北地方の姿であった。

これからも、東北地方の歴史は、様々な観点から明らかにされていくと思われるが、本章で検証したように、その外側から見直すことによって、新しい知見が得られることも少なくない。東北地方を知るためには、それ以外の地域を知らなければならないのである。

◆註

1　一九四三年以前の新聞夕刊は、発行日より一日前の日付で発行されているので注意する必要がある。また、この時期の新潟県では、『新潟新聞』や『新潟毎日新聞』のように、夕刊を一日に二回発行していた新聞もある。

2　雪害対策調査会の議事録は、国立公文書館のほか、山形県新庄市にある雪の里情報館が所蔵している。ただし、第六回総会と第十一回雪害対策案審議特別委員会は、国立公文書館のみが所蔵している。

3　雪害対策調査会から東北振興調査会への移行については、伊藤大介『近代日本と雪害』の第六章「雪害対策調査会から東北振興調査会へ」において詳述している。
4　東北振興調査会の議事録は、国立公文書館が所蔵している。そのほとんどをアジア歴史資料センターで閲覧することができる。

◆参考文献

［伊藤　二〇一三］　伊藤大介『近代日本と雪害――雪害運動にみる昭和戦前期の地域振興政策』東北大学出版会
［岩本　一九九四］　岩本由輝『東北開発一二〇年』刀水書房
［大島ほか　一九九〇］　大島美津子・古厩忠夫・佐藤誠朗・溝口敏麿『新潟県の百年』山川出版社
［河西　二〇〇一］　河西英通『東北――つくられた異境』中公新書
［高橋　一九七三］　高橋富雄『東北の歴史と開発』山川出版社
［古厩　一九九七］　古厩忠夫『裏日本』岩波新書
［米地ほか　一九九五］　米地文夫・藤原隆男・今泉芳邦「近代国家形成過程における地名「東北」――明治中期の用例とその社会科教育との関係」（『岩手大学教育学部研究年報』第五五巻第一号）一四五～一六三頁
［米地ほか　一九九六］　米地文夫・藤原隆男・今泉芳邦「地名「東北」と東北振興論および郷土教育――明治後期～昭和前期の用例をめぐって」（『岩手大学教育学部附属教育実践研究指導センター研究紀要』第六号）一～一八頁

イングランドの「東北」史

有光　秀行

はじめに

本書のもとになったシンポジウム「東北史を開く」の半月ほど前、二〇一四年九月十六日にスコットランドでは、英国からの独立の是非をめぐる住民投票がおこなわれた(英国はイングランド・スコットランド・ウェイルズ・北アイルランドからなる国家である。本書二三一頁、**図1**参照)。

スコットランドと東北地方は、それぞれ英国と日本のなかで北方に位置し、「中央」からは「周縁」という位置付けもなされる。この両者の類似性・対比可能性を指摘する議論が、一〇〇年におよぶ歴史を有していることは、河西英通の労作によって、よく知られるところであろう〔河西 二〇〇一・二〇〇七〕。ここ二〇年ほど、スコットランドの歴史に関心を寄せ、勉強してきた筆者も、このスコットランドと東北地方との比較にも思いをはせながら、シンポジウムでの諸報告を、興味深く聞いた。

一方で、例えばスコットランドが一つの「ネイション」(nation,「国民」あるいは「民族」などと訳される)をなすものと久しく認識され、三〇〇年ほど前までは独自の王国でもあったことなど、日本の東北地方との相違点もまた、明らかである。この点で、スコットランドと沖縄との比較が有効性をもつとする考え方も、合理性をもつ。例えば、[佐藤 二〇一四])。

さて、シンポジウムの当日、筆者が携えていた資料の一つに、英国放送協会のホームページに掲載された、経済担当編集者ロバート・ペストンによる署名記事がある[Peston 2014]。「なぜ英国政府は、スコットランドより、イングランドの「東北」地方に対して、なすところが少ないのか」というこの記事のタイトルは、スコットランドよりも貧しく、失業や生活環境などの問題が深刻なイングランドの「東北」地方への公共支出額が、スコットランドより低額であることに由来している(人口一人あたり、スコットランドでは一万一五二一ポンド、「東北」では九四一九ポンド)。ちなみにここでいう「東北」地方は、イングランドの文字通り東北部に位置しており、スコットランドに隣接する行政区分で、ノーサンバランド、ニューカースル・アポン・タイン、ダラム、ノース・ヨークシアなどからなる。

この「東北」地方を含む北部と、南部とにイングランドを大きく分け、両者を対照的にとらえる考え方がある。「南北の溝(the North-South Divide)」という表現について、例えば日刊紙『ザ・ガーディアン』のホームページで検索をしてみると、この言葉をキーワードにした多くの記事が、最近でも書かれていることがわかる。本章執筆時点で新しいものには、例えば二〇一五年三月二十二日付の、同紙経済編集者ラリー・エリオットによる「なぜジョージ・オズボーンは南北の溝について間違っているのか」がある[Elliott 2015]。財務大臣のオズボーンが予算演説で、経済回復はロンドン周辺のみでなく、英国全体で起こりつつあると述べたのを問題視するこの記事は、ロンドンを含むブリテン島東南部とそれ以外の地域、とくに北部などかつて工業で栄えた地域との経済格差を指摘し、交通網整備や新規産業振興への投資などを提言している。このほか、見出しだけをみても、前述のような北部の貧しさ・南部の豊かさを対比させて論ずる記事があり、また一方でそのような定式化が間違っていると論じるものもあるが、いちおう社会通念として、南北の別と貧富の差が組合せで了解されていることが理解できる。近代日本の東北イメージのなかで、後進地帯という像が形成され、定着したことの指摘［河西 二〇〇二］が、ここで想起される。

さてこのように、英国でも、またその一部であるイングランドでも「北」と「南」をめぐる問題が存在するのだが、筆者の専門とする前近代史に関して、それを論じた二つの論考を以下に紹介したい。一つはジョン・ル・パトゥーレルによる「北部の歴史は問題たりうるか?」［Le Patourel 1976］であり、もう一つは、ヘレン・ジューウェルの著作『南北の溝――イングランドにおける北部意識の諸起源』［Jewell 1994］である。ル・パトゥーレルの論文は、『北部の歴史』誌に、挑発的ともいえるタイトルとともに掲載された、ラディカルな論考である。また、イングランドで「南北の溝」があらわれるのは産業革命期以降とするのが通説だがそれ以前に「北部意識の諸起源」は求めうるというのが、ジューウェルの主張の根本にあり、非常に多様な観点から彼女はそれを論じている。以下、イングランド以外の歴史との比較の道が開けるようにと、二人の議論・論点をたどりながら、筆者が考えるところを加えつつ、イングランドにおける前近代東北史の概略を紹介したいと考える。

なお、本章の標題にある「東北」は、本書の標題「東北史を開く」を意識してつけたもので、実際には先に述べたイングランドの行政区分としての「東北」地方に留まらず、イングランド南部と対照的に意識される「北部」を指していることを、ここに記しておく。

一　北部の歴史は問題たりうるか？

ル・パトゥーレルは、中世「ノルマン帝国」論を提唱してイングランド一国史的史観に異を唱えた研究者として知られ、この議論に関しては筆者も紹介したことがある〔有光 二〇一三〕。彼はこのほか、生まれ故郷である英仏海峡のチャンネル諸島の中世史や、イングランド北部のリーズ大学に長く勤めたことから、北部史に関する業績もあり、以下に紹介するのは後者の一つをなすものである。

「イングランド北部の歴史」は、歴史研究上、理にかなったまとまりとなるのか——冒頭でこのような問いを掲げたのち、ル・パトゥーレルがまず考察するのは、一国史(national history)と地方史(local history)との関係である。前者は「自明で優先されるべきもの」、後者は「補助的かつ不完全」とされてきたが、このような二分法および上下関係は無効になりつつあると、彼は指摘する。この四〇年前の観察は、すでに今日、すっかり定着していると考えてよいだろう。

そのうえで、ル・パトゥーレルは、「イングランド北部」が、州《シャイア》を単位としておこなわれてきた「地方史」の枠、歴史学の伝統的な範疇《はんちゅう》に収まらないという(ちなみに州は、日本史でいえば、とりあえず「県」や「藩」に似たものといえようか)。だがその一方で、「イングランド北部」が、ほとんどのイングランド人にとって、「ミッドランド地方」や「東南部」「西南部」より特殊な何かを意味すること、「北部」の人々がある種の特徴をもち、独自の話し方や心性、態度を示すと一般に考えられることも指摘し、それが何に基づいているかを問題にする。

そこで彼がまず持ち出すのは、ケルトのブリガンテス族、アングル人のノーサンブリア王国、デーン人の王国など、古代から初期中世にかけてこの地に存在した、自立的な政治・文化上のまとまりである。なお、説明を加えると、ブリガンテスは、紀元一世紀にローマがブリテン島に進出する以前から、ハンバ川以北を勢力圏としていた集団であり、ローマの支配下に入っても反乱を起こすなど、両者の緊張関係は続いたとされている。ノーサンブリアは「ハンバ川以北の地」を意味し、五世紀にローマ人のブリテン島支配が終わったあと、いわゆるアングロ・サクソン人が中心になって各地に割拠した「七王国時代」を代表する王国の一つであった。デーン人はいわゆるヴァイキングの一派であり、八世紀頃からブリテン島に出現し、九世紀にその活動は活発化した。同世紀半ばから約一世紀間、北部の都市ヨークを中心として、彼らは王国を築いていた。この王国はアイルランドのダブリンと同じ王を戴いたときもあり、つまりその領域は、北部イングランドを越えさえしたのである。ル・パトゥーレルも、地理的に北部は、スコットランドやアイルランドといった諸地域と、「環アイリッシュ海域(Irish Sea Province)」の一部をなしていると述べている。そして、様々な形で征服や植民がおこなわれても、それらは以前にあったものを破壊しつくしはせず、その多くを受け継ぎ、一〇六六年のノルマン人による征服までに導入された諸要素の組合せは、北部で独自の融合をみせたと指摘する。

さて、こうした独立の時代の経験はそれなりの重みをもつとル・パトゥーレルは考え、またその点で、イングランド北部はフランスのノルマンディやブルターニュといった地域との類比のもとに、考察されるべきものともされる。ちなみにカペー朝のフランス王の権威がおよぶ地域は、当初パリを中心とした非常に限られたものであり、ヴァイキング勢力が定住してできたノルマンディや、その西南に広がり、ケルトの遺風を色濃く残すというブルターニュ、そのほか今のフランスの中・南部諸地域の独立性は、大変高かった。ブルターニュが正式に王国に取り込まれるのは、十六世紀である。

イングランドに話を戻すが、トゥイード川とソルウェイ湾を結ぶ線の両側に広がる、イングランドとスコットランドの境界域からみて、イングランド北部はその後背地でもあり、またその拡張されたものでもあるとル・パトゥーレルは述べ、フロンティアとしての北部という性格をも指摘する。

もっとも北部は、あくまでもイングランドの北部なのであり、一〇六六年以降のノルマン人による征服は、北部がイングランド王国に統合される真の出発点となった。独自の所領形態が成立・存続したり分散せず、城を中心にまとまった形で存在する)、近世になるまで北部は有力貴族である「パーシー家以外の王は知らない」と許されるなどの状況もあったが、十三世紀半ば以降、国王政府がスコットランドに本格的関心を寄せるようになり、その王位継承に関与したり、また矛を交えたりするようになると、イングランドにおける北部の戦略的重要性も増していく。

ル・パトゥーレルは結論において、他地域や他の時代とつねに比較・対比をしていくことが、例えば「イングランド北部」のような個性を認識し、描くためには必要であり、また一方では、都市・村落・教区・州など、「北部」内部の諸共同体や、経済・行政単位同士の比較も必要である、と指摘する。

二　南北の溝

ル・パトゥーレルが強調するところの比較を、北部・南部について、比較的長いスパンで、また多面的におこなったのが、ジューウェルの著作である。

先に述べたように、通常は産業革命後に求められる南北の区分だがさらにそれは遡りうるというのが、著者ジューウェルの基本となる主張である。筆者は中世史の研究者として、それはおおいに同意できるものと考える。この節では彼女の議論・論点を、大まかにたどってみたいと思う。

北と南はどこで分けられるか

日本を議論する場合もそうであろうが、「北部」(あるいは「東北」)とはどこかということ自体が、揺れのある話題である。イングランドにおいては、東の北海へ流入する河川と、西のアイリッシュ海へ流入する河川を結んで、南北のおおよその境界とすることが通例である(**図1**参照)。こうした境界線は複数存在し、どれが意識されるかは時代や場合によって異なってくるのであるが、基本的にはトレント川とマージ川が形づくる線を考えるというのが、ジューウェルの方針である。大まかにいって、現在のイングランドの行政区分の「東北」と「ヨークシァ・アンド・ハンバ」、および「西北」の大半、「イースト・ミッドランド」の一部からなる部分が「北部」になる。

北部意識の起源

前節でも述べたが、十世紀にイングランド統一王国が成立する以前、いわゆる「七王国」が割拠していたとされる時代に、七世紀から九世紀まで「ノーサンブリア」があった。ジューウェルは当時の史料のなかで、「ノーサンブリアの人々」と「それ以外の人々」を対置したり、後者が「サウサンブリア(ハンバ川の南)の人々」といわれたり、また「ハンバ川のこちら(あちら)」という表現がみられることに注目する(なお、本題とは離れるのだが、彼女がこうした時代の人間集団をいうのにraceということばを用いるのは、いささか誤解を起こさせるもののように感じられる。raceは多義的な言葉で、「人種」「民族」「国民」などの訳があてられるが、ここで「ノーサンブリアの人々」と「それ以外の人々」を区別するのは、もちろん「人種」という表

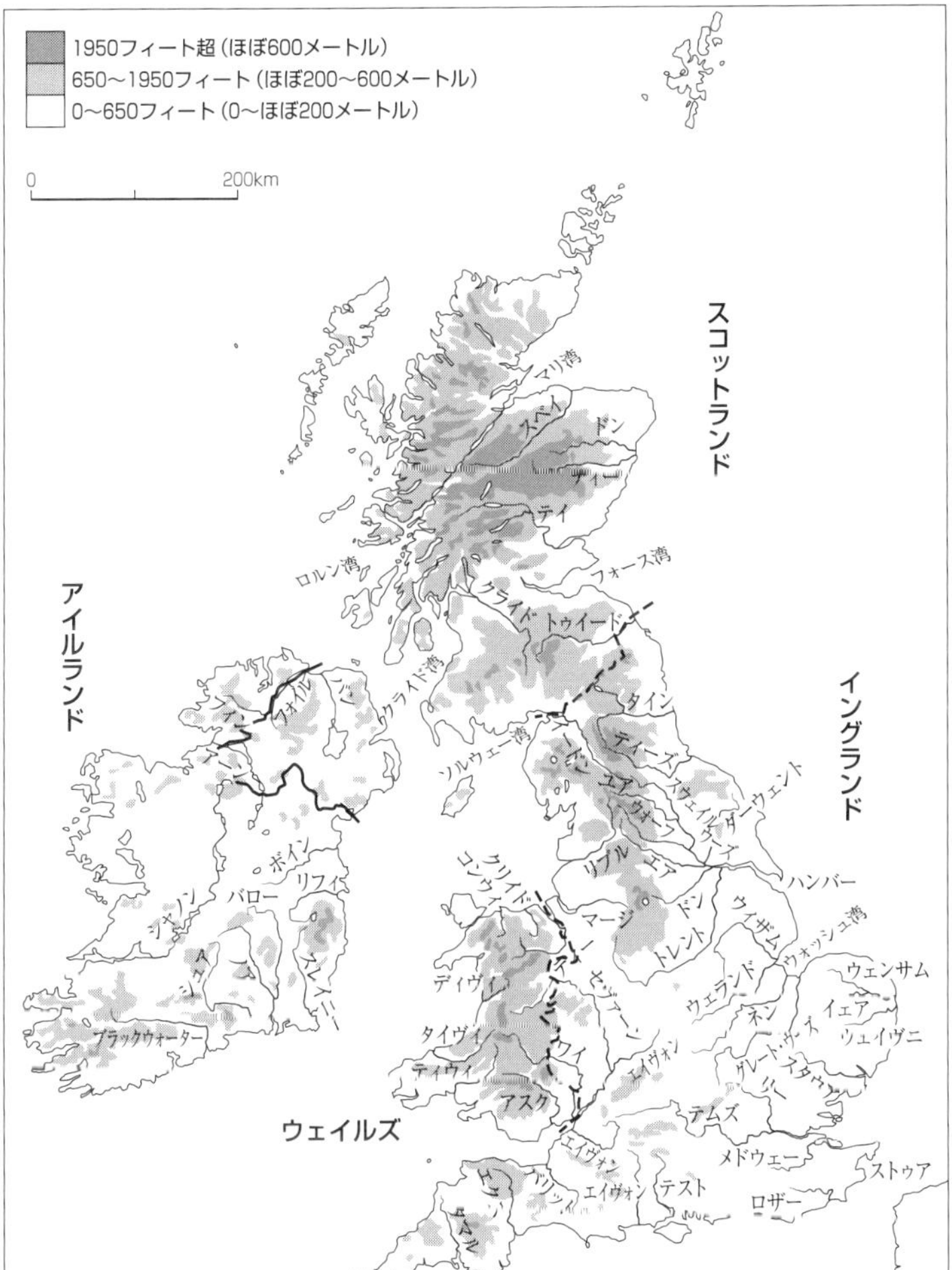

▲**図1**　ブリテン諸島の地勢および主要河川，スコットランド・イングランド・ウェイルズの境界および英国とアイルランド共和国の国境
出典：［ハーヴェー編 2012］p. xx. をもとに作成

現が想起させるような、人類学上の特徴ではなく、「どこの王に服属するか」という、政治的な指標であると考えられる)。

やがて到来したヴァイキングの勢力は北部に大きく定着し、ヨークを中心としたその王国は、十世紀にも南部のウェセックスと矛を交えたし、十一世紀のノルマン征服ののちイングランド王ウィリアム一世は、北部を制圧するのに、大規模な軍事遠征をおこなわねばならなかった。さらに十二世紀前半には、スコットランド王デイヴィド一世が領土を拡大し、イングランド北部もその傘下に入るなど、北部の政治情勢は安定していなかった。もっともデイヴィドの没後、イングランド王ヘンリ二世が回復したのち、北部はイングランド王の領土であり続ける。

十三世紀に入り、国王ジョンに対して抵抗を始めた諸侯が「北部の者たち」であったのは、二十世紀後半を代表する中世史研究者の一人であるジェイムズ・クラーク・ホウルト教授がそれを著作の題としたために、広く知られるとおりである。一方、十三世紀末に起こった対スコットランド戦争のため、北部はそれまで以上にイングランドに組み込まれることになった。ヨークが一時的に、第二の首都のような存在となることもあったし、また年代記のたぐいに、北部のことが多く記載されるようにもなったのである。

十四世紀末の国王リチャード二世はチェスタ(「無秩序で知られる州」[Jewell 1994 : 43])の伯でもあり、政権を支えるために北部の人々を重用したことで、この王は南北の政治的隔たりを大きくしたと、ジューウェルは評している。さらに北部の貴族の家門、パーシー家とネヴィル家は、内乱の「ばら戦争」の時代に、権勢をふるった。北部の軍は南部の人々に恐れられ、当時の史料も南北の区別を枠組みにして、叙述をおこなっている。そして、やはり北部(の一部)を権力基盤とするリチャード三世の時代は、南北の対極化が最高潮に達したときであり、北部とリチャード王とが結びつけられ、そこから両者が野蛮で時代遅れと解釈されたとする先行研究は一理あると、ジューウェルは指摘する。

南の政治・行政上の攻勢

テューダー朝の開祖ヘンリ七世は、北部に政敵をもたず、覇を唱えたが、当時の年代記にもやはり、北部人が野蛮で反乱を好むという見方が記されている。そして、政府の中央集権化に対抗して北部では一五三六年に民衆反乱「恩寵の巡礼」が起こり、一時はトレント川やリブル川より北のイングランド全体が、叛徒の手に落ちた。しかし、ヘンリ八世治世の末期には、行政裁判所である「北部評議会」の管轄下におかれた地域において、王権は伸張し、社会秩序も保たれるようになった。一六〇三年にスコットランドとイングランドが同君連合を形成し、さらに一七〇七年には合同して連合王国となり、両国の緊張が緩和に向かいつつあったことも一役かい、イングランドの政治世界は南北で分かれず「ナショナル」なものとなっていきつつあった。

南北の経済的な違い

十八世紀にいたる政治史のなかで南北問題を概観したあと、ジューウェルは南北の社会経済史に目を転じている。

先史時代以来、ブリテン島には環境面から高地地方と低地地方の区別が存在し、北部は前者、南部は後者に属する(**図1**参照)。一方で、経済上の新機軸は、いつも南から訪れるものだった。

ローマ時代には北部もローマ世界の一部としてあったが、そうした統一的な体制が崩れ、諸勢力が混在・並存するようになったアングロ・サクソン時代には、南北の経済的・社会的・政治的な相違が大きくなる。

十一世紀後半に作成された『ドゥームズデイ・ブック』は、当時のイングランドにおける土地の保有や利用などの状況について詳細に伝える史料だが、これをみると南北の人口や富の違いは明らかに存在している。例えば、北部には荒廃地が多く、平均人口も南部と違って、一平方マイル当り二・五人に満たない。こうした南北の格差は、中世後期に拡大していった。耕作形態も、南部では三圃《さんぼ》制が広くみられるのに対し、北部はオーツ麦の単作が一般的であった。

ジューウェルの著述が興味深いのは、この話題について、賃金・食費・コミュニケーション(道や交通)、地図、建築様式といった多様な観点から、情報提供をおこなっていることである。例えば十八世紀のある記録によると、北部でのディナーは四・五ペンスなのに南部では六ペンスといった価格差がみられるとか、十四世紀初頭に南部のウェストミンスタから北のヨークへは一〇〜一四日かかったのに、十八世紀半ばには四日になっており、隔たりが縮まっている、などである。

社会的な違い・意識と現実

ここでもジューウェルの観点は重層的である。

まず彼女は、十六〜十八世紀の人々が残した北部の観察記録に注目する。そこでは、衣食住、アクセント、マナーなど多くのことが、「ひどい」「遅れた」と評価されること、北部の特徴の一つとされる「貧困」はまた「怠惰」とも結びつけられることが、指摘される。後者のような思考のあり方は、筆者がかつて研究した十二世紀イングランドの知識人の世界で、いわゆるケルト的周縁の人々をみる際にあらわれ始めたものであり、その点でも興味深いものである[有光 二〇一三]。

また北部によくみられる牧畜と、南部でおこなわれる農耕という、農業のタイプの違いは、共同体意識や、領主・農民関係といった社会上の相違とも結びつく。

つづいてジューウェルは、コミュニケーションの諸相を指摘する。まず国王の北部巡幸だが、中世中〜後期と違って、テューダー時代にはそれは減少し、王政復古以降はごく稀になる。戦時などではなく通常の政治状況のもとで、北部やスコットランドへの国王訪問がしばしばおこなわれるようになるのは、鉄道網が発達する十九世紀のヴィクトリア女王の時代である。

一方、石炭や織物など地域産業の特化とともに、とくにロンドンと各地を結ぶ長距離交易が盛んになり、それが人々の態度へも影響する。つまり地域経済の独立性が薄れると同時に、とくに運搬や通商に携わる人々は他地域の慣習や方言などになじみ、広域にわたる秩序を成り立たせる。

人の動きと関連して、教育の問題として、大学が着目される。イングランドの二大大学、オクスフォードとケンブリッジでは、北部の人々は多くケンブリッジに行く傾向があった。また、大学内では「北部人」と「南部人」の区別・対立があった。

十七世紀に移動はよくみられるものともなり、不在地主など、資金源としてしか北部との結びつきをもたない者たちもでてくるが、それでも時と場合によっては人々が北部の出自を自覚したり、また他者から北部人とみられることがあった。

二つの大司教区、ほかの宗教上の違い

イングランドでは、南のカンタベリと、北のヨークにそれぞれ大司教座がおかれる教会体制が、六世紀末にローマ・カトリックが伝えられてから、比較的すぐに成立した。これは、十六世紀の宗教改革によるイングランド国教会成立後も、基本的に維持されて、現在にいたっている(ただし国教会では「大主教座」という名称を用いる)。なお、大司教管区の境界を越えた人事(司教昇任など)はおこなわれたので、大司教管区が完全に閉鎖的であったとはいえない。

一方、修道院はヴァイキングの破壊活動の影響が大きく、ノルマン征服以前にトレント川以北にはなくなっていたが、ノルマン征服後は、北部に土地を得たノルマン人貴族が後援したこともあり、修道院が復活した。シトー派の修道院も北部にみられるようになった。南に存在する修道院の娘院が北部につくられるといった形で、南北のつながりが生まれることもあった。

先に、南北での社会構成の違いに言及したが、それに関連して、南部では一つの村落・一つのマナ(荘園)・一つの教区が重なる一方、北部では教会の勢力が弱く、一つの教区に多くの町区《タウンシップ》が含まれること、また北部の教区民は南部よりも無知で迷信的といわれる一方で、ラディカリストが北部から生まれることも多かった、とジューウェルは指摘する。例えば、内乱・共和政期における北部の都市ニューカースルには、長老派のスコットランド人とカトリックとが共存しており、ここは一六六〇年以降に国教反対の拠点となった。また、十八世紀以降は、同世紀末に国教会から離れたプロテスタントの一派である、メソディズムが盛んとなった。国教反対の強さは南北現象に特別というわけではないが、例えば高地の散村は教会の統制のおよびにくさにつながり、国教反対勢力が進出しやすいという形での関係はあった。

文学・言語上の証拠

中・近世の文学は多くの面で地域性を帯びておらず、文学上の北部性もしくは南部性は存在しない、というのがジューウェルの基本的見解である。

しかしそのうえで、例えば十二世紀のジェフリ・オヴ・モンマスの作品ではハンバ川が、十五世紀のトマス・マロリではトレント川が、南北を分かつものとしてあり、また『カンタベリ物語』で有名な十四世紀のジェフリ・チョーサにとって北部は遠い存在だった。

一方「ロビン・フッド」物語の舞台は北部におかれており、それは南部の人々の、北部への、賛否半ばし想像に基づく態度に人気を負っていたが、例えばシェイクスピアにとって、南北の区別はあまり関係がないようである。

総じて、十八世紀頃まで、北部は「恐怖」や「たくましさ」と結びつけられ、表面的・ステレオタイプ的な描写がなされてきた。

一方、言語面では、南北で方言の違いはあったが、深刻な区分をもたらすものではなかったとも評されている。

結論部

・北部の人々は自らを独立していると考え、彼らを南部の人々は強情だと考える。
・南北の権力のバランスは、南に有利な形で存在する。南の支配欲と北の抵抗という図式は、十世紀に遡って存在する。
・北部人は頑丈で順応性に富む一方、南部人は衰えているという見方も、十一世紀に遡る。
・南の共感度の強さ次第で、北部への見方は多様な形をとりはするが、それはほとんどつねに劣っているとみられる。

などの諸点を、ジューウェルは全体のまとめとして、指摘する。

ル・パトゥーレルはすでに紹介したように、その論文の末尾で、他地域や他の時代とつねに比較・対比をしていくことが、例えば「イングランド北部」のような個性を認識するために必要である一方、「北部」内部の相互比較もまた大切であると指摘する。

この指摘は常識的であるとはいえ、真理としての重みを失っておらず、また失うことはないように思われる。そしてこの「東北史を開く」そのものが、東北の個性を認識し、また東北の一体性と多様性を探るべく、まったく同じ観点に立って、東北史を理解する試みにほかならないといえるだろう。

また彼は、とくに十一世紀以降の北部が、あくまでも「イングランドの」北部であることも、強調している。この点は、中世における「南北の溝」について様々な例をあげて論じるキャンベルも、その論考の末尾では、当該期がイングランドの「ネイション」意識のいや増す時期であったとして、そのなかでの南北の二区分が絶対的なものではないことを、むしろ力説している［Campbell 2004］。

一方、南北の区別について政治的経緯・社会経済的環境・宗教組織など外的状況を中心に描きつつ、そうした区別は、最も危険な形では心のなかにあり、「彼ら」をはっきりさせることは「我々」をそうすることでもある、とジューウェルは心性面の重要性も指摘するが、これもまた、こうした問題を考えるうえで大変重要であると思われる。筆者にとっては、これまでおこなった自らの研究との関わりで、北部が「野蛮」な「後進地帯」と認識されることにとりわけ関心をもつのだが、こうした言説が政治的経緯などの外的状況を含めどういう文脈のなかで生じるのか、またこうしたまなざしが十二世紀に向けられ始める、いわゆる「ケルト的周縁」と、「北部」とはどのような関係にあるのか。これは、前の段落で触れた「イングランド」意識のあり方ともまた、関連づけて考えるべき問題と思われる。この点の解明は、他日を期したい。

最後に、筆者にとって特別に興味深く思われたことの一つは、彼らの議論でとくに十一世紀以前の北部の独立性や、またスコットランドとのフロンティアとしての性格が強調されていた点である。これらについては最近、ウィリアム・エアードの論文によって、北部のダラム司教を中心とした政治状況の分析という、また別の視角からも、説得的に印象深く論じられている[Aird 2007]。日本の東北の、奥州藤原氏のあり方や、アイヌとの関係は、これとの対比で議論できる面をもつのではないだろうか？

◆参考文献

［有光 二〇一三］ 有光秀行『中世ブリテン諸島史研究』刀水書房

［河西 二〇〇一］ 河西英通『東北——つくられた異境』中公新書

［河西 二〇〇七］ 河西英通『続・東北——異境と原境のあいだ』中公新書

［佐藤 二〇一四］ 佐藤優『世界史の極意』ＮＨＫ出版新書

［ハーヴェー編 二〇一二］ バーバラ・ハーヴェー編（鶴島博和監修・吉武憲司監訳）『オックスフォード・ブリテン諸島の歴史４』慶應義塾大学出版会

［Aird 2007］ Aird, William, Northumbria and the Making of the Kingdom of the English（『西洋史研究』新輯第三六号）

［Campbell 2004］ Campbell, Bruce M. S., North-South dichotomies, 1066–1550, in A. R. H. Baker and M. Billinge（eds.）, *Geographies of England: The North-South Divide, material and imagined*, Cambridge University Press, 2004, chapter 7.

［Elliott 2015］ Elliott, Larry, Why George Osbern is wrong about the north-south divide（http://www.theguardian.com/business/2015/mar/22/why-george-osborne-wrong-north-south-divide. 最終閲覧二〇一五年四月二十三日）
［Jewell 1994］ Jewell, Helen, *The North-South Divide: The origins of Northern consciousness*, Manchester University Press.
［Le Patourel 1976］ Le Patourel, John, Is Northern History a Subject?, *Northern History*, xii.（Idem, *Feudal Empires: Norman and Plantagenet*, London, 1984 に再録）
［Peston 2014］ Peston, Robert, Why does government do less for the North East than Scotland（http://www.bbc.com/news/business-29343927. 最終閲覧二〇一五年四月二十三日）

東北史を開く——比較の視座から——

主　催　東北史学会・福島大学史学会・公益財団法人史学会
後　援　福島県史学会
日　時　二〇一四年一〇月五日（日）午前一〇時半〜午後四時半
場　所　福島大学L講義棟L４教室

開会挨拶　公益財団法人史学会理事長　佐藤　信
問題提起　シンポジウム実行委員長　柳原敏昭
〈講　演〉
災害が映す歴史——二〇一一年東日本大震災デジタルアーカイブにみる東北史——
　ハーヴァード大学（日本近現代史）　アンドルー・ゴードン
〈報　告〉
蝦夷を問う者は誰か——蝦夷論の構造をめぐる問題——
　東北大学（考古学）　藤沢　敦
戦国期南奥の政治秩序　福島大学（日本中世史）　阿部浩一
近世東北の海岸防災林　東北学院大学（日本近世史）　柳谷慶子
〈コメント〉
　滋賀大学（ローマ史）　大清水裕・早稲田大学（中国史）　石見清裕・女子美術大学（言語社会史）　原　聖
討論　司会　東北大学　安達宏昭・堀　裕
閉会挨拶　東北史学会会長　熊本　崇

munications in the medieval Irish Sea world', *East-Asian Journal of British History*, vol. 1, 2011. 'Liebermann Library in Tokyo', Stefan Jurasinski, Lisi Oliver and Andrew Rabin(ed), *English law before Magna Carta : Felix Liebermann and* Die Gesetze der Angelsachsen, Brill, Leiden, 2010.

徳竹　剛　とくたけ つよし

1980年生まれ。東北大学大学院文学研究科博士課程後期修了，博士(文学)。専攻，日本近代史・地域史

現職，福島大学行政政策学類准教授

主要著書・論文：「岩越線の起点獲得運動——町場から地方都市へ」(菊池勇夫・斎藤善之編『講座　東北の歴史　第４巻　交流と環境』清文堂出版，2012)，「殖産興業政策の転換と「富国」の担い手——福島県安積郡郡山村の地域振興」(『歴史』116，2011)，「三新法体制下における地域振興——福島県庁移転運動を事例に」(『日本歴史』738，2009)

伊藤大介　いとう だいすけ

1973年生まれ。東北大学大学院文学研究科博士課程後期修了，博士(文学)。専攻，日本近現代史

現職，東北大学学術資源研究公開センター史料館協力研究員

主要著書・論文：『近代日本と雪害——雪害運動にみる昭和戦前期の地域振興政策』(東北大学出版会，2013)，「昭和三陸津波と東北帝国大学」(『東北大学史料館紀要』第９号，2014)，「昭和三陸津波と軍隊」(山本和重編『地域のなかの軍隊１　北の軍隊と軍都　北海道・東北』吉川弘文館，2015)

石見清裕　いわみ きよひろ

1951年生まれ。早稲田大学大学院文学研究科博士後期課程単位取得退学，博士(文学)。
専攻，中国隋唐史・東アジア国際関係史
現職，早稲田大学教育・総合科学学術院教授
主要著書・論文：『唐の北方問題と国際秩序』(汲古書院，1998)，『唐代の国際関係』(世界史リブレット，山川出版社，2009)，ソグド人墓誌研究セミナール「ソグド人漢文墓誌訳注(1)－(9)」(編著，『史滴』26－34，2004－12)

籠橋俊光　かごはし としみつ

1972年生まれ。東北大学大学院文学研究科博士課程後期単位取得退学，博士(文学)。専攻，日本近世史
現職，東北大学大学院文学研究科准教授
主要著書・論文：『近世藩領の地域社会と行政』(清文堂出版，2012)，「「留物」・「御見抜」と産物　仙台藩の水産物流通と領主的需要」(熊谷公男・柳原敏昭編『講座　東北の歴史　第3巻　境界と自他の認識』清文堂出版，2013)

岩本由輝　いわもと よしてる

1937年生まれ。東北大学大学院経済学研究科博士課程，経済学博士。専攻，日本経済史
現職，東北学院大学名誉教授
主要著書：『近世漁村共同体の変遷過程――商品経済の進展と村落共同体』(塙書房，1970。再版：御茶の水書房，1977)，『東北開発一二〇年』(刀水書房，1994。増補版：2009)，『歴史としての東日本大震災――口碑伝承をおろそかにするなかれ』(編著，刀水書房，2013)

阿部浩一　あべ こういち

1967年生まれ。東京大学大学院人文社会系研究科博士課程単位取得後退学，博士(文学)。
専攻，日本中世史
現職，福島大学行政政策学類教授
主要著書・論文：『戦国期の徳政と地域社会』(吉川弘文館，2001)，『ふくしま再生と歴史・文化遺産』(共編著，山川出版社，2013)，「戦国期の有徳人層と地域社会」(『歴史学研究』768，2002)

原　　聖　はら きよし

1953年生まれ。一橋大学大学院社会学研究科博士後期課程単位修得退学。専攻，言語社会史，比較民俗学
現職，女子美術大学芸術学部教授
主要著書：『周縁的文化の変貌』(三元社，1990)，『〈民族起源〉の精神史』(岩波書店，2003)，『ケルトの水脈』(講談社，2006)

有光秀行　ありみつ ひでゆき

1960年生まれ。東京大学大学院人文科学研究科西洋史学専門課程博士課程単位取得退学，博士(文学)。専攻，中世ブリテン諸島史
現職，東北大学大学院文学研究科教授
主要著書・論文：『中世ブリテン諸島史研究』(刀水書房，2013)，'Memories and com-

執筆者紹介(執筆順)

柳原敏昭　やなぎはら としあき[責任編者]

1961年生まれ。東北大学大学院文学研究科博士後期課程単位取得退学，博士(文学)。専攻，日本中世史

現職，東北大学大学院文学研究科教授

主要著書：『鎌倉・室町時代の奥州』(共編著，高志書院，2002)，『中世日本の周縁と東アジア』(吉川弘文館，2011)，『講座　東北の歴史　第３巻　境界と自他の認識』(共編著，清文堂出版，2013)

アンドルー・ゴードン　Andrew Gordon

1952年生まれ。PhD, 1981(ハーヴァード大学)。専攻，日本近代史

現職，ハーヴァード大学歴史学部教授

主要著書：*Labor and Imperial Democracy in Prewar Japan*（カリフォルニア大学出版局，1991)，『ミシンと日本の近代――消費者の創出』(大島かおり訳，みすず書房，2013。原著 *Fabricating Consumers: The Sewing Machine in Modern Japan*, カリフォルニア大学出版局，2011)，『日本の200年　新版』上・下(森谷文昭訳，みすず書房，2013。原著 *A Modern History of Japan*, 3rd edition. オックスフォード大学出版局，2013)

柳谷慶子　やなぎや けいこ

1955年生まれ。お茶の水女子大学大学院人文科学研究科修士課程修了。専攻，日本近世史・女性史

現職，東北学院大学文学部教授

主要著書：『近世の女性相続と介護』(吉川弘文館，2007)，『江戸時代の老いと看取り』(日本史リブレット，山川出版社，2011)，『歴史としての東日本大震災――口碑伝承をおろそかにするなかれ』(共著，刀水書房，2013)

藤沢　敦　ふじさわ あつし

1961年生まれ。東北大学大学院文学研究科博士課程中途退学。専攻，日本考古学(古墳時代)

現職，東北大学総合学術博物館教授

主要著書・論文：『古墳時代の政治構造』(共著，青木書店，2004)，「倭と蝦夷と律令国家――考古学的文化の変移と国家・民族の境界」(『史林』90-1，2007)，「墳墓から見た古代の本州島北部と北海道」(『国立歴史民俗博物館研究報告』152，2009)

大清水裕　おおしみず ゆたか

1979年生まれ。東京大学大学院人文社会系研究科博士課程修了，博士(文学)。専攻，古代ローマ史

現職，滋賀大学教育学部准教授

主要著書・論文：『ディオクレティアヌス時代のローマ帝国』(山川出版社，2012)，「『マクタールの収穫夫』の世界――３世紀北アフリカにおける都市参事会の継続と変容」(『西洋史学』246，2012)，「マクシミヌス・トラクス政権の崩壊と北アフリカ」(『史学雑誌』121-2，2012)

史学会《しがくかい》125周年《しゅうねん》リレーシンポジウム 2　2014

東北史《とうほくし》を開《ひら》く

2015年 9 月20日　1 版 1 刷　印刷
2015年 9 月25日　1 版 1 刷　発行

編　者　東北史学会《とうほくしがくかい》・福島大学史学会《ふくしまだいがくしがくかい》・公益財団法人史学会《こうえきざいだんほうじんしがくかい》
発行者　野澤伸平
発行所　株式会社 山川出版社
〒101-0047　東京都千代田区内神田1-13-13
電話　03(3293)8131(営業)　8134(編集)
http://www.yamakawa.co.jp/
振替　00120-9-43993
印刷所　明和印刷株式会社
製本所　株式会社 ブロケード
装　幀　菊地信義

　ISBN978-4-634-60022-5